#상위권_정복
#신유형_서술형_고난도

일등
전략

**이 책을 집필해 주신 분들**

**주진택**   대영중학교 교사

**신해연**   자유기고가

*Chunjae*
*Makes*
*Chunjae*

▼

# [ 일등전략 ] 중학 국어 문법 3

| | |
|---|---|
| **개발총괄** | 김덕유 |
| **편집개발** | 고명선, 김수나, 김보경, 조은미 |
| **디자인총괄** | 김희정 |
| **표지디자인** | 윤순미 |
| **내지디자인** | 박희춘, 우혜림 |
| **제작** | 황성진, 조규영 |
| **조판** | 풀굿(황민경) |

| | |
|---|---|
| **발행일** | 2022년 4월 15일 초판  2022년 4월 15일 1쇄 |
| **발행인** | (주)천재교육 |
| **주소** | 서울시 금천구 가산로9길 54 |
| **신고번호** | 제2001-000018호 |
| **고객센터** | 1577-0902 |
| **교재 내용문의** | 02)3282-1752 |

중학 국어 문법 3

BOOK 1
학 교 시 험 대 비

일등
전략

# 이 책의 구성과 활용

### 주 도입

이번 주에 배울 내용이 무엇인지 안내하는 부분입니다. 재미있는 만화를 통해 앞으로 배울 학습 요소를 미리 떠올려 봅니다.

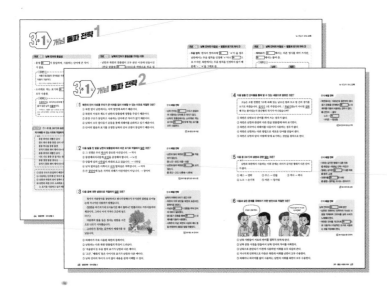

### 1일 개념 돌파 전략

성취기준별로 꼭 알아야 하는 핵심 개념을 익힌 뒤 문제를 풀며 개념을 잘 이해했는지 확인합니다.

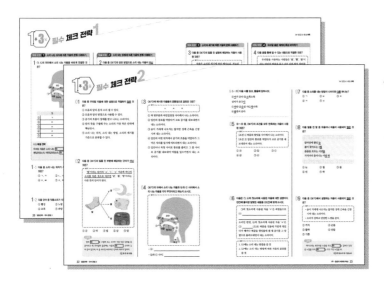

### 2일, 3일 필수 체크 전략

꼭 알아야 할 대표 유형 문제를 뽑아 쌍둥이 문제와 함께 풀어 보며 문제에 접근하는 과정과 방법을 체계적으로 익혀 봅니다.

## 주 마무리 코너

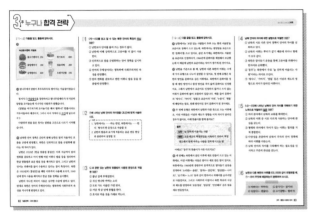

### 누구나 **합격 전략**

기초 이해력을 점검할 수 있는 종합 문제로 학습 자신감을 고취할 수 있습니다.

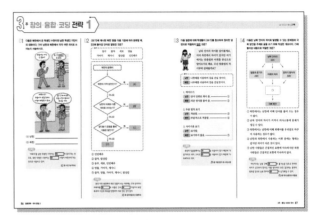

### 창의·융합·코딩 **전략**

융복합적 사고력과 문제 해결력을 길러 주는 문제로 구성하였습니다.

## 권 마무리 코너

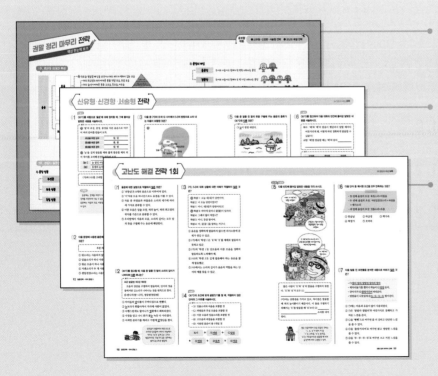

### 권말 정리 마무리 **전략**

학습 내용을 도식으로 정리하여 앞에서 공부한 내용을 한눈에 파악할 수 있습니다.

### 신유형·신경향·서술형 **전략**

신유형·서술형 문제를 집중적으로 풀며 문제 적응력을 높일 수 있습니다.

### 고난도 해결 **전략**

실제 시험에 대비할 수 있는 모의 실전 문제를 3회로 구성하였습니다.

# 이 책의 차례

# 1<sup>주</sup> 음운의 체계와 특성

## 우리말 음운에는 어떤 것이 있을까?

우리는 어떻게 수많은 단어의 뜻을 구별해서 사용하는 걸까?

자음이나 모음 하나만 바꿔도 단어의 뜻이 달라지기 때문이야. 말의 뜻을 구별해 주는 소리의 가장 작은 단위를 음운이라고 해.

모음

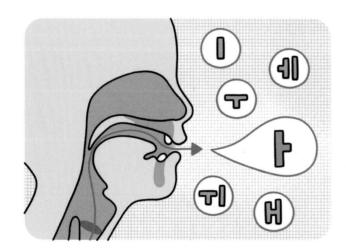

모음은 소리 낼 때 공기의 흐름이 입안에서 장애를 받지 않고 나오는 소리야. 우리말에는 21개의 모음이 있어.

| 공부할 내용 | ❶ 음운의 개념 이해하기 | ❸ 국어의 자음 체계와 그 특성 이해하기 |
| | ❷ 국어의 모음 체계와 그 특성 이해하기 | ❹ 국어의 음운 체계 탐구하기 |

## 자음

자음은 소리 낼 때 공기의 흐름이 목 안 또는 입안에서 장애를 받고 나오는 소리야. 우리말에는 19개의 자음이 있어.

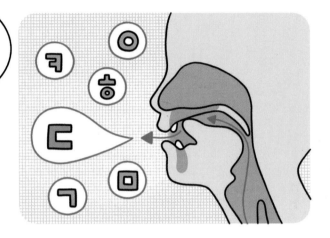

## 소리의 길이

소리의 길이가 길고 짧음에 따라 단어의 뜻이 구별되는 경우도 있어. 뜻을 구별해 준다는 점에서 소리의 길이도 모음이나 자음과 같이 음운의 역할을 하는 것이지.

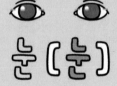

눈[눈]

눈[눈ː]

언어마다 각각의 음운 체계는 서로 달라. 예를 들어 우리말의 자음은 예사소리, 된소리, 거센소리로 나뉘는데 영어는 그걸 다 하나의 소리로 인식한대.

치킨이 바삭해.

응 빠삭해서 맛있다.

바삭? 빠삭?

나는 좀 파삭한 것 같아.

냠냠

그래서 외국인들이 한국어로 말할 때의 발음이 조금 어색하게 느껴지는 거구나.

아하!

\* 음운의 특성을 이해하고 올바른 국어 생활을 실천해 보세요.

## 개념 01  음운의 개념

- **음운의 개념**: 말의 ❶[    ]을 구별해 주는 소리의 가장 작은 단위
- **음운의 종류**: 우리말의 음운에는 ❷[    ]과 자음, 소리의 길이 등이 있음.

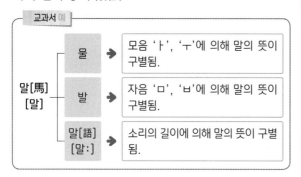

교과서 예

말[馬] [말] →

| 물 | → 모음 'ㅏ', 'ㅜ'에 의해 말의 뜻이 구별됨. |
| 발 | → 자음 'ㅁ', 'ㅂ'에 의해 말의 뜻이 구별됨. |
| 말[語] [말:] | → 소리의 길이에 의해 말의 뜻이 구별됨. |

답 ❶ 뜻 ❷ 모음

**확인 01** 다음 설명에 해당하는 알맞은 말을 쓰시오.

> 말의 뜻을 구별해 주는 소리의 가장 작은 단위이다.

## 개념 02  음운의 종류 ① – 모음과 자음

- **모음**: 소리를 낼 때 공기의 흐름이 ❶[    ]를 받지 않고 나오는 소리로, 우리말의 모음은 21개임.

> ㅏ, ㅐ, ㅑ, ㅒ, ㅓ, ㅔ, ㅕ, ㅖ, ㅗ, ㅘ, ㅙ, ㅚ, ㅛ, ㅜ, ㅝ, ㅞ, ㅟ, ㅠ, ㅡ, ㅢ, ㅣ

- **자음**: 소리를 낼 때 공기의 ❷[    ]이 장애를 받고 나오는 소리로, 우리말의 모음은 19개임.

> ㄱ, ㄲ, ㄴ, ㄷ, ㄸ, ㄹ, ㅁ, ㅂ, ㅃ, ㅅ, ㅆ, ㅇ, ㅈ, ㅉ, ㅊ, ㅋ, ㅌ, ㅍ, ㅎ

답 ❶ 장애 ❷ 흐름

**확인 02** 다음 설명에 해당하는 음운의 종류를 쓰시오.

> 소리를 낼 때 공기의 흐름이 장애를 받고 나오는 소리

## 개념 03  음운의 종류 ② – 소리의 길이

- **소리의 길이**: ❶[    ]의 ❷[    ]에 따라 단어의 뜻이 구별되는 경우가 있음.

교과서 예

| 밤[夜][밤] | 해가 져서 어두워진 때부터 다음 날 해가 떠서 밝아지기 전까지의 동안 |
| 밤[栗][밤:] | 밤나무의 열매 |

답 ❶ 소리 ❷ 길이

**확인 03** ㉠~㉢ 중, 음운에 대한 설명으로 적절하지 **않은** 것을 고르시오.

> ㉠ 모음과 자음은 음운에 해당한다.
> ㉡ 음운에 의해 말의 뜻이 구별된다.
> ㉢ 소리의 길이가 달라도 단어의 뜻은 동일하다.

## 개념 04  모음의 분류

- **단모음**: 발음할 때 ❶[    ] 모양이나 혀의 위치가 변하지 않는 모음

> ㅏ, ㅐ, ㅓ, ㅔ, ㅗ, ㅚ, ㅜ, ㅟ, ㅡ, ㅣ

- **이중 모음**: 발음할 때 입술 모양이나 혀의 ❷[    ]가 변하는 모음

> ㅑ, ㅒ, ㅕ, ㅖ, ㅘ, ㅙ, ㅛ, ㅝ, ㅞ, ㅠ, ㅢ

답 ❶ 입술 ❷ 위치

**확인 04** 다음 문장의 괄호 안에서 알맞은 말을 고르시오.
(1) 발음할 때 입술 모양이나 혀의 위치가 변하지 않는 모음을 ( 단모음, 이중 모음 )이라고 한다.
(2) 발음할 때 입술 모양이나 혀의 위치가 변하는 모음을 ( 단모음, 이중 모음 )이라고 한다.

## 개념 05 단모음의 분류 ① – 입술 모양

- **원순 모음**: ❶ [　　　　] 을 둥글게 오므려 발음함.

  > ㅟ, ㅚ, ❷ [　　] , ㅗ

- **평순 모음**: 입술을 둥글게 오므리지 않고 발음함.

  > ㅣ, ㅔ, ㅐ, ㅡ, ㅓ, ㅏ

▲ 원순 모음

▲ 평순 모음

답 ❶ 입술 ❷ ㅜ

**확인 05** 다음 중 입술을 둥글게 오므리지 않고 발음하는 것은?

① ㅟ　　② ㅚ　　③ ㅜ　　④ ㅗ　　⑤ ㅡ

## 개념 06 단모음의 분류 ② – 혀의 최고점의 위치

- **전설 모음**: 입천장의 중간점을 기준으로, 발음할 때 혀의 최고점의 위치가 ❶ [　　　] 에 있음.

  > ㅣ, ㅔ, ㅐ, ㅟ, ㅚ

- **후설 모음**: 입천장의 중간점을 기준으로, 발음할 때 혀의 최고점의 위치가 ❷ [　　　] 에 있음.

  > ㅡ, ㅓ, ㅏ, ㅜ, ㅗ

▲ 전설 모음

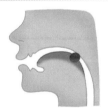

▲ 후설 모음

답 ❶ 앞쪽 ❷ 뒤쪽

**확인 06** 다음 중 발음할 때 혀의 최고점의 위치가 뒤쪽에 있는 것은?

① ㅣ　　② ㅓ　　③ ㅔ　　④ ㅟ　　⑤ ㅚ

## 개념 07 단모음의 분류 ③ – 혀의 높낮이

- **고모음**: 발음할 때 혀의 높이가 ❶ [　　　] .

  > ㅣ, ㅟ, ㅡ, ㅜ

- **중모음**: 발음할 때 혀의 높이가 중간 정도임.

  > ㅔ, ㅚ, ㅓ, ㅗ

- **저모음**: 발음할 때 혀의 높이가 ❷ [　　　] .

  > ㅐ, ㅏ

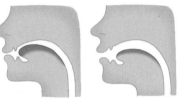

▲ 고모음　　▲ 중모음　　▲ 저모음

→ 입이 벌어질수록 혀의 높이가 낮아짐.

답 ❶ 높음 ❷ 낮음

**확인 07** 다음 중 발음할 때 혀의 높이가 가장 낮은 것은?

① ㅜ　　② ㅟ　　③ ㅐ　　④ ㅗ　　⑤ ㅚ

## 개념 08 단모음 체계표

| 혀의 최고점의 위치 | 전설 모음 | | ❶ [　　] | |
|---|---|---|---|---|
| 입술 모양<br>혀의 높낮이 | 평순 모음 | 원순 모음 | 평순 모음 | 원순 모음 |
| 고모음 | ㅣ | ㅟ | ㅡ | ㅜ |
| ❷ [　　] | ㅔ | ㅚ | ㅓ | ㅗ |
| 저모음 | ㅐ | | ㅏ | |

답 ❶ 후설 모음 ❷ 중모음

**확인 08** 다음 설명에 해당하는 모음을 쓰시오.

(1) 발음할 때 혀의 위치가 뒤쪽에 있고, 혀의 높이가 높으며, 입술을 둥글게 오므린다.　　　　　(　　　)

(2) 발음할 때 혀의 위치가 앞쪽에 있고, 혀의 높이가 낮으며, 입술을 둥글게 오므리지 않는다.　　　(　　　)

## 개념 09  자음의 분류 ① – 소리 나는 위치

• **입술소리:** 두 입술 사이에서 나는 소리

> ㅂ, ㅃ, ㅍ, ㅁ

• **잇몸소리:** ❶ [　　　]과 윗잇몸 사이에서 나는 소리

> ㄷ, ㄸ, ㅌ, ㅅ, ㅆ, ㄴ, ㄹ

• **센입천장소리:** 혓바닥과 센입천장 사이에서 나는 소리

> ㅈ, ㅉ, ㅊ

• **여린입천장소리:** 혀 뒷부분과 여린입천장 사이에서 나는 소리

> ㄱ, ㄲ, ㅋ, ㅇ

• **목청소리:** 목청 사이에서 나는 소리

> ❷ [　　　]

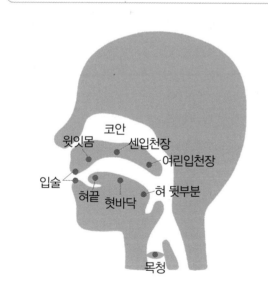

답 ❶ 혀끝 ❷ ㅎ

### 확인 09  소리 나는 위치에 따른 자음의 분류가 잘못된 것은?

① ㅎ: 목청소리

② ㅂ: 입술소리

③ ㄷ: 잇몸소리

④ ㅈ: 센입천장소리

⑤ ㄴ: 여린입천장소리

## 개념 10  자음의 분류 ② – 소리 내는 방법

• **파열음:** 입안의 어떤 위치에서 공기의 흐름을 막았다가 그 막은 자리를 일시에 터뜨리면서 내는 소리

> ㄱ, ㄲ, ㅋ, ㄷ, ㄸ, ㅌ, ㅂ, ㅃ, ㅍ

• **마찰음:** 입안이나 목청 사이의 통로를 좁히고 그 틈 사이로 공기를 내보내어 ❶ [　　　]을 일으키면서 내는 소리

> ㅅ, ㅆ, ㅎ

• **파찰음:** 공기의 흐름을 막았다가 막았던 자리를 조금 열고 좁은 틈 사이로 공기를 내보내어 마찰을 일으키면서 내는 소리

> ㅈ, ㅉ, ㅊ

• **비음:** 입안의 통로를 막았다가 ❷ [　　　]로 공기를 내보내면서 내는 소리

> ㄴ, ㅁ, ㅇ

• **유음:** 혀끝을 잇몸에 가볍게 대었다가 떼거나 혀끝을 윗잇몸에 댄 채 공기를 그 양옆으로 흘려보내면서 내는 소리

> ㄹ

답 ❶ 마찰 ❷ 코

### 확인 10  자음을 소리 내는 방법에 대한 설명으로 적절하지 않은 것은?

① ㄱ: 입안의 어떤 위치에서 공기의 흐름을 막았다가 그 막은 자리를 일시에 터뜨림.

② ㅅ: 입안이나 목청 사이의 통로를 좁히고 그 틈 사이로 공기를 내보내어 마찰을 일으킴.

③ ㅈ: 공기의 흐름을 막았다가 막았던 자리를 조금 열고 좁은 틈 사이로 공기를 내보내어 마찰을 일으킴.

④ ㅊ: 입안의 통로를 막았다가 코로 공기를 내보냄.

⑤ ㄹ: 혀끝을 잇몸에 가볍게 대었다가 떼거나 혀끝을 윗잇몸에 댄 채 공기를 그 양옆으로 흘려보냄.

**개념 11** 자음의 분류 ③ – 소리의 세기

- **예사소리**: 숨이 거세게 나오지 않으며 성대를 편안히 둔 상태에서 내는 소리로, 부드러운 느낌을 줌.

> ㄱ, ㄷ, ㅂ, ㅅ, ㅈ

- **된소리**: 숨이 거세게 나오지 않으며 성대 근육을 긴장시켜 내는 소리로, 강하고 단단한 느낌을 줌.

> ㄲ, ㄸ, ㅃ, ㅆ, ㅉ

- **거센소리**: 숨이 거세게 나오며 성대 근육을 긴장시켜 내는 소리로, 크고 거친 느낌을 줌.

> ㅋ, ㅌ, ㅍ, ㅊ

→ 파열음과 파찰음은 소리의 세기에 따라 예사소리, 된소리, ❶ ☐ 로 나뉘고, ❷ ☐ 은 예사소리와 된소리로 나뉨.

답 ❶ 거센소리 ❷ 마찰음

**확인 11** 다음 빈칸에 들어갈 알맞은 말을 순서대로 쓰시오.

> 자음은 소리의 세기에 따라 부드러운 느낌을 주는 ( ), 강하고 단단한 느낌을 주는 ( ), 크고 거친 느낌을 주는 ( )(으)로 분류할 수 있다.

**개념 12** 자음의 분류 ④ – 입안이나 코안의 울림 여부

- **울림소리**: 발음할 때 입안이나 코안이 울리는 소리. 비음, ❶ ☐ 이 있음.
- **안울림소리**: 발음할 때 입안이나 코안이 울리지 않는 소리. 파열음, 마찰음, ❷ ☐ 이 있음.

답 ❶ 유음 ❷ 파찰음

**확인 12** 자음을 다음과 같이 분류한 기준을 쓰시오.

| 비음, 유음 | 파열음, 마찰음, 파찰음 |

**개념 13** 자음 체계표

| 소리 나는 위치<br>소리 내는 방법 | | 입술<br>소리 | 잇몸<br>소리 | 센입천<br>장소리 | 여린입천<br>장소리 | 목청<br>소리 |
|---|---|---|---|---|---|---|
| 파열음 | 예사소리 | ㅂ | ㄷ | | ❶ | |
| | 된소리 | ㅃ | ㄸ | | ㄲ | |
| | 거센소리 | ㅍ | ㅌ | | ㅋ | |
| 파찰음 | 예사소리 | | | ㅈ | | |
| | 된소리 | | | ㅉ | | |
| | 거센소리 | | | ㅊ | | |
| 마찰음 | 예사소리 | | ㅅ | | | ㅎ |
| | 된소리 | | ㅆ | | | |
| 비음 | | ㅁ | ㄴ | | ㅇ | |
| 유음 | | | ❷ | | | |

답 ❶ ㄱ ❷ ㄹ

**확인 13** 다음 자음의 소리 나는 위치, 소리 내는 방법, 소리의 세기에 따른 분류를 차례대로 쓰시오.

(1) ㄷ: ( ), ( ), ( )
(2) ㅊ: ( ), ( ), ( )

**개념 14** 우리말 음운 체계의 특성

- 자음 중 ❶ ☐ 과 파찰음이 예사소리, 된소리, 거센소리로 구분되는 ❷ ☐ 체계를 이룸.

> **교과서 예**
> - '바삭' – '빠삭' – '파삭'
> - '단단하다' – '딴딴하다' – '탄탄하다'

답 ❶ 파열음 ❷ 삼중

**확인 14** 다음 중 자음의 삼중 체계에 해당하지 않는 것은?

① ㄱ-ㄲ-ㅋ
② ㄷ-ㄸ-ㅌ
③ ㅂ-ㅃ-ㅍ
④ ㅅ-ㅆ-ㅌ
⑤ ㅈ-ㅉ-ㅊ

**01** 음운에 대한 설명으로 적절한 것은?

① 뜻을 가진 가장 작은 말의 단위이다.

② 말의 뜻을 구별해 주는 소리의 가장 작은 단위이다.

③ 하나의 종합된 음의 느낌을 주는 말소리의 단위이다.

④ 분리하여 자립적으로 쓸 수 있는 말이나 이에 준하는 말이다.

⑤ 문장을 구성하고 있는 각각의 마디로, 문장 성분의 최소 단위로서 띄어쓰기의 단위가 된다.

**문제 해결 전략**

• 음운은 말의 **❶**　　　을 구별해 주는 **❷**　　　의 가장 작은 단위이다.

目 ❶ 뜻 ❷ 소리

**02** 다음 그림과 같이 입술을 둥글게 오므리지 않고 발음하는 것은?

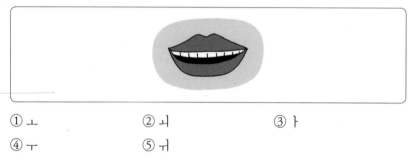

① ㅗ　　　　　　② ㅚ　　　　　　③ ㅏ

④ ㅜ　　　　　　⑤ ㅟ

**문제 해결 전략**

• 단모음은 발음할 때의 **❶**　　　에 따라 원순 모음과 평순 모음으로 분류할 수 있다.

• 입술을 둥글게 오므려 발음하는 단모음은 **❷**　　　, 입술을 둥글게 오므리지 않고 발음하는 단모음은 평순 모음이다.

目 ❶ 입술 모양 ❷ 원순 모음

**03** 자음을 소리 내는 방법에 대한 설명이 적절하지 않은 것은?

① 코안의 통로를 막았다가 입으로 공기를 내보내면서 내는 소리는 '비음'이다.

② 입안의 어떤 위치에서 공기의 흐름을 막았다가 그 막은 자리를 일시에 터뜨리면서 내는 소리는 '파열음'이다.

③ 입안이나 목청 사이의 통로를 좁히고 그 틈 사이로 공기를 내보내어 마찰을 일으키면서 내는 소리는 '마찰음'이다.

④ 혀끝을 잇몸에 가볍게 대었다가 떼거나 혀끝을 윗잇몸에 댄 채 공기를 그 양옆으로 흘려보내면서 내는 소리는 '유음'이다.

⑤ 공기의 흐름을 막았다가 막았던 자리를 조금 열고 좁은 틈 사이로 공기를 내보내어 마찰을 일으키면서 내는 소리는 '파찰음'이다.

**문제 해결 전략**

• 우리말 자음은 소리 내는 방법을 기준으로 파열음, 마찰음, 파찰음, **❶**　　　, **❷**　　　으로 분류할 수 있다.

• 비음은 입안의 통로를 막았다가 코로 공기를 내보내면서 내는 소리이다.

예 ㄴ, ㅁ, ㅇ

目 ❶ 비음 ❷ 유음

**04** 다음 밑줄 친 단어의 뜻을 고려할 때, 소리의 길이를 잘못 표시한 사람의 이름을 쓰시오.

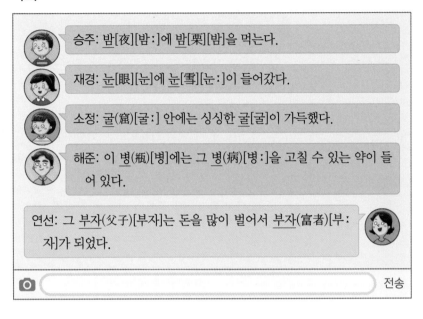

승주: 밤[夜][밤:]에 밤[栗][밤]을 먹는다.

재경: 눈[眼][눈]에 눈[雪][눈:]이 들어갔다.

소정: 굴(窟)[굴:] 안에는 싱싱한 굴[굴]이 가득했다.

해준: 이 병(瓶)[병]에는 그 병(病)[병:]을 고칠 수 있는 약이 들어 있다.

연선: 그 부자(父子)[부자]는 돈을 많이 벌어서 부자(富者)[부:자]가 되었다.

📷 [                                    ] 전송

**05** 다음 설명에 해당하는 단어로 알맞은 것은?

| 초성 | 혀 뒷부분과 여린입천장 사이에서 소리 나며, 거센소리인 자음 |
|---|---|
| 중성 | 발음할 때 혀의 최고점의 위치가 뒤에 있으며, 입술을 둥글게 오므리고, 혀의 높이는 중간에 위치하는 모음 |
| 종성 | 혀 뒷부분과 여린입천장 사이에서 소리 나며, 입안의 통로를 막았다가 코로 공기를 내보내면서 소리 내는 자음 |

① 눈        ② 발        ③ 손        ④ 콩        ⑤ 창

**06** 우리말 자음 체계의 특성을 고려하여 다음 빈칸에 들어갈 알맞은 단어를 쓰시오.

| 예사소리 | 된소리 | 거센소리 |
|---|---|---|
| 바삭 | (1) | 파삭 |
| (2) | (3) | 탄탄하다 |

## 대표 유형 ① 음운의 개념과 특징 이해하기 ①

**1** 음운에 대한 설명으로 적절하지 <u>않은</u> 것은?

① '마당'은 5개의 음운으로 이루어져 있다.

② 우리말의 음운에는 모음과 자음, 성조 등이 있다.

③ '막다'와 '먹다'의 뜻을 구별해 주는 음운은 모음이다.

④ 음운은 말의 뜻을 구별해 주는 소리의 가장 작은 단위이다.

⑤ '밥'과 '발'의 뜻을 구별해 주는 음운은 공기의 흐름이 장애를 받고 나오는 소리이다.

### 유형 해결 전략

음운은 말의 뜻을 구별해 주는 ❶ □□□ 의 가장 작은 단위로, 우리말 음운에는 모음과 자음, 소리의 ❷ □□□ 등이 있다.

답 ❶ 소리 ❷ 길이

**1-1** 다음 중 단어를 구성하는 음운의 개수가 나머지와 <u>다른</u> 하나는?

① 고구마      ② 고등어      ③ 미나리

④ 오징어      ⑤ 애호박

**1-2** 다음 두 단어의 뜻을 구별해 주는 음운의 종류를 쓰시오.

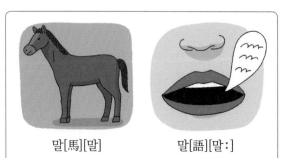

말[馬][말]          말[語][말:]

## 대표 유형 ② 음운의 개념과 특징 이해하기 ②

**2** 모음과 자음을 구분하는 기준으로 알맞은 것은?

① 말의 뜻을 구별해 주는가?

② 소리의 가장 작은 단위인가?

③ 발음할 때 혀의 높낮이가 어떠한가?

④ 발음할 때 입술 모양이나 혀의 위치가 변하는가?

⑤ 소리를 낼 때 공기의 흐름이 장애를 받고 나오는가?

### 유형 해결 전략

모음과 자음을 발음할 때 공기의 흐름에 차이가 있다. ❶ □□□ 은 공기의 흐름이 장애를 받지 않고 나오는 소리이고, ❷ □□□ 은 공기의 흐름이 장애를 받고 나오는 소리이다.

답 ❶ 모음 ❷ 자음

**2-1** 다음 밑줄 친 단어 중 소리의 길이가 긴 것은?

① 무더운 여름 <u>밤</u>.

② <u>눈</u>이 펑펑 내린다.

③ 바다에서 <u>굴</u>을 양식하고 있다.

④ 잘못을 저질러 엄한 <u>벌</u>을 받았다.

⑤ 약은 목이 기다란 <u>병</u>에 담겨 있었다.

**2-2** 다음 문장에 사용된 음운 중에서 공기의 흐름이 장애를 받지 않고 나오는 소리를 모두 찾아 쓰시오.

> 돌을 던지자.

## 대표 유형 ❸ 단모음과 이중 모음 구분하기

**3** 우리말 모음을 다음과 같이 분류할 때, ㉠에 들어갈 모음으로 적절하지 <u>않은</u> 것은?

| | |
|---|---|
| 발음할 때 입술 모양이나 혀의 위치가 변하지 않음. | ㉠ |
| 발음할 때 입술 모양이나 혀의 위치가 변함. | |

① ㅏ   ② ㅐ   ③ ㅑ
④ ㅔ   ⑤ ㅗ

### 유형 해결 전략

우리말 모음 중에서 발음할 때 입술 모양이나 혀의 위치가 변하지 않는 모음은 **❶ [    ]**, 입술 모양이나 혀의 위치가 변하는 모음은 **❷ [    ]** 이다.

**답** ❶ 단모음 ❷ 이중 모음

**3-1** 다음 단어를 구성하는 모음이 모두 단모음인 것은?
① 물오리   ② 교과서   ③ 유리잔
④ 놀이공원   ⑤ 여름 방학

**3-2** 〈보기〉의 밑줄 친 글자 중 발음할 때 입술 모양이나 혀의 위치가 변하는 모음이 사용된 것은?

┌─ 보기 ─┐
• <u>배</u>보다 배<u>꼽</u>이 더 크다.
• <u>베</u>는 석 자라도 <u>틀</u>은 틀대로 해<u>야</u> 된다.
└───────┘

① 배   ② 꼽   ③ 베
④ 틀   ⑤ 야

## 대표 유형 ❹ 단모음의 분류 이해하기

**4** 단모음을 〈보기〉와 같이 분류한 기준으로 알맞은 것은?

┌─ 보기 ─┐

ㅟ, ㅚ, ㅜ, ㅗ

ㅣ, ㅔ, ㅐ, ㅡ, ㅓ, ㅏ

└───────┘

① 발음할 때의 입술 모양
② 발음할 때의 혀의 높낮이
③ 발음할 때 소리 나는 위치
④ 발음할 때 소리 내는 방법
⑤ 발음할 때 혀의 최고점의 위치

### 유형 해결 전략

단모음은 발음할 때의 **❶ [    ]** 모양, 혀의 높낮이, 혀의 최고점의 위치에 따라 나눌 수 있다. 발음할 때의 입술 모양을 기준으로 입술을 둥글게 오므리면 **❷ [    ]**, 그렇지 않으면 평순 모음이다.

**답** ❶ 입술 ❷ 원순 모음

**4-1** 다음 모음 중 발음할 때 혀의 높이가 가장 높은 것은?
① ㅏ   ② ㅜ   ③ ㅐ
④ ㅓ   ⑤ ㅚ

**4-2** 다음 단어 중 발음할 때 혀의 최고점의 위치가 ㉠에 있는 모음이 사용되지 <u>않은</u> 것은?

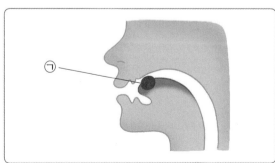

① 시내   ② 달팽이   ③ 그늘
④ 기차   ⑤ 다람쥐

**01** 다음 중 음운에 대한 설명으로 적절하지 않은 것은?

① '공'은 3개의 음운으로 이루어져 있다.

② '시작'과 '시장'은 자음 'ㄱ'과 'ㅇ'에 의해 뜻이 달라진다.

③ '바나나'와 '오렌지'는 각 단어를 이루고 있는 음운의 개수가 다르다.

④ 단모음과 자음은 모두 말의 뜻을 구별해 주는 소리의 가장 작은 단위에 해당한다.

⑤ 사람의 '눈[눈]'과 하늘에서 내리는 '눈[눈:]'은 소리의 길이에 따라 뜻이 구별된다.

**02** 다음 중 단어를 이루는 음운의 개수가 가장 많은 것은?

① 우리      ② 사랑

③ 추억      ④ 지문

⑤ 당근

**03** 다음 짝을 이룬 두 단어의 뜻을 구별해 주는 음운이 모음인 것은?

① 불 : 풀      ② 발 : 밥

③ 곰 : 솜      ④ 다리 : 도리

⑤ 시장 : 시작

**04** 〈보기〉를 참고하여 단어를 정확하게 발음해야 하는 이유를 다음과 같이 정리할 때, 뒤에 이어질 알맞은 내용을 서술하시오.

보기

학생 1: 저기 세[새] 집이 모여 있어.

학생 2: 저게 새[새] 집이라고? 오래되어 보이는데?

음운은 말의 뜻을 구분해 주는 소리의 최소 단위이다. 그러므로 음운을 하나라도 잘못 발음하면

_____

**05** 다음 밑줄 친 단어의 뜻을 구별해 주는 음운의 종류가 바르게 연결된 것은?

가 종이 울리자 아이들이 공을 들고 운동장으로 나갔다.

나 추운 밤에는 가족 모두 따뜻한 방에 둘러앉아 밤을 까먹었다.

| | (가) | (나) |
|---|---|---|
| ① | 자음 | 모음 |
| ② | 자음 | 소리의 길이 |
| ③ | 모음 | 자음 |
| ④ | 소리의 길이 | 모음 |
| ⑤ | 소리의 길이 | 자음 |

도움말

음운은 말의 뜻을 구별해 주는 ❶ [　　　] 의 가장 작은 단위로, 우리말 음운에는 모음, ❷ [　　　], 소리의 길이 등이 있어.

답 ❶ 소리 ❷ 자음

**06** 다음 만화를 참고하여 모음과 자음의 차이점을 쓰시오.

**07** 다음 단어 중 이중 모음이 사용되지 <u>않은</u> 것은?

① 팽이     ② 달걀     ③ 목욕

④ 자연     ⑤ 교육

**08** 〈보기〉의 ⓐ~ⓔ 중, 모음에 대한 설명으로 알맞은 내용을 모두 고른 것은?

┤ 보기 ├

ⓐ 우리말에는 21개의 모음이 있다.

ⓑ 소리를 낼 때 공기의 흐름이 장애를 받고 나온다.

ⓒ 단모음은 발음할 때 소리의 세기에 따라 고모음, 중모음, 저모음으로 나뉜다.

ⓓ 단모음은 발음할 때 혀의 최고점의 위치에 따라 전설 모음, 후설 모음으로 나뉜다.

ⓔ 발음할 때 입술 모양이나 혀의 위치가 변하는지에 따라 단모음과 이중 모음으로 나뉜다.

① ⓐ, ⓑ, ⓒ       ② ⓐ, ⓑ, ⓓ

③ ⓐ, ⓓ, ⓔ       ④ ⓑ, ⓒ, ⓓ

⑤ ⓑ, ⓓ, ⓔ

**도움말**

모음은 발음할 때 입술 모양이나 혀 위치의 변화 여부에 따라 **❶** 과 이중 모음으로 분류할 수 있어. 단모음은 발음할 때 **❷** , 혀의 높낮이, 혀의 최고점의 위치에 따라 나눌 수 있지.

**답 ❶** 단모음 **❷** 입술 모양

**09** 다음 밑줄 친 단어 중 짧게 발음해야 하는 것은?

① <u>눈</u>이 펑펑 내리고 있다.

② 이게 <u>병</u>을 고칠 수 있는 약이야.

③ 경마장에서 난생처음 <u>말</u>을 보았다.

④ <u>밤</u> 여기저기에 토끼들이 굴을 파 놓았다.

⑤ 문 앞에 <u>발</u>을 내려서 물건을 가리도록 해라.

**10** 다음 모음 중 발음할 때 입술 모양이나 혀의 위치가 변하지 <u>않는</u> 것은?

① ㅑ      ② ㅙ      ③ ㅝ

④ ㅟ      ⑤ ㅢ

**11** 모음을 다음과 같이 분류할 때 ㉠, ㉡에 들어갈 알맞은 말을 쓰시오.

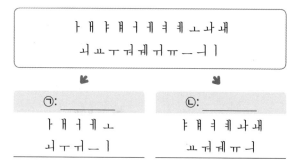

ㅏ ㅒ ㅑ ㅖ ㅓ ㅔ ㅋ ㅖ ㅗ ㅘ ㅙ
ㅚ ㅛ ㅜ ㅝ ㅞ ㅟ ㅠ ㅡ ㅢ ㅣ

| ㉠: _____ | ㉡: _____ |
|---|---|
| ㅏ ㅒ ㅓ ㅔ ㅗ<br>ㅚ ㅜ ㅟ ㅡ ㅣ | ㅑ ㅒ ㅋ ㅖ ㅘ ㅙ<br>ㅛ ㅝ ㅞ ㅠ ㅢ |

**12** 단모음을 다음과 같이 나눌 때, ⓐ에 들어갈 수 있는 모음으로 적절하지 <u>않은</u> 것은?

| 발음할 때<br>혀의 최고점의<br>위치 | 입천장의 중간점을 기준으로,<br>혀의 최고점의 위치가 앞쪽에<br>있음. | ⓐ |
|---|---|---|
| | 입천장의 중간점을 기준으로,<br>혀의 최고점의 위치가 뒤쪽에<br>있음. | |

① ㅣ      ② ㅔ      ③ ㅐ

④ ㅟ      ⑤ ㅡ

**13** 다음 중 발음할 때 혀의 최고점의 위치가 ㉠, ㉡에 있는 모음을 바르게 짝지은 것은?

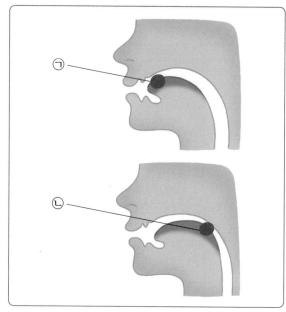

| | ㉠ | ㉡ |
|---|---|---|
| ① | ㅣ | ㅏ |
| ② | ㅔ | ㅓ |
| ③ | ㅐ | ㅚ |
| ④ | ㅜ | ㅡ |
| ⑤ | ㅓ | ㅜ |

> **도움말**
> 단모음은 입천장의 중간점을 기준으로, 발음할 때 혀의 최고점의 위치가 앞쪽에 있는 ❶ [_____] 과 뒤쪽에 있는 ❷ [_____] 으로 나눌 수 있어.
>
> 답 ❶ 전설 모음 ❷ 후설 모음

**14** 다음 중 입술을 둥글게 오므려 발음하는 모음이 사용되지 <u>않은</u> 것은?

① 귀신      ② 오리      ③ 참외

④ 우정      ⑤ 하늘

**15** 〈보기〉에서 다음에 해당하는 음운을 모두 찾아 쓰시오.

> ┌ 보기 ┐
> 가시는 걸음걸음
> 놓인 그 꽃을
> 사뿐히 즈려밟고 가시옵소서
>
> – 김소월, 〈진달래꽃〉

(1) 1행에서 후설 모음에 해당하는 것: (          )

(2) 2행에서 평순 모음에 해당하는 것: (          )

(3) 3행에서 단모음 중 고모음에 해당하는 것:
                                        (          )

**[16~17]** 다음 표를 보고, 물음에 답하시오.

|  | 전설 모음 | | 후설 모음 | |
|---|---|---|---|---|
|  | 평순 모음 | 원순 모음 | 평순 모음 | 원순 모음 |
| **가** | ㅣ | ⓐ | ⓑ | ㅜ |
| **나** | ⓒ | ㅚ | ㅓ | ⓓ |
| **다** | ㅐ | | ⓔ | |

**16** 이 표에서 (가)~(다)를 나눈 기준을 쓰고, (가)~(다)에 들어갈 알맞은 말을 쓰시오.

| (가)~(다)를 나눈 기준 | |
|---|---|

↓

| (가) | |
|---|---|
| (나) | |
| (다) | |

> **도움말**
>
> 단모음은 발음할 때 혀의 최고점의 위치에 따라 **❶**[        ]과 후설 모음, **❷**[        ]에 따라 평순 모음과 원순 모음, 혀의 높낮이에 따라 고모음, 중모음, 저모음으로 나뉜다는 것을 기억하도록 해.
>
> **답** ❶ 전설 모음 ❷ 입술 모양

**17** 이 표의 ⓐ~ⓔ에 들어갈 모음이 바르게 연결된 것은?

① ⓐ: ㅏ          ② ⓑ: ㅗ

③ ⓒ: ㅔ          ④ ⓓ: ㅡ

⑤ ⓔ: ㅟ

**18** 다음 상황에서 의사소통이 원활하지 않은 이유로 적절한 것은?

① 딸이 '게[게:]'를 '개[개:]'로 잘못 발음했다.

② 딸이 자음 'ㄱ'을 정확하게 발음하지 못했다.

③ 아버지가 '게'와 '개'의 소리의 길이를 착각했다.

④ 딸이 모음 'ㅐ'를 짧게 발음해야 하는데 길게 발음했다.

⑤ 아버지가 '게'와 '개'의 뜻을 구별해 주는 음운을 파악하지 못했다.

**대표 유형 ①** 소리 나는 위치에 따른 자음의 분류 이해하기

**1** ㉠, ㉡의 위치에서 소리 나는 자음을 바르게 연결한 것은?

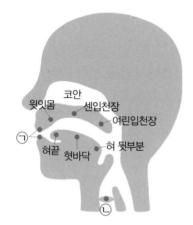

코안
윗잇몸    센입천장
㉠         여린입천장
혀끝  혓바닥  혀 뒷부분

㉡

| | ㉠ | ㉡ |
|---|---|---|
| ① | ㄱ | ㅊ |
| ② | ㅁ | ㅉ |
| ③ | ㅇ | ㄴ |
| ④ | ㅆ | ㄹ |
| ⑤ | ㅍ | ㅎ |

**유형 해결 전략**

우리말 자음은 소리 나는 **①** 에 따라 입술소리, 잇몸소리, 센입천장소리, 여린입천장소리, **②** 로 나눌 수 있다.

답 ❶ 위치 ❷ 목청소리

**1-1** 다음 중 소리 나는 위치가 서로 다른 자음끼리 짝지어진 것은?

① ㄱ, ㅋ      ② ㄴ, ㅅ      ③ ㄷ, ㄹ
④ ㅁ, ㅃ      ⑤ ㅇ, ㅎ

**1-2** 다음 단어 중 잇몸소리가 사용되지 않은 것은?

① 빨강      ② 노랑      ③ 주황
④ 초록      ⑤ 파랑

**대표 유형 ②** 소리 내는 방법에 따른 자음의 분류 이해하기

**2** 다음 중 〈보기〉와 같은 방법으로 소리 내는 자음이 <u>아닌</u> 것은?

보기
입안의 어떤 위치에서 공기의 흐름을 막았다 가 그 막은 자리를 일시에 터뜨림.

① ㄲ    ② ㄷ    ③ ㄹ    ④ ㅂ    ⑤ ㅍ

**유형 해결 전략**

우리말 자음은 소리 내는 방법에 따라 파열음, **①** , 파찰음, 비음, **②** 으로 나뉜다.

답 ❶ 마찰음 ❷ 유음

**2-1** 다음 자음들의 공통점으로 알맞은 것은?

ㄴ    ㅁ    ㅇ

① 입안의 통로를 막았다가 코로 공기를 내보내면서 내는 소리이다.
② 입안의 어떤 위치에서 공기의 흐름을 막았다가 그 막은 자리를 일시에 터뜨리면서 내는 소리이다.
③ 입안이나 목청 사이의 통로를 좁히고 그 틈 사이로 공기를 내보내어 마찰을 일으키면서 내는 소리이다.
④ 혀끝을 잇몸에 가볍게 대었다가 떼거나 혀끝을 윗잇몸에 댄 채 공기를 그 양옆으로 흘려보내면서 내는 소리이다.
⑤ 공기의 흐름을 막았다가 막았던 자리를 조금 열고 좁은 틈 사이로 공기를 내보내어 마찰을 일으키면서 내는 소리이다.

**2-2** 〈보기〉에 사용된 음운 중에서 마찰음에 해당하는 자음을 모두 찾아 쓰시오.

보기
산에 쓰레기를 버리지 맙시다

## 대표 유형 ❸  소리의 세기에 따른 자음의 분류 이해하기

**3** 다음 중 〈보기〉의 밑줄 친 설명에 해당하는 자음이 사용된 것은?

┌ 보기 ┐
　자음은 소리의 세기에 따라 예사소리, 된소리, 거센소리로 나눌 수 있다. 예사소리는 부드러운 느낌을 주고, 된소리는 단단한 느낌, <u>거센소리는 크고 거친 느낌을 준다.</u>

① 고슬고슬　　　　② 딸랑딸랑
③ 뽀글뽀글　　　　④ 살랑살랑
⑤ 출렁출렁

### 유형 해결 전략

우리말 자음 중 파열음과 파찰음은 소리의 ❶ 　　　에 따라 예사소리, 된소리, 거센소리로 나뉘고, 마찰음은 예사소리, 된소리로 나뉜다. 'ㄱ, ㄷ, ㅂ, ㅅ, ㅈ'은 예사소리, 'ㄲ, ㄸ, ㅃ, ㅆ, ㅉ'은 ❷ 　　　, 'ㅋ, ㅌ, ㅍ, ㅊ'은 거센소리이다.

🅐 ❶ 세기 ❷ 된소리

**3-1** ㉠~㉢에 대한 설명으로 적절하지 <u>않은</u> 것은?

┌──────────────────────────┐
│ ㉠ 단단하다　 ㉡ 딴딴하다　 ㉢ 탄탄하다 │
└──────────────────────────┘

① ㉠에 비해 ㉡은 강하고 단단한 느낌을 준다.
② ㉠에 비해 ㉢은 크고 거친 느낌을 준다.
③ ㉠과 ㉡을 발음할 때에는 숨이 거세게 나온다.
④ ㉡과 ㉢을 발음할 때에는 발음 기관의 근육이 긴장된다.
⑤ ㉠, ㉡, ㉢에서 자음 'ㄷ, ㄸ, ㅌ'은 느낌의 차이를 만들어 낸다.

**3-2** 자음을 소리의 세기에 따라 분류할 때, 〈보기〉의 설명에 해당하는 자음을 모두 쓰시오.

┌ 보기 ┐
　숨이 거세게 나오지는 않지만 성대 근육을 긴장시켜 내는 소리이며, 강하고 단단한 느낌을 준다.

## 대표 유형 ❹  우리말 음운 체계의 특성 파악하기

**4** 다음 글을 통해 알 수 있는 내용으로 적절한 것은?

┌──────────────────────────────┐
│　우리말을 사용하는 사람들은 '불', '뿔', '풀'이 │
│라는 단어의 발음을 듣고 서로 다른 말로 알아듣 │
│는다. [ㅂ], [ㅃ], [ㅍ]의 소리를 구분하기 때문이 │
│다. 그런데 영어를 사용하는 사람들에게 단어 │
│'뿔'의 발음을 들려주면, '불' 또는 '풀'과 뜻이 다 │
│른 말로 받아들이는 데 어려움을 겪는다. 우리말 │
│과 달리 영어의 음운 체계에서는 [b]와 [p]의 구 │
│분만 존재하기 때문이다. │
└──────────────────────────────┘

① 모든 언어의 음운 체계는 동일하다.
② 우리말과 영어의 음운 체계에는 차이점이 있다.
③ 영어의 음운 체계에서는 '불'과 '뿔'의 소리를 구분한다.
④ 우리말의 음운 체계에서는 '불'과 '풀'의 소리가 구분되지 않는다.
⑤ 우리말과 영어의 음운 체계는 모두 '불', '뿔', '풀'의 소리를 구분한다.

### 유형 해결 전략

우리말의 자음은 예사소리, ❶ 　　　, 거센소리의 삼중 체계를 이루고 있지만, 영어는 그렇지 않으므로 영어를 사용하는 사람들은 [ㅂ], [ㅃ], [ㅍ]을 서로 다른 ❷ 　　　으로 인식하기 어렵다.

🅐 ❶ 된소리 ❷ 음운

**4-1** 다음 상황에서 의사소통에 문제가 생긴 이유를 정리할 때, 빈칸에 들어갈 알맞은 말을 차례대로 쓰시오.

┌──────────────────────────────┐
│　외국인 학생 찰리가 '[　　]'과 '[　　]'의 발음 │
│을 구별하지 못하여 '차다'와 '짜다'를 똑같이 발음 │
│했기 때문이다. │
└──────────────────────────────┘

**01** 다음 중 우리말 자음에 대한 설명으로 적절하지 <u>않은</u> 것은?

① 모음과 달리 혼자 소리 낼 수 있다.
② 모음과 달리 받침으로 사용할 수 있다.
③ 공기의 흐름이 장애를 받고 나오는 소리이다.
④ 말의 뜻을 구별해 주는 소리의 가장 작은 단위에 해당한다.
⑤ 소리 나는 위치, 소리 내는 방법, 소리의 세기를 기준으로 분류할 수 있다.

**02** 다음 중 〈보기〉의 밑줄 친 부분에 해당하는 단어가 <u>아닌</u> 것은?

┌ 보기 ┐
'발'이라는 단어의 'ㅂ', 'ㅏ', 'ㄹ' 가운데 하나의 <u>소리를 다른 것으로 바꾸면</u> '달', '볼', '밤'이라는 다른 뜻의 단어가 된다.
└────────┘

발 → 달
발 → 볼
발 → 밤

① 금  ② 박  ③ 벌  ④ 살  ⑤ 알

**도움말**
말의 ❶　뜻　을 구별해 주는 소리의 가장 작은 단위를 음운이라고 해. 우리말의 음운에는 자음과 ❷　모음　, 소리의 길이 등이 있으며, 이 중 하나만 바뀌어도 단어의 의미가 달라져.

**답 ❶ 뜻 ❷ 모음**

**03** 〈보기〉에 제시된 자음들의 공통점으로 알맞은 것은?

┌ 보기 ┐
　　ㅅ　　ㅆ　　ㅎ
└────────┘

① 혀 뒷부분과 여린입천장 사이에서 나는 소리이다.
② 입안의 통로를 막았다가 코로 공기를 내보내면서 내는 소리이다.
③ 숨이 거세게 나오지는 않지만 성대 근육을 긴장시켜 내는 소리이다.
④ 입안의 어떤 위치에서 공기의 흐름을 막았다가 그 막은 자리를 일시에 터뜨리면서 내는 소리이다.
⑤ 입안이나 목청 사이로 통로를 좁히고 그 틈 사이로 공기를 내보내어 마찰을 일으키면서 내는 소리이다.

**04** 〈보기〉의 ⓐ에서 소리 나는 자음과 ⓑ와 ⓒ 사이에서 소리 나는 자음을 각각 무엇이라고 하는지 쓰시오.

┌ 보기 ┐
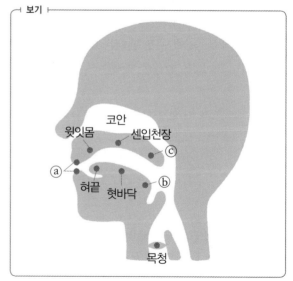
└────────┘

• ⓐ: ＿＿＿＿＿＿＿＿＿＿＿＿

• ⓑ와 ⓒ 사이: ＿＿＿＿＿＿＿＿＿

**[05~06]** 다음 시를 읽고, 물음에 답하시오.

ⓐ비가 온다 ⓑ소록소록

실비가 온㉠다

ⓒ하얀 ⓓ은실 사㉡륵사륵

ⓔ풀면서 온다

**05** ⓐ~ⓔ 중, 〈보기〉의 조건을 모두 만족하는 자음이 사용된 것은?

┌ 보기 ┐
[조건 1] 혀끝과 윗잇몸 사이에서 나는 소리이다.
[조건 2] 입안의 통로를 막았다가 코로 공기를 내보내면서 내는 소리이다.

① ⓐ      ② ⓑ      ③ ⓒ
④ ⓓ      ⑤ ⓔ

**06** 다음은 ㉠, ㉡의 첫소리에 사용된 자음에 대한 설명이다. 빈칸에 들어갈 알맞은 내용을 〈조건〉에 맞게 쓰시오.

┌─────────────────────┐
㉠의 첫소리에 사용된 자음 'ㄷ'은 파열음으로
(1) _____

_____

소리인 반면, ㉡의 첫소리에 사용된 자음 'ㄹ'은
(2) _____ (으)로 혀끝을 잇몸에 가볍게 대었
다가 떼거나 혀끝을 윗잇몸에 댄 채 공기를 그 양
옆으로 흘려보내면서 내는 소리이다.
└─────────────────────┘

┌ 조건 ┐
1. (1)에는 소리 내는 방법을 쓸 것
2. (2)에는 소리 내는 방법에 따른 자음의 분류를 쓸 것

**07** 다음 중 소리를 내는 방법이 나머지와 다른 하나는?

① ㄱ      ② ㄸ      ③ ㅉ
④ ㅋ      ⑤ ㅍ

**08** 다음 밑줄 친 말 중 유음이나 비음이 사용되지 않은 것은?

앞마당에 쌓인 눈
봄이 찾아오는 3월
졸졸졸 흐르는 시냇물
가지마다 돋아나는 어린 싹

① 눈      ② 월      ③ 물
④ 린      ⑤ 싹

**09** 다음 중 〈보기〉에서 설명하는 자음이 사용되지 않은 것은?

┌ 보기 ┐
• 숨이 거세게 나오지는 않지만 성대 근육을 긴장시켜 내는 소리이다.
• 소리가 강하고 단단한 느낌을 준다.

① 까치      ② 손톱
③ 활짝      ④ 안뜰
⑤ 기쁨

┌ 도움말 ┐
예사소리는 부드러운 느낌을 주고, ❶ ____는 강하고 단단한 느낌을 주며, ❷ ____는 크고 거친 느낌을 줘.

[답] ❶ 된소리 ❷ 거센소리

**[10~11]** 다음 표를 보고, 물음에 답하시오.

| | ⓐ | 잇몸소리 | 센입천장소리 | 여린입천장소리 | ⓑ |
|---|---|---|---|---|---|
| 파열음 | ㅂ, ㅃ, ㅍ | 가 | | 나 | |
| ⓒ | | | ㅈ, ㅉ, ㅊ | | |
| 마찰음 | | 다 | | | ㅎ |
| 비음 | ㅁ | ㄴ | | 라 | |
| ⓓ | | ㄹ | | | |

**10** 소리 나는 위치와 소리 내는 방법을 기준으로 자음을 분류할 때, ⓐ~ⓓ에 들어갈 알맞은 말을 쓰시오.

| ⓐ | |
|---|---|
| ⓑ | |
| ⓒ | |
| ⓓ | |

**11** (가)~(라)에 들어갈 자음이 바르게 짝지어진 것은?

| | (가) | (나) | (다) | (라) |
|---|---|---|---|---|
| ① | ㄱ | ㅇ | ㄸ | ㅅ |
| ② | ㄷ | ㄲ | ㅆ | ㅇ |
| ③ | ㅇ | ㅋ | ㅅ | ㄷ |
| ④ | ㅌ | ㅆ | ㅇ | ㄱ |
| ⑤ | ㅅ | ㄸ | ㅋ | ㅇ |

**12** ㉠~㉢과 같은 방법으로 소리 내는 자음을 차례대로 나열한 것으로 바르지 않은 것은?

> ㉠ 입안의 어떤 위치에서 공기의 흐름을 막았다가 그 막은 자리를 일시에 터뜨리면서 내는 소리
> ㉡ 입안이나 목청 사이의 통로를 좁히고 그 틈 사이로 공기를 내보내어 마찰을 일으키면서 내는 소리
> ㉢ 공기의 흐름을 막았다가 막았던 자리를 조금 열고 좁은 틈 사이로 공기를 내보내어 마찰을 일으키면서 내는 소리

① ㄱ, ㅎ, ㅉ      ② ㄸ, ㅅ, ㅈ
③ ㅍ, ㅆ, ㅊ      ④ ㅂ, ㅋ, ㄷ
⑤ ㄲ, ㅅ, ㅉ

**13** 다음 문장에 사용된 자음의 분류가 잘못된 것은?

> 산골짝에 다람쥐 아기 다람쥐
> 도토리 점심 가지고 소풍을 간다

① 파열음: ㄲ, ㄱ, ㄷ, ㅌ
② 마찰음: ㅅ, ㅍ
③ 파찰음: ㅉ, ㅈ
④ 비음: ㄴ, ㅇ, ㅁ
⑤ 유음: ㄹ

**도움말**

음운은 ❶[ ]의 단위이기 때문에 <보기>에 쓰인 자음을 분석할 때에는 단어의 표기가 아닌 발음을 살펴봐야 해. 예를 들어, '학교'는 [학꾜]로 발음되므로 '학교'에 사용된 모음은 'ㅏ', 'ㅛ', 자음은 'ㅎ', 'ㄱ', ❷[ ]'이야.

답 ❶ 소리 ❷ ㄲ

**14** 다음 문장에 사용된 자음을 바르게 분석한 것은?

> 세상을 아름답게 만드는 방법,
> 환경을 생각해서
> 우리 모두 착한 소비자가 됩시다

① '세상'에 사용된 자음은 모두 마찰음이다.

② '아름답게'에 사용된 잇몸소리는 'ㅂ'이다.

③ '경'에 사용된 자음은 모두 같은 위치에서 소리 난다.

④ '착한'에는 예사소리, 된소리, 거센소리가 모두 사용되었다.

⑤ '됩시다'에 사용된 자음 중 파열음에 해당하는 것은 'ㄷ, ㅅ'이다.

**15** 다음 대화에서 오해가 생긴 이유와 관련 있는 우리말 음운 체계의 특성을 쓰시오.

> 며칠 뒤면 수학여행이네. 기대된다.

> 나도 그래. 가방을 미리 사 두는 게 좋겠지?

> 나는 여행 가방이 있어서 살 필요가 없는데.

> 아니, 짐을 미리 챙겨 둔다고.

**16** 〈보기〉의 밑줄 친 부분과 같은 우리말의 특성을 보여 주는 예로 적절하지 <u>않은</u> 것은?

> ┤ 보기 ├
>
> 국어의 파열음과 파찰음은 예사소리, 된소리, 거센소리로 나뉘는데, <u>국어에서는 이 모두를 말의 뜻을 구별하는 기능을 가진 음운으로 본다.</u> 외국어 가운데에는 예사소리, 된소리, 거센소리를 구별하지 않고 하나의 소리로 인식하여 하나의 음운으로 보는 경우도 있다.

① 불 – 뿔 – 풀

② 바삭 – 빠삭 – 파삭

③ 살살 – 설설 – 술술

④ 졸랑졸랑 – 쫄랑쫄랑 – 촐랑촐랑

⑤ 감감하다 – 깜깜하다 – 캄캄하다

**17** 다음 문장을 보고 나눈 대화로 적절하지 <u>않은</u> 것은?

> • 목욕탕에서 때를 ⓐ박박 밀었다.
> • 목욕탕에서 때를 ⓑ빡빡 밀었다.
> • 목욕탕에서 때를 ⓒ팍팍 밀었다.

① ⓑ는 ⓐ보다 강하고 단단한 느낌이야.

② ⓒ는 ⓐ보다 더 크고 거친 느낌을 주네.

③ ⓐ에는 예사소리, ⓑ에는 된소리, ⓒ에는 거센소리가 사용되었어.

④ ⓐ, ⓑ, ⓒ에 사용된 'ㅂ', 'ㅃ', 'ㅍ'은 소리 내는 방법에서 차이가 있군.

⑤ ⓐ, ⓑ, ⓒ에 사용된 'ㅂ', 'ㅃ', 'ㅍ'은 우리말 자음의 삼중 체계를 보여 줘.

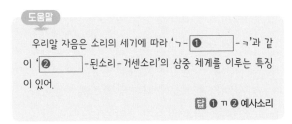

도움말

우리말 자음은 소리의 세기에 따라 'ㄱ-❶[ ]-ㅋ'과 같이 '❷[ ]-된소리-거센소리'의 삼중 체계를 이루는 특징이 있어.

답 ❶ ㄲ ❷ 예사소리

**01** ㉠~㉤ 중, 우리말 음운에 대해 바르게 설명한 것을 모두 고른 것은?

> ㉠ 우리말 음운에는 모음과 자음, 소리의 길이 등이 있다.
>
> ㉡ 음운은 단어의 뜻을 구별해 주는 소리의 가장 작은 단위이다.
>
> ㉢ '학생'과 '어머니'를 이루고 있는 음운의 개수는 각각 6개이다.
>
> ㉣ 모음은 발음할 때 혀의 최고점의 위치에 따라 원순 모음과 평순 모음으로 나눌 수 있다.
>
> ㉤ 하늘에서 내리는 '눈'과 사람의 신체 기관인 '눈'은 소리의 길이에 따라 그 뜻을 구별할 수 있다.

① ㉠, ㉡, ㉢          ② ㉠, ㉡, ㉤

③ ㉠, ㉢, ㉣          ④ ㉡, ㉢, ㉤

⑤ ㉢, ㉣, ㉤

**02** 〈보기〉의 모음을 순서대로 발음할 때 일어나는 변화로 가장 적절한 것은?

> ┌ 보기 ┐
> ㅏ → ㅓ → ㅡ

① 혀의 높이가 점점 낮아진다.

② 혀의 높이가 점점 높아진다.

③ 입술 모양이 점점 둥글게 변한다.

④ 혀의 최고점 위치가 앞쪽으로 이동한다.

⑤ 혀의 최고점 위치가 뒤쪽으로 이동한다.

**03** 다음 밑줄 친 글자에 사용된 모음 중 발음할 때 혀의 높이가 가장 낮은 것은?

> ㉠ 낫 놓고 기역 자도 모른다.
>
> ㉡ 천 리 길도 한 걸음부터
>
> ㉢ 자라 보고 놀란 가슴 솥뚜껑 보고 놀란다.
>
> ㉣ 꿩 먹고 알 먹는다.
>
> ㉤ 콩 심은 데 콩 나고 팥 심은 데 팥 난다.

① ㉠          ② ㉡          ③ ㉢

④ ㉣          ⑤ ㉤

**04** (가), (나)의 위치에서 소리 나는 모음이 바르게 연결되지 않은 것은?

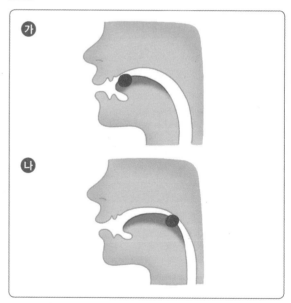

| | (가) | (나) |
|---|---|---|
| ① | ㅣ | ㅡ |
| ② | ㅔ | ㅓ |
| ③ | ㅏ | ㅐ |
| ④ | ㅟ | ㅗ |
| ⑤ | ㅚ | ㅜ |

**05** 다음 단어에 사용된 모음을 발음할 때의 입술 모양에 따라 분류할 때 나머지와 <u>다른</u> 하나는?

① 귀        ② 숲
③ 외        ④ 줄
⑤ 홈

**06** 시에서 다음 설명에 해당하는 음운을 각각 찾아 쓰시오.

> 별을 노래하는 마음으로
> 모든 죽어 가는 것들을 사랑해야지
>             – 윤동주, 〈서시〉

(1) 발음할 때 입술 모양이나 혀의 위치가 변하는 모음: (　　　)
(2) 발음할 때 혀의 최고점의 위치가 앞쪽에 있고, 혀의 높이가 높은 모음: (　　　)
(3) 발음할 때 입술을 둥글게 오므리고, 혀의 높이가 중간 정도인 모음: (　　　)

**[07~08]** 다음 표를 보고, 물음에 답하시오.

| | ⓐ | | ⓑ | |
|---|---|---|---|---|
| | 평순 모음 | 원순 모음 | 평순 모음 | 원순 모음 |
| 고모음 | ㉠ | ㅟ | ㉡ | ㅜ |
| 중모음 | ㅔ | ㉢ | ㅓ | ㉣ |
| 저모음 | ㉤ | | ㅏ | |

**07** 이 표의 ⓐ, ⓑ에 들어갈 모음의 종류와 ⓐ, ⓑ로 분류한 기준을 쓰시오.

| ⓐ | (1) |
|---|---|
| ⓑ | (2) |

↓

| ⓐ, ⓑ의 분류 기준 | (3) |
|---|---|

**08** 이 표의 ㉠~㉤에 들어갈 모음과 다음 밑줄 친 글자에 사용된 모음이 서로 일치하는 것은?

① ㉠ – 냇<u>가</u>
② ㉡ – <u>구</u>름
③ ㉢ – <u>소</u>문
④ ㉣ – 개<u>나</u>리
⑤ ㉤ – <u>외</u>산촌

**09** 〈보기〉에서 다음 단어에 사용되지 않은 자음의 종류를 찾아 쓰시오.

> **보기**
> 입술소리     잇몸소리     목청소리
> 센입천장소리     여린입천장소리

> 센입천장

**10** 〈보기〉와 같이 자음을 분류한 기준으로 알맞은 것은?

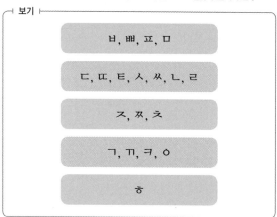

① 소리의 세기가 어떠한가?
② 어느 위치에서 소리가 나는가?
③ 어떤 방법으로 소리를 내는가?
④ 소리 낼 때 입술 모양이 어떠한가?
⑤ 소리 낼 때 공기의 흐름이 장애를 받는가?

**11** 〈보기〉의 설명에 해당하는 음운을 사용하여 만든 단어로 알맞은 것은?

┌ 보기 ┐
• 초성: 숨이 거세게 나오지는 않지만 성대 근육을 긴장시켜 소리 내고, 강하고 단단한 느낌을 줌.
• 중성: 입술을 둥글게 오므려 발음하고, 발음할 때 혀의 높이가 중간 정도임.
• 종성: 혀끝을 잇몸에 가볍게 대었다가 떼거나 혀끝을 윗잇몸에 댄 채 공기를 그 양옆으로 흘려보내면서 소리 냄.

① 땅　　　② 꼴　　　③ 콘
④ 숨　　　⑤ 쑥

**12** 다음 밑줄 친 부분에 사용된 자음과 모음에 대한 설명으로 적절하지 <u>않은</u> 것은?

내 마음 어딘 듯 <u>한편</u>에 끝없는
<u>강물이</u> 흐르네.
<u>돋쳐</u> 오르는 아침 날 빛이 <u>빤질한</u>
은결을 도도네.
<u>가슴엔</u> 듯 눈엔 듯 또 핏줄엔 듯
마음이 도른도른 <u>숨어</u> 있는 곳
내 <u>마음의</u> 어딘 듯 한편에 끝없는
강물이 흐르네.

　　　　　　　– 김영랑, 〈끝없는 강물이 흐르네〉

① '한편에'와 '숨어'에는 입안의 통로를 막았다가 코로 공기를 내보내면서 소리 내는 자음이 사용되었다.
② '강물이'에 사용된 모음은 모두 후설 모음이다.
③ '돋쳐'와 '마음의'에는 단모음이 사용되었다.
④ '빤질한'을 '반질한'으로 고치면 더 부드러운 느낌을 준다.
⑤ '가슴엔'에는 고모음, 중모음, 저모음이 모두 사용되었다.

**13** 자음을 소리의 세기에 따라 분류할 때 성격이 같은 자음끼리 묶인 것은?

① ㄱ-ㄲ　　　　② ㄷ-ㅊ
③ ㄸ-ㅌ　　　　④ ㅃ-ㅉ
⑤ ㅅ-ㅋ

**14** 다음 자음들의 공통점을 쓰고, 소리 내는 방법에 따라 두 가지로 분류하여 쓰시오.

| ㄱ    ㄲ    ㅋ    ㅇ |
|---|

(1) 공통점: _____

(2) 소리 내는 방법에 따른 분류: _____
_____

**15** ㉠~㉢을 발음할 때의 느낌이 바르게 짝지어진 것은?

| ㉠ | ㉡ | ㉢ |
|---|---|---|
| 감감하다 | 깜깜하다 | 캄캄하다 |
| 단단하다 | 딴딴하다 | 탄탄하다 |
| 잘랑 | 짤랑 | 찰랑 |

| | ㉠ | ㉡ | ㉢ |
|---|---|---|---|
| ① | 거친 느낌 | 단단한 느낌 | 강한 느낌 |
| ② | 강한 느낌 | 부드러운 느낌 | 거친 느낌 |
| ③ | 단단한 느낌 | 강한 느낌 | 부드러운 느낌 |
| ④ | 부드러운 느낌 | 거친 느낌 | 강한 느낌 |
| ⑤ | 부드러운 느낌 | 단단한 느낌 | 거친 느낌 |

**16** 다음 밑줄 친 단어 중 소리의 길이가 〈보기〉의 '눈'과 다른 것은?

① 아기가 <u>말</u>을 잘한다.
② 벌통 주위에 <u>벌</u>이 많다.
③ 다 같이 <u>밤</u>을 구워 먹었다.
④ 등산을 했더니 <u>발</u>이 아프다.
⑤ 주말 내내 <u>병</u>이 나서 누워 있었다.

**17** ⓐ~ⓔ에 대한 설명으로 적절하지 <u>않은</u> 것은?

ⓐ눈이 ⓑ펑펑 쏟아지는 ⓒ밤이었다. 창밖은 ⓓ캄캄했다. 동생이 다급히 방문을 ⓔ쾅쾅 두드렸다.

① ⓐ: '눈'은 소리의 길이에 따라 의미가 달라지는 단어이다.
② ⓑ: '눈이나 물 따위가 세차게 많이 쏟아져 내리거나 솟는 모양'을 나타내는 말이다.
③ ⓒ: '해가 져서 어두워진 때부터 다음 날 해가 떠서 밝아지기 전까지의 동안'을 의미하므로 짧게 발음한다.
④ ⓓ: '캄캄했다'를 '깜깜했다'로 바꾸면 좀 더 부드러운 느낌을 준다.
⑤ ⓔ: '꽝꽝', '쾅쾅'보다 '쾅쾅'이라고 썼을 때 더 크고 거친 느낌을 준다.

**01** (가), (나)에서 두 단어의 뜻을 구별해 주는 음운의 종류가 바르게 연결된 것은?

말[말]     말[말ː]

볼     불

|  | (가) | (나) |
|---|---|---|
| ① | 자음 | 모음 |
| ② | 모음 | 자음 |
| ③ | 자음 | 소리의 길이 |
| ④ | 소리의 길이 | 자음 |
| ⑤ | 소리의 길이 | 모음 |

> **도움말**
>
> 우리말에서 말의 뜻을 구별해 주는 소리의 가장 작은 단위인 음운에는 ❶ [　　　], 모음, ❷ [　　　] 등이 있어. '말[馬]'과 '말[語]'은 소리의 길이가 다르고, '볼'과 '불'은 단어에 사용된 모음이 달라.
>
> **답** ❶ 자음 ❷ 소리의 길이

**02** 다음 중 ㉣에 들어갈 모음으로 알맞은 것은?

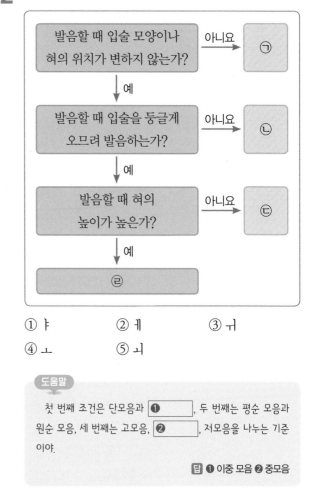

발음할 때 입술 모양이나 혀의 위치가 변하지 않는가? → 아니요 → ㉠

↓ 예

발음할 때 입술을 둥글게 오므려 발음하는가? → 아니요 → ㉡

↓ 예

발음할 때 혀의 높이가 높은가? → 아니요 → ㉢

↓ 예

㉣

① ㅑ     ② ㅔ     ③ ㅟ

④ ㅗ     ⑤ ㅚ

> **도움말**
>
> 첫 번째 조건은 단모음과 ❶ [　　　], 두 번째는 평순 모음과 원순 모음, 세 번째는 고모음, ❷ [　　　], 저모음을 나누는 기준이야.
>
> **답** ❶ 이중 모음 ❷ 중모음

**03** 〈보기〉의 자음을 구분할 수 있는 기준으로 알맞은 것은?

> **보기**
>
> ㄱ    ㄷ    ㅂ

① 소리의 성질     ② 소리의 크기

③ 입술의 모양     ④ 소리 내는 방법

⑤ 소리 나는 위치

> **도움말**
>
> 'ㄱ', 'ㄷ', 'ㅂ'은 모두 파열음이면서 예사소리이지만, 소리 나는 위치에 따라 분류하면 'ㄱ'은 ❶ [　　　], 'ㄷ'은 ❷ [　　　], 'ㅂ'은 입술소리라는 차이가 있어.
>
> **답** ❶ 여린입천장소리 ❷ 잇몸소리

**04** 다음 자음이 소리 나는 위치를 〈보기〉에서 바르게 찾은 것은?

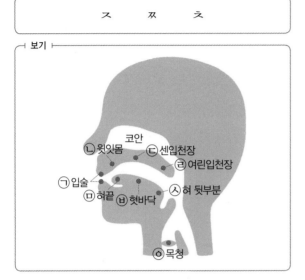

> ㅈ  ㅉ  ㅊ

┤ 보기 ├

코안
ㄴ 윗잇몸  ㄷ 센입천장
ㄹ 여린입천장
ㄱ 입술
ㅁ 혀끝  ㅂ 혓바닥  ㅅ 혀 뒷부분
ㅇ 목청

① ㄱ
② ㄴ과 ㅁ 사이
③ ㄷ과 ㅂ 사이
④ ㄹ과 ㅅ 사이
⑤ ㅇ

**도움말**

우리말 자음은 소리 나는 ❶ [ 위치 ] 에 따라 입술소리, 잇몸소리, ❷ [ 센입천장소리 ], 여린입천장소리, 목청소리로 나뉘어. 자음을 직접 발음해 보면서 어느 위치에서 소리 나는지 찾아봐.

답 ❶ 위치 ❷ 센입천장소리

**05** 〈보기〉의 모음을 차례대로 발음할 때, 입 모양과 혀의 높이 변화를 서술하시오.

┤ 보기 ├

ㅡ → ㅓ → ㅏ

**도움말**

단모음을 발음하면서 입 모양을 관찰해 보면, ❶ [ 입 ] 이 벌어질수록 ❷ [ 혀 ] 의 높이가 낮아진다는 점을 알 수 있어.

답 ❶ 입 ❷ 혀

**06** 다음 상황에서 외국인이 '달', '딸', '탈'을 모두 같은 소리로 발음한 이유를 〈보기〉를 참고하여 〈조건〉에 맞게 쓰시오.

┤ 보기 ├

국어의 파열음과 파찰음은 예사소리, 된소리, 거센소리로 나뉘는데, 국어에서는 이 모두를 의미를 구별하는 기능을 가진 음운으로 본다. 외국어 가운데에서는 예사소리, 된소리, 거센소리를 구별하지 않고, 하나의 소리로 인식하여 하나의 음운으로 보는 경우도 있다. '불', '뿔', '풀'을 예로 들면 한국 사람은 'ㅂ', 'ㅃ', 'ㅍ'의 세 소리를 명확하게 서로 다른 소리로 구별하지만 외국인들은 이 세 소리를 구별하기가 쉽지 않은 경우가 있다.

┤ 조건 ├

1. 관련 있는 음운을 구체적으로 밝힐 것
2. 〈보기〉에 사용된 표현을 활용할 것

**도움말**

우리말의 자음 체계는 ❶ [ 파열음 ] 과 파찰음이 '예사소리 – 된소리 – 거센소리'의 ❷ [ 삼중 체계 ] 를 이룬다는 특징이 있어.

답 ❶ 파열음 ❷ 삼중 체계

**07** 다음 탐구 과정의 결론에 들어갈 알맞은 내용을 각각 쓰시오.

| 의문 | 말의 뜻을 구별해 주는 소리의 가장 작은 단위인 음운에는 어떤 것이 있을까? |
|---|---|

⬇

**탐구 과정**

1. '밤'의 초성, 중성, 종성을 다른 모음이나 자음으로 바꾸어 뜻이 다른 단어를 만들어 보자.

- 초성을 바꾼 경우 → 감, 담
- 중성을 바꾼 경우 → 범, 봄
- 종성을 바꾼 경우 → 박, 방

2. '밤'을 길게 발음할 때와 짧게 발음할 때의 차이를 이용해 문장을 만들어 보자.

- 길게 발음할 때: 맛있는 밤 [밤ː]을 구워 먹었다.
- 짧게 발음할 때: 뜬눈으로 밤[밤]을 새웠다.

⬇

**결론**

1. (1) _____
   단어의 뜻이 달라진다.
2. (2) _____
   단어의 뜻이 달라진다.
   ↓
   우리말 음운에는 모음, 자음, 소리의 길이 등이 있다.

**도움말**

탐구 과정을 살펴보면 단어를 이루고 있는 ❶ [      ]이나 자음이 바뀌거나, ❷ [      ]의 길이가 길고 짧음에 따라 단어의 뜻이 달라짐을 알 수 있어. 이처럼 우리말 음운에는 모음, 자음, 소리의 길이 등이 있어.

답 ❶ 모음 ❷ 소리

**08** 〈보기〉를 참고하여 다음 단어의 음운을 분석하여 쓰시오.

┤ 보기 ├

국어 → ㄱ + ㅜ + ㄱ + ㅓ

(1) 수학
ㄴ

(2) 음악
ㄴ

**도움말**

'ㅇ'은 음절의 첫소리와 끝소리에 표기되지만, 음절의 ❶ [      ]일 때에는 ❷ [      ]이 없어.

답 ❶ 첫소리 ❷ 소릿값

**09** 다음 중 발음할 때 혀의 최고점의 위치가 〈보기〉와 같은 모음만 사용된 것은?

┤ 보기 ├

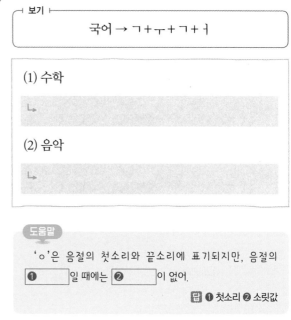

① 소개      ② 이사
③ 참외      ④ 언제나
⑤ 나무늘보

**도움말**

단모음은 발음할 때 ❶ [      ]의 최고점의 위치가 앞쪽에 있는 전설 모음과 뒤쪽에 있는 ❷ [      ]으로 나눌 수 있어.

답 ❶ 혀 ❷ 후설 모음

**10** 다음 질문에 대한 대답으로 알맞은 자음이 바르게 연결된 것은?

노랫말에 사용된 자음을 아래와 같이 분류하시오.

산골짝에 다람쥐 아기 다람쥐
도토리 점심 가지고 소풍을 간다
– 김영일 작사, 〈다람쥐〉

(1) 입안의 어떤 위치에서 공기의 흐름을 막았다가 그 막은 자리를 일시에 터뜨리면서 내는 소리인 파열음에 해당하는 것은?

(2) 입안의 통로를 막았다가 코로 공기를 내보내면서 내는 소리인 비음에 해당하는 것은?

(3) 예사소리와 비교할 때 강하고 단단한 느낌을 주는 소리에 해당하는 것은?

|   | (1) | (2) | (3) |
|---|-----|-----|-----|
| ① | ㄱ | ㅁ | ㅍ |
| ② | ㄷ | ㄴ | ㅉ |
| ③ | ㅅ | ㅇ | ㅌ |
| ④ | ㅈ | ㄹ | ㄱ |
| ⑤ | ㅍ | ㄷ | ㅅ |

**도움말**

우리말 자음은 소리 내는 방법에 따라 파열음, ❶ ⬚ , 파찰음, 비음, 유음으로 나눌 수 있어. 이 중 파열음과 파찰음은 소리의 ❷ ⬚ 에 따라 각기 다른 느낌을 주는 예사소리, 된소리, 거센소리로 나뉘지.

답 ❶ 마찰음 ❷ 세기

**11** 다음 질문에 대한 대답으로 적절한 것은?

'ㄴ'과 'ㅎ'을 소리 내는 방법의 차이점을 설명해 보세요.

① 'ㄴ'은 입안의 어떤 위치에서 공기의 흐름을 막았다가 그 막은 자리를 일시에 터뜨리면서 내는 소리이고, 'ㅎ'은 입안이나 목청 사이의 통로를 좁히고 그 틈 사이로 공기를 내보내어 마찰을 일으키면서 내는 소리이다.

② 'ㄴ'은 입안의 어떤 위치에서 공기의 흐름을 막았다가 그 막은 자리를 일시에 터뜨리면서 내는 소리이고, 'ㅎ'은 공기의 흐름을 막았다가 막았던 자리를 조금 열고 좁은 틈 사이로 공기를 내보내어 마찰을 일으키며 내는 소리이다.

③ 'ㄴ'은 입안이나 목청 사이의 통로를 좁히고 그 틈 사이로 공기를 내보내어 마찰을 일으키면서 내는 소리이고, 'ㅎ'은 입안의 통로를 막았다가 코로 공기를 내보내면서 내는 소리이다.

④ 'ㄴ'은 입안의 통로를 막았다가 코로 공기를 내보내면서 내는 소리이고, 'ㅎ'은 입안이나 목청 사이의 통로를 좁히고 그 틈 사이로 공기를 내보내어 마찰을 일으키면서 내는 소리이다.

⑤ 'ㄴ'은 혀끝을 잇몸에 가볍게 대었다가 떼거나 혀끝을 윗잇몸에 댄 채 공기를 그 양옆으로 흘려보내면서 내는 소리이고, 'ㅎ'은 입안의 어떤 위치에서 공기의 흐름을 막았다가 그 막은 자리를 일시에 터뜨리면서 내는 소리이다.

**도움말**

소리 내는 방법에 따라 자음을 분류하면 'ㄴ'은 ❶ ⬚ 이고 'ㅎ'은 ❷ ⬚ 이야. 비음과 마찰음을 소리 내는 방법을 생각해 봐.

답 ❶ 비음 ❷ 마찰음

## 국어 문장의 짜임에는 어떤 것이 있을까?

우리는 같은 단어를 가지고도 여러 문장을 만들 수 있잖아. 그럼 문장을 만들 때 자신의 생각이나 감정을 정확하게 표현할 수 있는 문장의 짜임을 선택하는 것이 좋겠어.

문장의 짜임을 이해하고 알맞은 구조의 문장을 만들어서 사용하면 표현 의도를 더 효과적으로 전달할 수 있을 거야.

나 는 희수 와 운동 했다.

희수 는 나 보다 운동 을 잘한다.

희수 는 나 에게 운동 을 가르쳐 주었다.

### 문장 성분

문장 안에서 일정한 문법적 기능을 하는 부분을 문장 성분이라고 하는데, 국어의 문장 성분으로는 주성분, 부속 성분, 독립 성분이 있어.

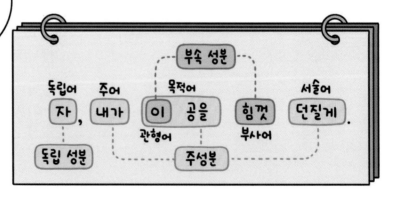

*문장의 짜임을 이해하여 표현 의도에 맞게 문장을 효과적으로 활용해 보세요.

## 개념 01 문장 성분의 개념

- **문장 성분의 개념**: 문장 안에서 일정한 문법적 기능을 하는 부분을 ❶ 　　　 이라고 함.
- **문장 성분의 종류**

| 주성분 | 문장을 이루는 데 기본적으로 필요한 성분 |
|---|---|
| 부속 성분 | 주성분의 내용을 자세하게 꾸며 주는 역할을 하는 성분 |
| 독립 성분 | 문장의 어느 성분과도 직접적인 관련이 없이 ❷ 　　　 적으로 쓰이는 성분 |

답 ❶ 문장 성분 ❷ 독립

**확인 01** 다음 설명과 관련 있는 문장 성분의 종류를 쓰시오.

> 문장을 이루는 데 기본적으로 필요한 성분이다.

## 개념 02 주성분 ①

- **주어**: 동작이나 작용, 상태나 성질의 ❶ 　　　 가 되는 문장 성분
- **서술어**: 주어의 동작이나 작용, ❷ 　　　 나 성질 등을 풀이하는 문장 성분
- **우리말 문장의 기본 구조**

| 주어 | | 서술어 |
|---|---|---|
| 누가/무엇이 | + | 어찌하다 |
| 누가/무엇이 | + | 어떠하다 |
| 누가/무엇이 | + | 무엇이다 |

교과서 예
- 하늘이 파랗다.
  주어　서술어
- 강아지가 달린다.
  주어　서술어

답 ❶ 주체 ❷ 상태

**확인 02** 다음 문장에서 주어와 서술어를 찾아 각각 쓰시오.

> 바람이 분다.

## 개념 03 주성분 ②

- **목적어**: 서술어가 나타내는 동작의 ❶ 　　　 이 되는 문장 성분

교과서 예
- 경미가 과일을 먹는다.
  　　　　목적어
- 토끼가 풀을 뜯는다.
  　　　목적어

- **보어**: '되다', '아니다'와 같은 ❷ 　　　 앞에서 의미를 보충하는 문장 성분

교과서 예
- 물이 얼음이 되었다.
  　　　보어
- 동생은 중학생이 아니다.
  　　　　보어

답 ❶ 대상 ❷ 서술어

**확인 03** 다음 밑줄 친 부분이 문장의 주성분이 **아닌** 것을 고르시오.

> ㉠ 나는 너를 믿는다.
> ㉡ 소년은 어른이 되었다.
> ㉢ 제비꽃이 정말 예쁘다.

## 개념 04 부속 성분

- **관형어**: ❶ 　　　 (명사, 대명사, 수사)을 꾸며 주는 문장 성분
- **부사어**: 주로 ❷ 　　　 (동사, 형용사)을 꾸며 주는 문장 성분으로, 관형어나 다른 부사어, 문장 전체를 꾸며 주기도 함.

교과서 예
- 까만 모자가 멋있다.
  관형어　체언
- 장미꽃이 참 예쁘다.
  　　　　부사어 용언

답 ❶ 체언 ❷ 용언

**확인 04** 다음 밑줄 친 부분에 해당하는 문장 성분을 쓰시오.

(1) 동생이 새 가방을 샀다.
(2) 동생은 행동이 무척 느리다.

## 개념 05　독립 성분

- **독립어**: 문장의 다른 성분과 직접적인 ❶[　　]이 없이 독립적으로 쓰이는 문장 성분으로, ❷[　　], 부름, 응답 등을 나타냄.

> **교과서 예**
> - 우아, 무지개가 떴네. → 감탄
>   독립어
> - 응, 나 여기에 있어. → 응답
>   독립어
> - 윤기야, 지금 뭐 하고 있어? → 부름
>   독립어

답 ❶ 관련 ❷ 감탄

### 확인 05　㉠~㉢ 중, 독립 성분에 대한 설명으로 적절하지 <u>않은</u> 것을 고르시오.

> ㉠ 문장의 어느 성분과도 직접적인 관련이 없다.
> ㉡ 독립 성분이 빠지면 문장의 의미가 달라진다.
> ㉢ 감탄, 부름, 응답 등을 나타내는 문장 성분이다.

## 개념 06　문장의 종류

- **홑문장**: 주어와 서술어의 관계가 ❶[　　] 번만 나타나는 문장
- **겹문장**: 주어와 서술어의 관계가 ❷[　　] 번 이상 나타나는 문장

> **교과서 예**
> - 버스가 종점으로 달린다. → 홑문장
>   주어　　　　　　서술어
> - 비가 오고 바람이 불었다. → 겹문장
>   주어　서술어　주어　　서술어

답 ❶ 한 ❷ 두

### 확인 06　다음 문장이 홑문장이면 '홑', 겹문장이면 '겹'이라고 쓰시오.

(1) 화단에 국화가 활짝 피었다.　　　　　( 　 )

(2) 나는 시를 쓰고 동생은 노래를 불렀다.　( 　 )

## 개념 07　문장의 확대 방식

- **이어진문장**: 둘 이상의 ❶[　　]이 나란히 이어져서 이루어진 문장
- **안은문장**: 한 홑문장이 다른 홑문장을 하나의 문장 성분처럼 안고 있는 문장으로, 안은문장 속에 들어가 하나의 문장 성분처럼 쓰이는 문장을 ❷[　　]이라고 함.

> **교과서 예**
> - 인생은 짧고 예술은 길다. → 이어진문장
> - 나는 동생이 어지른 방을 치웠다. → 안은문장
>   　　　　　안긴문장

답 ❶ 홑문장 ❷ 안긴문장

### 확인 07　다음 빈칸에 들어갈 알맞은 말을 순서대로 쓰시오.

> 한 홑문장이 다른 홑문장을 하나의 문장 성분처럼 안고 있는 문장을 ( 　　　 )(이)라고 한다. 이때 안은문장 속에 절의 형태로 들어가 하나의 문장 성분처럼 쓰이는 문장을 ( 　　　 )(이)라고 한다.

## 개념 08　이어진문장의 양상 ①

- **대등하게 이어진 문장**: 앞 절과 뒤 절의 의미 관계가 대등한 문장
- **특징**: 앞뒤 절이 ❶[　　], 대조, 선택 등의 의미 관계로 대등하게 이어짐. 앞 절과 뒤 절의 순서를 바꾸어도 문장의 ❷[　　]가 크게 달라지지 않음.

> **교과서 예**
> - 비가 오거나 눈이 온다. → 선택
> - 봄이 가고 여름이 왔다. → 나열
> - 윤지는 웃었지만 민서는 울었다. → 대조

답 ❶ 나열 ❷ 의미

### 확인 08　다음 빈칸에 들어갈 알맞은 말을 쓰시오.

> 앞 절과 뒤 절의 의미 관계가 ( 　　　 )한 문장을 대등하게 이어진 문장이라고 한다.

## 개념 09 이어진문장의 양상 ②

- **종속적으로 이어진 문장**: 앞 절과 뒤 절의 의미 관계가 대등하지 못하고 ❶ \_\_\_\_\_ 적인 문장
- **특징**: 앞뒤 절이 ❷ \_\_\_\_\_, 조건, 목적·의도, 양보, 배경 등의 의미 관계로 이어짐. 앞 절과 뒤 절의 순서를 바꾸면 의미가 달라짐.

> **교과서 예**
> - 비가 그치면 지수는 외출할 것이다. → 조건
> - 길이 너무 좁아서 차가 못 지나간다. → 원인
> - 승현이가 공부를 하러 도서관에 간다. → 목적

**답** ❶ 종속 ❷ 원인

### 확인 09 다음 빈칸에 들어갈 알맞은 말을 쓰시오.

> 앞 절과 뒤 절의 의미 관계가 대등하지 못하고 종속적인 문장을 (          )적으로 이어진 문장이라고 한다.

## 개념 11 안은문장의 양상 ②

- **관형절을 가진 안은문장**: 절이 문장에서 ❶ \_\_\_\_\_ 을 꾸며 주는 ❷ \_\_\_\_\_ 의 역할을 함. 관형절은 관형사형 어미 '-(으)ㄴ', '-는', '-(으)ㄹ', '-던' 등이 붙어 만들어짐.

> **교과서 예**
> 그가 돌아왔다. + 소문이 동네에 퍼졌다.
> → 그가 돌아왔다는 소문이 동네에 퍼졌다.
>   관형절

**답** ❶ 체언 ❷ 관형어

### 확인 11 다음 밑줄 친 부분이 문장 안에서 어떤 역할을 하는지 쓰시오.

> 나는 진호가 이기는 장면을 보았다.

## 개념 10 안은문장의 양상 ①

- **명사절을 가진 안은문장**: 절이 문장에서 ❶ \_\_\_\_\_, 목적어 등의 역할을 함. 명사절은 명사형 ❷ \_\_\_\_\_ '-(으)ㅁ', '-기' 등이 붙어 만들어짐.

> **교과서 예**
> 농부는 (무엇)을 바란다. + 농사가 잘되다.
> → 농부는 농사가 잘되기를 바란다.
>      명사절

**답** ❶ 주어 ❷ 어미(전성 어미)

### 확인 10 다음 문장에서 안긴문장을 찾아 밑줄을 그으시오.

(1) 나는 동생이 오기를 기다렸다.
(2) 지수가 그 일을 해냈음이 분명하다.

## 개념 12 안은문장의 양상 ③

- **부사절을 가진 안은문장**: 절이 문장에서 ❶ \_\_\_\_\_ 를 꾸며 주는 ❷ \_\_\_\_\_ 의 역할을 함. 부사절은 부사형 어미 '-듯이', '-게', '-도록' 등이 붙어 만들어짐.

> **교과서 예**
> 아무도 모르다. + 그녀는 이웃을 도왔다.
> → 그녀는 아무도 모르게 이웃을 도왔다.
>             부사절

**답** ❶ 서술어 ❷ 부사어

### 확인 12 다음 밑줄 친 부분이 문장 안에서 어떤 역할을 하는지 쓰시오.

> 가랑비가 소리도 없이 내린다.

## 개념 13  안은문장의 양상 ④

• **서술절을 가진 안은문장**: 절 전체가 문장에서 ❶[　　　]의 역할을 함.

> **교과서 예**
>
> 민호는 어떠하다. + 키가 크다.
>
> → 민호는 <u>키가 크다</u>.
>      서술절

• **인용절을 가진 안은문장**: 다른 사람의 말을 ❷[　　　]하여 서술어의 역할을 보충함.

> **교과서 예**
>
> 민재는 말했다. + "혁수의 말이 옳다."
>
> → 민재는 <u>"혁수의 말이 옳다."</u>라고 말했다.
>      직접 인용절
>
> → 민재는 <u>혁수의 말이 옳다</u>고 말했다.
>      간접 인용절

**답** ❶ 서술어 ❷ 인용

### 확인 13  ㉠~㉢ 중, 서술절을 가진 안은문장을 고르시오.

> ㉠ 승재는 마음씨가 곱다.
> ㉡ 민주는 땀이 나게 뛰었다.
> ㉢ 나는 개가 짖는 소리를 들었다.

## 개념 14  문장의 짜임에 따른 표현 효과

| | |
|---|---|
| 홑문장의 표현 효과 | 내용을 간결하고 명확하게 전달할 수 있고, 짧은 호흡으로 ❶[　　　]을 줌. |
| 겹문장의 표현 효과 | 복잡한 내용을 집약적으로 전달할 수 있고, 사건들의 전후 관계와 ❷[　　　] 관계가 잘 드러남. |

↓

> 표현 의도에 따라 다양한 짜임의 문장을
> 효과적으로 활용해야 함.

**답** ❶ 속도감 ❷ 인과

### 확인 14  다음 표현 효과가 어떤 짜임의 문장에 해당하는지 쓰시오.

(1) 내용을 간결하고 명확하게 전달할 수 있다. (　　　)

(2) 복잡한 내용을 집약적으로 전달할 수 있다. (　　　)

## 개념 15  정확하고 자연스러운 문장 만들기

• **문장의 호응 고려하기**: 필요한 문장 성분을 생략하거나 문장 성분의 ❶[　　　]이 어색한 부분은 없는지 살펴야 함.

> **교과서 예**
>
> 많은 사람이 춤과 노래를 부르며 축제를 즐기고 있다.
>
> → 목적어 '춤(을)'과 호응하는 서술어가 빠져 있음. / 목적어 '춤(을)'과 서술어 '부르며'가 호응하지 않음.
>
> → 많은 사람이 <u>춤</u>을 <u>추고</u> <u>노래</u>를 <u>부르며</u> 축제를 즐기고 있다.
>      목적어 서술어 목적어  서술어

• **중의적 표현 피하기**: 문장이 둘 이상의 ❷[　　　]로 해석되지 않도록 의미를 분명하게 해야 함.

> **교과서 예**
>
> 슬기가 보고 싶은 친구가 많다.
>
> → 문장을 자세하게 풀어 쓰거나, 어순을 조정하여 수식어와 피수식어의 구분을 명확히 하거나, 보조사를 써서 문장 성분의 의미를 명확히 하면 의미가 분명해짐.
>
> → <u>슬기를</u> 보고 싶어 하는 친구가 많다.
>      주어
>
> → <u>슬기가</u> 보고 싶어 하는 친구가 많다.
>      주어

**답** ❶ 호응 ❷ 의미

### 확인 15  다음 빈칸에 들어갈 알맞은 말을 순서대로 쓰시오.

> 문장을 활용할 때 필요한 문장 성분을 생략하거나 문장 성분의 (　　　)이/가 어색한 부분은 없는지 살펴야 한다. 또한 문장이 두 가지 이상의 (　　　)(으)로 해석되지 않도록 의미를 분명히 해야 한다.

> 다양한 문장의 짜임을 살펴보고 의도에 맞게 문장을 효과적으로 활용해 봐.

**01** 다음 밑줄 친 부분이 문장의 주성분이 아닌 것은?

① <u>나는</u> 아침 일찍 학교에 갔다.

② 내 친구 수정이는 <u>키가</u> 크다.

③ 선생님께 드릴 <u>꽃다발을</u> 샀다.

④ 동생이 탄 자전거가 <u>빠르게</u> 지나갔다.

⑤ 냉동실에 넣어 둔 물이 <u>얼음이</u> 되었다.

**문제 해결 전략**

• 문장을 이루는 데 기본적으로 필요한 주어, 서술어, **①**　, **②**　를 주성분이라고 한다.

🔑 **①** 목적어 **②** 보어

**02** 다음 중 주어와 서술어의 관계가 두 번 이상 나타나는 것은?

① 등산객이 배낭을 맸다.

② 두 사람이 손을 잡았다.

③ 아이가 바람개비를 들었다.

④ 사람들이 운동장에 모였다.

⑤ 파도가 치고 갈매기가 난다.

**문제 해결 전략**

• 주어와 서술어의 관계가 한 번만 나타나는 문장을 **①**　이라고 한다.

• 주어와 서술어의 관계가 두 번 이상 나타나는 문장을 **②**　이라고 한다.

🔑 **①** 홑문장 **②** 겹문장

**03** 다음 중 문장의 확대 방식이 〈보기〉와 다른 하나는?

┌ 보기 ┐

　　우리는 그가 떠났음을 알았다.

① 민후는 땀이 나게 뛰었다.

② 가랑비가 소리도 없이 내린다.

③ 아버지는 해가 뜨기를 기다렸다.

④ 나는 강아지가 우는 소리를 들었다.

⑤ 꽃이 활짝 피어서 나비가 날아들었다.

**문제 해결 전략**

• 홑문장이 결합하여 **①**　이 되는 과정을 문장의 확대라고 한다.

• 이어진문장: 둘 이상의 홑문장이 나란히 이어져서 이루어진 문장

• 안은문장: 한 홑문장이 다른 홑문장을 하나의 **②**　처럼 안고 있는 문장

🔑 **①** 겹문장 **②** 문장 성분

## 04 〈보기〉에 대한 설명으로 적절한 것은?

┌ 보기 ┐
민희는 집에 있고 상아는 학교에 갔다.

① 두 홑문장이 나열의 의미 관계로 이어진다.
② 앞뒤 절의 순서를 바꾸면 문장의 의미가 달라진다.
③ 앞뒤 절의 의미 관계가 종속적으로 이어진 문장이다.
④ 주어와 서술어의 관계가 한 번만 나타나는 홑문장이다.
⑤ 한 홑문장이 다른 홑문장을 하나의 문장 성분처럼 안고 있는 겹문장이다.

**문제 해결 전략**

• 대등하게 이어진 문장은 앞 절과 뒤 절의 ❶ 를 바꾸어도 의미가 달라지지 않지만, ❷ 적으로 이어진 문장은 앞 절과 뒤 절의 순서를 바꾸면 의미가 달라지거나 어색해진다.

답 ❶ 순서 ❷ 종속

## 05 다음 문장에서 안긴문장이 하는 역할로 알맞은 것은?

이 책은 요즘 내가 읽고 있는 책이다.

① 주어          ② 목적어          ③ 관형어
④ 부사어        ⑤ 서술어

**문제 해결 전략**

• 관형절을 가진 안은문장: 절이 문장에서 ❶ 을 꾸며 주는 ❷ 의 역할을 함.
예 언니는 동생이 쓴 편지를 받았다.
　　　　　관형어 역할 ↗
동생이 내가 어제 만든 빵을 먹었다.
　　　　　관형어 역할 ↗

답 ❶ 체언 ❷ 관형어

## 06 (가)를 (나)와 같이 바꾸었을 때 얻을 수 있는 표현 효과로 알맞은 것은?

㉮ 눈을 떴다. 벌써 해가 졌다. 숙제가 있었다. 나는 깜짝 놀랐다. 급히 책상 앞에 앉았다. 책을 폈다. 그런데 숙제가 뭐였더라? 생각이 나지 않았다.
㉯ 눈을 뜨니 벌써 해가 졌다. 숙제가 있었기 때문에 나는 깜짝 놀랐다. 급히 책상 앞에 앉아 책을 폈다. 그런데 숙제가 뭐였는지 생각이 나지 않았다.

① 문장 성분의 호응이 어색해진다.
② 문장의 의미가 다양하게 해석된다.
③ 사건들 간의 연결 관계가 드러난다.
④ 문장의 호흡이 짧아지고 속도감이 생긴다.
⑤ 문장이 간결하여 의미가 쉽고 분명하게 이해된다.

**문제 해결 전략**

• 홑문장의 표현 효과: 의미를 간결하고 명확하게 전달할 수 있으며, 짧은 호흡으로 ❶ 을 줌.
• 겹문장의 표현 효과: 복잡한 의미를 이해하기 쉽게 전달할 수 있으며, 사건들의 인과 ❷ 가 잘 드러남.

답 ❶ 속도감 ❷ 관계

## 대표 유형 ① 문장 성분 파악하기

**1** 〈보기〉의 문장에 사용된 문장 성분을 차례대로 바르게 나열한 것은?

보기

파란 모자가 정말 예쁘다.

① 주어, 목적어, 서술어, 부사어
② 관형어, 주어, 부사어, 서술어
③ 부사어, 주어, 서술어, 관형어
④ 주어, 목적어, 관형어, 부사어
⑤ 관형어, 주어, 목적어, 서술어

**유형 해결 전략**

문장 안에서 일정한 문법적 기능을 하는 부분을 **①** 이라고 하고, 이 중에서 문장을 이루는 데 기본적으로 필요한 주어, 서술어, 목적어, 보어를 **②** 이라고 한다. 이 밖에도 부속 성분으로 관형어와 부사어가 있고, 독립 성분으로 독립어가 있다.

답 **①** 문장 성분 **②** 주성분

**1-1** ⓐ~ⓔ에 대한 설명으로 적절하지 않은 것은?

우아, 새 옷이 무척 예쁘구나!
ⓐ　ⓑ　ⓒ　ⓓ　　ⓔ

① ⓐ: 감탄의 의미를 나타내는 독립어이다.
② ⓑ: 체언 '옷'을 꾸며 주는 관형어로 부속 성분이다.
③ ⓒ: 동작이나 작용, 상태나 성질의 주체가 되는 주어이다.
④ ⓓ: 특정한 서술어 앞에서 의미를 보충해 주는 보어로 주성분이다.
⑤ ⓔ: 주어의 동작이나 작용, 상태나 성질 등을 풀이하는 서술어이다.

## 대표 유형 ② 홑문장과 겹문장 구분하기

**2** ㉠, ㉡에 해당하는 문장을 바르게 제시한 것은?

주어와 서술어의 관계가 한 번만 나타나는 문장을 ㉠홑문장, 주어와 서술어의 관계가 두 번 이상 나타나는 문장을 ㉡겹문장이라고 한다.

① ㉠: 지금 지붕에 눈이 쌓인다.
② ㉠: 우리는 맛있는 밥을 먹었다.
③ ㉡: 그가 살금살금 나에게로 다가왔다.
④ ㉡: 아이가 하늘에 종이비행기를 날렸다.
⑤ ㉡: 물은 섭씨 100도 이상에서 기체가 된다.

**유형 해결 전략**

문장은 주어와 서술어의 관계가 한 번만 나타나는 **①** 과 두 번 이상 나타나는 **②** 으로 나뉜다.

답 **①** 홑문장 **②** 겹문장

**2-1** 다음 문장을 홑문장과 겹문장으로 분류하여 그 기호를 쓰시오.

㉠ 두 사람이 걷는다.
㉡ 어느새 가을이 왔다.
㉢ 토끼는 앞발이 짧다.
㉣ 승현이가 공부를 하러 도서관에 간다.
㉤ 지연이는 아무도 모르게 친구를 도왔다.

(1) 홑문장:
(2) 겹문장:

**대표 유형 ③ 이어진문장과 안은문장 구분하기**

**3** (가)와 (나)를 구분하는 기준으로 적절한 것은?

> (가) 준수가 노래하고 세인이가 춤춘다.
> (나) 우리는 민서가 돌아오기를 바란다.

① 문장에 사용된 단어의 개수
② 문장에 사용된 띄어쓰기의 횟수
③ 부속 성분이 사용되었는지의 여부
④ 주어와 서술어의 관계가 나타나는 횟수
⑤ 홑문장이 결합할 때 문장 확대 방식의 차이

**유형 해결 전략**

겹문장은 문장의 확대 방식에 따라 둘 이상의 홑문장이 나란히 이어져서 이루어진 ❶_____과 한 홑문장이 다른 홑문장을 하나의 문장 성분처럼 안고 있는 ❷_____으로 나눌 수 있다.

답 ❶ 이어진문장 ❷ 안은문장

**3-1** 〈보기〉의 문장을 문장의 확대 방식에 따라 바르게 분류한 것은?

> ┤ 보기 ├
> ㉠ 까마귀 날자 배 떨어진다.
> ㉡ 인생은 짧고 예술은 길다.
> ㉢ 몸에 좋은 약이 입에 쓰다.
> ㉣ 닭 쫓던 개가 지붕만 쳐다본다.
> ㉤ 사공이 많으면 배가 산으로 간다.
> ㉥ 노력은 성공으로 가는 지름길이다.

| | 이어진문장 | 안은문장 |
|---|---|---|
| ① | ㉠, ㉡, ㉢ | ㉣, ㉤, ㉥ |
| ② | ㉠, ㉡, ㉤ | ㉢, ㉣, ㉥ |
| ③ | ㉠, ㉣, ㉤ | ㉡, ㉢, ㉥ |
| ④ | ㉡, ㉢, ㉣ | ㉠, ㉤, ㉥ |
| ⑤ | ㉡, ㉣, ㉥ | ㉠, ㉢, ㉤ |

**대표 유형 ④ 의미 관계에 따른 이어진문장 구분하기**

**4** 문장의 짜임과 의미 관계가 〈보기〉와 같은 것은?

> ┤ 보기 ├
> 마스크를 쓰니 얼굴에 땀이 줄줄 흐른다.

① 나는 자고 동생은 책을 읽었다.
② 시간이 다 되어서 나는 일어났다.
③ 비가 그치면 지수는 외출할 것이다.
④ 눈이 내리지만 날씨가 춥지는 않다.
⑤ 동생은 운동을 하려고 일찍 일어났다.

**유형 해결 전략**

이어진문장은 앞뒤 절이 '나열, 대조, 선택' 등의 의미 관계로 ❶_____하게 이어진 문장과, '원인, 조건, 의도' 등의 의미 관계로 ❷_____으로 이어진 문장으로 나눌 수 있다.

답 ❶ 대등 ❷ 종속적

**4-1** 다음 중 종속적으로 이어진 문장으로 알맞은 것은?

① 상처가 나서 나는 약을 발랐다.
② 나는 빵을 먹고 철수는 떡을 먹는다.
③ 형은 중학생이고 동생은 초등학생이다.
④ 어머니가 함께 가시거나 동생이 함께 간다.
⑤ 나는 강아지를 키우지만 윤지는 고양이를 키운다.

**4-2** 다음 두 문장의 차이를 〈조건〉에 맞게 서술하시오.

> ㉠ 태주는 피자를 먹었고, 호영이는 먹지 않았다.
> ㉡ 태주는 피자를 먹었지만, 호영이는 먹지 않았다.

> ┤ 조건 ├
> 1. 앞뒤 절이 어떤 의미 관계로 이어져 있는지 서술할 것
> 2. 이어진문장의 종류를 구체적으로 밝힐 것

**01** 〈보기〉에 대한 설명으로 적절하지 <u>않은</u> 것은?

┌ 보기 ┐

제가 ⓐ 만들었어요.
ⓑ 코코아를 탔어요.
엄마, 맛있게 ⓒ

① ⓐ에는 목적어가 들어가야 해.
② ⓑ에는 주어가 들어가야 해.
③ ⓒ에는 서술어가 들어가야 해.
④ ⓐ, ⓑ, ⓒ에는 각각 한 어절 이상의 말이 들어가야 온전한 문장이 될 수 있어.
⑤ 일상생활에서 ⓐ, ⓑ에 들어갈 말은 생략할 수 있지만, ⓒ에 들어갈 말은 생략하면 안 돼.

**02** 〈보기〉의 문장에서 부속 성분을 모두 고른 것은?

┌ 보기 ┐

낡은 운동화가 수수하게 보였다.

① 낡은, 운동화가
② 낡은, 수수하게
③ 운동화가, 보였다
④ 낡은, 수수하게, 보였다
⑤ 낡은, 운동화가, 수수하게

**03** 다음 중 문장 성분의 종류와 배열 순서가 〈보기〉와 일치하는 것은?

┌ 보기 ┐

사랑스러운 아이가 해맑게 웃는다.

① 하얀 눈이 펑펑 내린다.
② 나는 지호의 책을 빌렸다.
③ 내 친구는 고양이를 키운다.
④ 멋진 소년은 어른이 되었다.
⑤ 야, 드디어 기다리던 방학이다.

**04** 〈보기〉를 참고하여 문장을 기본 구조에 따라 적절하게 나눈 것은?

┌ 보기 ┐

| 누가/무엇이 | | 어찌하다 |
|---|---|---|
| 누가/무엇이 | + | 어떠하다 |
| 누가/무엇이 | | 무엇이다 |

① 주아는 늘 + 바쁘다
② 내가 + 이 공을 힘껏 던질게
③ 너의 + 새 옷이 무척 예쁘구나
④ 빨간 + 딸기가 먹음직스럽게 생겼다
⑤ 맛있는 치킨이 바닥에 + 툭 떨어졌다

**도움말**

국어 문장의 기본 구조는 서술어의 종류에 따라 '누가/무엇이 어찌하다', '누가/무엇이 어떠하다', '누가/무엇이 ❶ [　　　]'의 세 가지 유형으로 나눌 수 있어. 여기서 '누가/무엇이'에 해당하는 부분을 ❷ [　　　], '어찌하다, 어떠하다, 무엇이다'에 해당하는 부분을 서술부라고 해.

답 ❶ 무엇이다 ❷ 주어부

**05** 〈보기〉의 ⊙~ⓒ에 대한 설명으로 적절하지 <u>않은</u> 것은?

┌ 보기 ├
⊙ 현수가 보았다.
ⓒ 하늘이 매우 맑다.
ⓒ 그녀는 의사가 되었다.

① ⊙에서 '현수가'는 문장의 주어이다.
② ⓒ의 기본 구조는 '무엇이+어떠하다'이다.
③ ⓒ에서 '매우'는 서술어의 내용을 좀 더 자세하게 설명해 준다.
④ ⓒ에서 '의사가'는 생략할 수 없는 문장 성분이다.
⑤ ⊙, ⓒ, ⓒ은 모두 온전한 문장이다.

**도움말**

국어 문장은 '주어+서술어'만으로 온전한 문장을 이루는 경우도 있고, 보어나 목적어가 필요한 경우도 있어. 서술어 '보았다'는 ❶ _____ , 서술어 '되었다'는 ❷ _____ 가 있어야 온전한 문장을 이룰 수 있어.

📋 ❶ 목적어 ❷ 보어

**06** ⊙~ⓗ 중, 홑문장을 모두 고른 것은?

⊙ 선무당이 사람 잡는다.
ⓒ 까마귀 날자 배 떨어진다.
ⓒ 내년에 나는 고등학생이 된다.
㉢ 우리는 민수가 돌아오기를 바란다.
㉤ 준호가 노래하고 영준이가 춤춘다.
㉥ 수지가 운동장에서 종이비행기를 날렸다.

① ⊙, ⓒ
② ⊙, ⓒ, ㉢
③ ⊙, ⓒ, ㉤
④ ⊙, ⓒ, ㉥
⑤ ⊙, ⓒ, ㉢, ㉥

**07** 다음 중 〈보기〉의 빈칸에 들어가기에 알맞은 문장의 종류와 짜임이 <u>다른</u> 것은?

┌ 보기 ├
주어와 서술어의 관계가 두 번 이상 나타나는 문장을 ( )(이)라고 한다.

① 그 일은 하기가 쉽지 않다.
② 내가 산 물건을 그에게 주었다.
③ 해가 불이 활활 타듯이 솟아올랐다.
④ 동생의 친구는 어제 우리 집에서 밥을 먹었다.
⑤ 어제 어머니가 집에 안 계셔서 내가 대신 저녁을 했다.

**08** 다음 문장 중 주어와 서술어의 관계가 두 번 이상 나타나는 것은? (정답 2개)

① 철수가 결승선까지 힘껏 달렸다.
② 영지는 올해 고등학생이 되었다.
③ 과연 그는 훌륭한 예술가로구나.
④ 수지는 은주가 팝송을 부르기를 바랐다.
⑤ 경서야, 너는 피아노를 정말 잘 치는구나.

**09** 〈보기〉의 두 홑문장을 결합하여 다음 〈조건〉에 맞는 겹문장을 만들고, 만들어진 겹문장의 종류를 쓰시오.

┌ 보기 ├
[문장 1] 준서는 공부를 열심히 했다.
[문장 2] 준서는 시험을 잘 보았다.

┌ 조건 ├
1. 7어절로 이루어진 문장을 만들 것
2. '문장 1'이 원인, '문장 2'가 결과가 되는 이어진 문장을 만들 것

(1) 겹문장: _____

(2) 겹문장의 종류: _____

**10** 〈보기〉를 참고할 때, 문장의 종류가 나머지와 <u>다른</u> 하나는?

> ┌ 보기 ┐
> 주어와 서술어의 관계가 두 번 이상 나타나는 문장은 두 홑문장의 확대 방식에 따라 다음과 같이 나눌 수 있다.
> • 두 홑문장이 나란히 이어져서 이루어진 문장
> • 한 홑문장이 다른 홑문장을 하나의 문장 성분처럼 안고 있는 문장

① 철수는 키가 매우 크다.

② 동생이 소리도 없이 다가왔다.

③ 그가 범인이 아님이 밝혀졌다.

④ 누구나 인간은 존엄하다고 믿는다.

⑤ 바람이 불어서 단풍잎이 흔들린다.

> **도움말**
> 국어의 겹문장은 **❶** [ ] 방식에 따라 이어진문장과 **❷** [ ]으로 나눌 수 있어.
> 답 ❶ 확대 ❷ 안은문장

**11** 다음 중 〈보기〉의 설명에 해당하는 문장으로 알맞은 것은?

> ┌ 보기 ┐
> • 주어와 서술어의 관계가 두 번 이상 나타난다.
> • 명사절을 포함하고 있다.
> • 명사절이 목적어의 역할을 하고 있다.

① 그 일은 해내기가 정말 어렵다.

② 이곳은 동생이 태어난 병원이다.

③ 선물을 받은 희원이가 활짝 웃었다.

④ 지금은 간식을 먹기에 늦은 시간이다.

⑤ 우리는 연주가 잠이 많음을 알고 있다.

**12** 〈보기〉의 (가)와 (나)를 구분하는 기준을 〈조건〉에 맞게 서술하시오.

> ┌ 보기 ┐
> **가** 승현이가 공부를 하러 도서관에 간다.
> **나** 그가 돌아왔다는 소문이 동네에 퍼졌다.

> ┌ 조건 ┐
> 1. 문장의 짜임과 관련하여 기준을 찾을 것
> 2. '……에 따라 (가)와 (나)를 구분할 수 있다.' 형식의 문장으로 쓸 것

**13** 〈보기〉와 같은 과정으로 결합한 문장으로 알맞은 것은?

> ┌ 보기 ┐
>
> | 두 사람이 손을 잡는다. | + | 두 사람이 걷는다. |
> ↓
> 두 사람이 손을 잡고 걷는다.

① 하늘이 맑으면 기분이 좋다.

② 파도가 높아서 배 운항을 멈췄다.

③ 비가 와서 우리는 소풍을 연기했다.

④ 바람이 불지만 날씨가 춥지는 않다.

⑤ 우리는 연주가 재주가 많음을 알고 있다.

**14** 〈보기〉의 설명에 해당하는 문장으로 알맞은 것은?

┌ 보기 ┐
- 종속적으로 이어진 문장이다.
- 앞 절과 뒤 절이 원인의 의미 관계로 이어진다.
- 부사어가 포함된 문장이다.

① 길이 너무 좁아서 차가 못 지나간다.

② 아이가 엉엉 울면서 식당을 뛰쳐나갔다.

③ 이가 시려서 아이스크림을 먹지 못한다.

④ 나는 일찍 일어나지만 동생은 늦게 일어난다.

⑤ 남주는 햄스터를 기르고 연수는 거북이를 기른다.

**도움말**

부사어는 '너무', '못', '엉엉', '일찍'과 같은 부사, '취미로'와 같이 체언에 **①** 　　 가 결합한 형태, '늦게'와 같이 **②** 　　 에 부사형 어미가 결합한 형태로 나타나.

**답** **①** 조사 **②** 용언

**15** 다음 문장들을 〈보기〉에 따라 나눌 때, 문장의 유형이 나머지와 <u>다른</u> 하나는?

① 가을이 되면 잎이 떨어진다.

② 우리는 노래하며 춤을 추었다.

③ 엄마가 돌아와서 나는 기뻤다.

④ 부모님은 자식이 건강하기를 바란다.

⑤ 나는 점심을 먹으려고 라면을 끓였다.

**16** ㉠~㉤ 중, 종속적으로 이어진 문장끼리 바르게 묶인 것은?

㉠ 비가 오고 바람이 분다.

㉡ 비가 오면 곡식이 잘 자란다.

㉢ 비가 오지만 날씨가 춥지 않다.

㉣ 우리는 비를 피하려고 가게로 들어갔다.

㉤ 비가 그치지 않아서 우리는 축구를 하지 못했다.

① ㉠, ㉢　　　　　　　② ㉠, ㉡, ㉤

③ ㉡, ㉢, ㉣　　　　　④ ㉡, ㉣, ㉤

⑤ ㉡, ㉢, ㉣, ㉤

**17** 다음 문장의 짜임과 의미 관계를 파악한 내용이 적절하지 <u>않은</u> 것은?

① 하늘도 바다도 파랗다. → 대등, 나열

② 상처가 나서 약을 발랐다. → 종속, 원인

③ 숙제를 하거나 책을 읽어라. → 대등, 선택

④ 눈이 많이 오면 풍년이 든다. → 종속, 조건

⑤ 나는 터미널에 도착했지만 동생은 도착하지 않았다. → 종속, 대조

**18** 〈보기〉의 속담을 홑문장으로 나누고, 각 홑문장이 어떤 의미 관계로 결합했는지 한 문장으로 서술하시오.

┌ 보기 ┐
사공이 많으면 배가 산으로 간다.

## 대표 유형 ❶ 안긴문장의 역할에 따른 안은문장 구분하기

**1** 〈보기〉의 밑줄 친 내용을 바탕으로 다음 문장들을 분류할 때, 안긴문장의 종류가 잘못 연결된 것은?

> ┌─ 보기 ─
> 다른 문장 속에 들어가 하나의 문장 성분처럼 쓰이는 문장을 안긴문장이라고 하고, 이 안긴문장을 포함한 문장을 안은문장이라고 한다. 안긴문장에는 명사절, 관형절, 부사절, 서술절, 인용절이 있다.

① 소영이는 손이 매우 예쁘다. → 서술절

② 영수가 소리도 없이 다가왔다. → 부사절

③ 태호는 머리카락이 휘날리게 달렸다. → 관형절

④ 예림이는 우리 반이 대회에서 우승하기를 소원한다. → 명사절

⑤ 동혁이는 "나는 결코 가지 않겠다."라고 말했을 뿐이다. → 인용절

### 유형 해결 전략

안은문장 속에 들어가 하나의 **❶ □□□** 처럼 쓰이는 문장을 안긴문장이라고 한다. **❷ □□□** 은 부사형 어미 '-게', '-도록', 부사를 만드는 접미사 '-이' 등이 붙어서 만들어진다.

답 ❶ 문장 성분 ❷ 부사절

**1-1** 다음 중 명사절이 문장 안에서 부사어의 역할을 하는 것은?

① 언제나 그는 내가 건강하기를 바란다.

② 나는 너를 사랑하기에 포기할 수 없단다.

③ 사람들은 비가 내리기까지 기다려야 했다.

④ 사람들은 나중에야 그가 옳았음을 깨달았다.

⑤ 마지막 회에서 그 사람이 범인임이 밝혀질 것이다.

## 대표 유형 ❷ 호응이 어색한 문장 파악하기

**2** 다음 중 문장의 호응이 자연스럽지 않은 것은?

① 그 일을 반드시 오늘까지 하겠다.

② 내 꿈은 환경 보호 전문가가 되는 것이다.

③ 비가 오고 바람이 불어서 행사를 연기했다.

④ 사람은 결코 어떠한 순간에도 꿈을 가져야 한다.

⑤ 물은 섭씨 100도 이상에서는 기체가 되고, 섭씨 100도 이하에서는 액체가 된다.

### 유형 해결 전략

문장에서 앞에 어떤 말이 오면 거기에 응하는 말이 따라오는 것을 문장의 **❶ □□□** 이라고 한다. 주어와 서술어, 부사어와 서술어, 수식어와 피수식어 등 **❷ □□□** 끼리의 호응을 고려해야 정확한 문장을 만들 수 있다.

답 ❶ 호응 ❷ 문장 성분

**2-1** ⓐ, ⓑ에 대한 설명으로 적절하지 않은 것은?

> ⓐ 나의 꿈은 올림픽에 나가서 금메달을 따기를 바랐다.
> ⓑ 많은 사람이 술과 안주를 마시며 축제를 즐기고 있다.

① ⓐ에서는 주어 '꿈은'과 서술어 '바랐다'의 호응이 어색하다.

② ⓐ를 '나는 올림픽에 나가서 금메달을 따기를 바랐다.'로 고치면 자연스러운 문장이 된다.

③ ⓑ에서는 목적어 '안주를'과 서술어 '마시며'의 호응이 어색하다.

④ ⓑ에서 '술과 안주를 마시며'를 '술을 마시고 안주를 먹으며'로 고치면 자연스러운 문장이 된다.

⑤ ⓐ와 ⓑ 모두 문법적으로는 부정확하지만, 일상생활에서는 자연스럽고 적절한 문장에 해당하므로 사용하는 데 문제가 없다.

## 대표 유형 ❸ 문장의 중의성 해소하기

**3** 다음 문장 중 의미가 중의적으로 해석되지 <u>않는</u> 것은?

① 사람들이 다 오지 않았다.

② 나는 형과 아우를 찾아다녔다.

③ 게으른 토끼와 거북이가 경주를 한다.

④ 나는 털이 아름다운 강아지를 보았다.

⑤ 키가 큰 할머니의 손자가 자전거를 탄다.

### 유형 해결 전략

한 문장이 둘 이상의 의미로 해석될 수 있는 것을 ❶[    ] 표현
이라고 한다. 수식어의 위치를 조정하거나, 호응 관계를 분명히 하
거나, ❷[    ]나 쉼표를 사용하거나 정보를 추가하면 문장의 중
의성을 해소할 수 있다.

답 ❶ 중의적 ❷ 보조사

**3-1** 다음 문장 중 중의적 표현에 해당하는 것은?

① 학생들이 일부만 등교했다.

② 영주는 착한 동생의 친구를 만났다.

③ 현수는 동생의 빨간 필통을 보았다.

④ 슬기를 보고 싶어 하는 친구가 많다.

⑤ 윤서는 혼자서 혜지와 영서를 불렀다.

**3-2** 다음 문장의 중의성을 해소하여 한 가지 의미로 명확하게
전달되도록 고쳐 쓰시오.

소희는 어제 시골에서 온 현수를 만났다.

## 대표 유형 ❹ 홑문장과 겹문장의 표현 효과 이해하기

**4** (가), (나)의 광고 문구에 대한 설명으로 적절하지 <u>않은</u>
것은?

> **가** 스마트폰을 손에서 놓으세요. / 주변을 돌아보
> 세요. / 친구들과 대화를 나누세요. / 가족들과 눈
> 을 맞춰 보세요. / 스마트폰 속 세상에서 벗어나세
> 요. / 진짜 세상을 만날 수 있습니다.
> **나** 스마트폰을 손에서 놓고 주변을 돌아보세요. /
> 친구들과 대화를 나누고 가족들과 눈을 맞춰 보세
> 요. / 스마트폰 속 세상에서 벗어나면 진짜 세상을
> 만날 수 있습니다.

① (가)는 홑문장으로 구성되어 있다.

② (가)는 문장이 짧고 단순해서 내용을 간결하고 명
료하게 전달한다.

③ (가)는 (나)보다 사건의 흐름을 파악하는 데 효과
적이다.

④ (나)는 (가)보다 내용 사이의 연결 관계가 잘 드러
난다.

⑤ (나)는 (가)와 달리 '……세요.'의 반복을 피하여
내용을 집중력 있게 전달한다.

### 유형 해결 전략

홑문장은 겹문장보다 의미를 ❶[    ]하고 명확하게 전달할 수
있고, 겹문장은 복잡한 의미를 잘 전달할 수 있어서 홑문장보다 사
건들의 ❷[    ] 관계가 잘 드러난다.

답 ❶ 간결 ❷ 연결

**4-1** 겹문장을 사용하여 얻을 수 있는 표현 효과로 적절한 것
은? (정답 2개)

① 내용을 집중력 있게 전달한다.

② 내용을 간결하고 명확하게 전달한다.

③ 사건의 논리적인 관계를 잘 드러낸다.

④ 사건이 빠르게 진행되는 느낌을 준다.

⑤ 문장의 호흡이 짧아서 속도감과 긴장감을 준다.

**01** 〈보기〉에 대한 설명으로 적절하지 않은 것은?

> 보기
>
> 오래전에 우리는 지예가 천재임을 알았다.

① 두 홑문장이 결합하면서 생략된 문장 성분이 있다.

② 홑문장 '지예가 천재이다.'가 다른 홑문장에 안겨 있다.

③ 홑문장 '오래전에 우리는 (무엇)을 알았다.'가 다른 홑문장을 안고 있다.

④ 한 홑문장이 다른 문장 속에 들어가 하나의 문장 성분처럼 쓰이고 있다.

⑤ 한 홑문장이 다른 문장 안에 명사절의 형태로 들어가 목적어 역할을 하고 있다.

**02** 다음 중 문장 안에서 안긴문장이 하는 역할이 〈보기〉와 같은 것은?

> 보기

민정이는 밤이 깊도록 그림을 그렸다.

① 우리는 그가 떠났음을 알았다.

② 우리 엄마는 목소리가 고우시다.

③ 나는 언니가 만든 간식을 먹었다.

④ 영미는 엄마가 빨리 오기를 기다렸다.

⑤ 영민이는 머리카락이 휘날리게 달렸다.

**03** 다음 중 문장 안에서 안긴문장이 하는 역할이 나머지와 다른 하나는?

① 그는 내가 돕기를 원했다.

② 나는 친구가 건강해지기를 바랐다.

③ 그는 내가 왔다는 사실을 알고 있다.

④ 나는 엄마가 돌아오시기를 기다렸다.

⑤ 그는 내가 이미 상을 받았음을 알았다.

**04** 다음 두 홑문장을 〈조건〉에 맞게 한 문장으로 만들어 서술하시오.

> • 도현이가 말했다.
> • 내가 학교로 갈게.

> 조건
>
> 1. 인용절을 가진 안은문장을 만들 것
> 2. 직접 인용절을 가진 안은문장과 간접 인용절을 가진 안은문장을 만들 것

| 직접 인용절을 가진 안은문장 | (1) _____ _____ |
|---|---|
| 간접 인용절을 가진 안은문장 | (2) _____ _____ |

> 도움말
>
> 다른 사람의 말을 그대로 직접 인용하는 것을 '직접 인용'이라고 하고, 인용하는 사람의 표현으로 바꾸어 인용하는 것을 '간접 인용'이라고 해. 직접 인용에서는 조사 '❶ ____', 간접 인용에서는 조사 '❷ ____'를 사용해. 대명사 '나, 여기'는 간접 인용문에서는 '자기, 거기' 등으로 적절하게 바꿔야 해.
>
> 답 ❶ 라고 ❷ 고

**05** ㉠~㉤에 대한 설명으로 적절하지 <u>않은</u> 것은?

- 의자가 ㉠다리가 짧다.
- 가을이 ㉡소리도 없이 가까워졌다.
- 나는 ㉢외삼촌이 왔음을 알고 있다.
- 지금은 ㉣학교에 가기에 아직 이르다.
- 동생은 ㉤자기가 무조건 옳다고 주장했다.

① ㉠은 안은문장의 서술부이다.

② ㉡은 '가까워졌다.'를 꾸며 주는 부사절이다.

③ ㉢은 명사절이고, 명사절의 주어는 '외삼촌이'이다.

④ ㉣은 절의 주어가 안은문장의 주어와 겹쳐서 생략된 관형절이다.

⑤ ㉤은 다른 사람의 말을 자신의 표현으로 바꾸어 인용하고 있다.

> **도움말**
>
> 명사절은 문장 안에서 주어, 목적어의 역할 외에도 **❶**□□□ 의 역할을 하기도 해. '지금은 학교에 가기에 아직 이르다.'라는 문장에서 '학교에 가기'는 명사절이지만 용언 '**❷**□□□'를 꾸며 주는 부사어의 역할을 하고 있어.
>
> 답 ❶ 부사어 ❷ 이르다

**06** 〈보기〉의 문장이 어색한 이유를 서술하고, 정확하고 자연스러운 문장으로 고쳐 쓰시오.

┌ 보기 ┐

어제는 하루 종일 비와 바람이 불었다.

(1) 이유: _____

(2) 고쳐 쓴 문장: _____

**07** 다음 중 문장의 확대 방식이 나머지와 <u>다른</u> 하나는?

① 인생은 짧고 예술은 길다.

② 국민이 없으면 나라도 없다.

③ 나는 버스를 눈이 빠지게 기다렸다.

④ 나는 친구와 싸워서 선생님께 혼났다.

⑤ 토끼는 낮잠을 잤지만 거북이는 부지런히 걸어갔다.

**08** ㉠~㉤을 자연스럽게 고친 것으로 적절하지 <u>않은</u> 것은?

> ㉠오늘 우리 반에서 회장 선거에 나왔다. ㉡영호는 자기가 회장이 되면 결코 행복한 교실을 만들겠다고 말했다. 경주는 자기 꿈을 이야기하기 시작했다. ㉢경주의 꿈은 UN 사무총장이 되기를 바랐다. 경주는 UN 사무총장의 첫걸음으로 회장에 출마했다고 했다. ㉣결국 경주가 회장이 되고 영호는 부회장이다. ㉤친구들이 모두 손뼉과 환호성을 지르며 축하해 주었다.

① ㉠: '나왔다'의 주어가 없으므로 '영호와 경주가'를 추가한다.

② ㉡: '결코'와 '만들겠다'는 호응하지 않으므로 '결코'를 '반드시'로 고친다.

③ ㉢: '경주의 꿈은'과 '바랐다'는 호응하지 않으므로 문장의 끝부분을 '되는 것이다.'로 고친다.

④ ㉣: '경주가 회장이 되고'와 '영호는 부회장이다.'가 호응하지 않으므로 '영호는 부회장이 되었다.'로 고친다.

⑤ ㉤: '손뼉과'는 '치며'와 호응하므로 '손뼉과 환호성을 치며'로 고친다.

**09** 〈보기〉의 ㉠에 들어갈 예로 적절한 것은?

┌ 보기 ┐

효과적으로 의사소통하려면 문장을 정확하게 구사해야 한다. "이 색깔이 참 잘 어울린다."는 서술어인 '어울린다'가 필요로 하는 부사어가 빠져 있어서 의미가 정확하게 전달되지 않는 문장이다. 이처럼 필요한 성분이 빠져 있는 문장의 예는 다음과 같다.

┌─────────────────┐
│        ㉠        │
└─────────────────┘

① 내 친구는 얼굴이 닮았다.
② 그는 까만색 운동화를 신고 있었다.
③ 기상청에서는 눈이 내릴 것이라고 예보했다.
④ 저희는 고객님의 소중한 의견을 기다립니다.
⑤ 그는 자기가 하고 싶은 일을 결국에는 하고야 말았다.

**10** 〈보기〉에서 ㉠에 대한 설명으로 적절하지 <u>않은</u> 것은?

┌ 보기 ┐

㉠'나는 멋진 오빠의 친구를 보았다.'는 꾸미는 말의 수식 범위가 불분명하여 두 가지 이상의 의미로 해석되는 문장이다.

① 관형절을 가진 안은문장이다.
② '멋진'과 '오빠의'의 문장 성분은 관형어이다.
③ '멋진'이라는 단어의 의미가 두 가지 이상으로 해석된다.
④ '멋진'이 꾸며 주는 말은 '오빠'가 될 수도 있고, '오빠의 친구'가 될 수도 있다.
⑤ '귀여운 동생의 강아지가 있다.'라는 문장도 ㉠과 같이 관형어의 수식 범위에 따라 두 가지 이상의 의미로 해석된다.

**11** 〈보기〉의 문장이 어색한 이유에 대해 학생들이 토론한 내용으로 적절한 것은?

┌ 보기 ┐

이이의 호는 율곡이며 조선을 대표하는 유학자이다.

① 주어를 수식하는 적절한 관형어가 없어.
② 서술어를 수식하는 적절한 부사어가 없어.
③ 홑문장으로 표현해야 할 것을 겹문장으로 표현했어.
④ 서술어 '율곡이며'와 호응하는 적절한 주어가 없어.
⑤ 서술어 '유학자이다'와 호응하는 적절한 주어가 없어.

**12** 〈보기〉와 같이 (가)를 (나)로 바꾸었을 때의 표현 효과로 적절한 것은?

┌ 보기 ┐

(가) 중국의 우체통은 초록색입니다. 미국에서는 파란색 우체통을 사용합니다. 스위스에서는 노란색 우체통을 사용합니다.

↓

(나) 중국의 우체통은 초록색이고, 미국에서는 파란색 우체통을, 스위스에서는 노란색 우체통을 사용합니다.

① 표현 방법이 다양해진다.
② 내용의 중복을 피할 수 있다.
③ 문장의 구조를 단순화할 수 있다.
④ 사실들의 연결 관계가 불분명해진다.
⑤ 사용하는 문장 성분의 개수를 줄일 수 있다.

**도움말**

홑문장을  ❶ [      ]으로 바꾸면 중복되는 내용을 피하고, 나열된 사실들의 연결 ❷ [      ]를 명확하게 드러낼 수 있어.

답 ❶ 겹문장 ❷ 관계

**13** 〈보기〉의 문장이 지닌 두 가지 의미를 서술하시오.

┌ 보기 ┐

형은 나보다 엄마를 더 좋아한다.

(1) _____

(2) _____

**14** 다음 문장 중 중의적 표현이 <u>아닌</u> 것은?

① 친구들이 다 오지 않았어요.
② 영희의 사진이 벽에 걸려 있다.
③ 세영이는 승수와 재희를 찾았다.
④ 10년 후 철수와 영희가 결혼했다.
⑤ 토끼와 게으른 거북이가 경주를 한다.

도움말

문장 성분이 수식하는 **❶** ⬚⬚⬚ 가 명확하지 않은 경우에는
대체로 문장이 **❷** ⬚⬚⬚ 으로 해석돼.

답 ❶ 범위 ❷ 중의적

**15** 〈보기〉에서 (가)를 (나)로 바꾸었을 때의 표현 효과로 적절하지 <u>않은</u> 것은?

┌ 보기 ┐

**가** 얼마 전 친구가 전학을 갔다. 갑자기 친구를 만나고 싶었다. 무작정 전철을 탔다. 친구의 집으로 갔다. 친구는 집에 없었다.

**나** 얼마 전 전학을 간 친구를 갑자기 만나고 싶어서 무작정 전철을 타고 친구의 집으로 갔지만 친구는 집에 없었다.

① 사건의 전후 관계가 좀 더 잘 드러난다.
② 사건이나 행동을 속도감 있게 전달한다.
③ 글쓴이의 생각이 연속적인 느낌을 준다.
④ 사건의 논리적인 관계가 좀 더 잘 드러난다.
⑤ 각 문장의 내용이 밀접하게 관련된 느낌을 준다.

**16** 다음 글의 문장들의 짜임을 고려할 때, 그 표현 효과로 적절한 것은?

눈을 뜨니 하늘이 벌써 어두워졌다. 시계를 보니 9시여서 깜짝 놀랐다. 숙제가 있었기 때문에 나는 급히 책상 앞에 앉아 책을 폈다.

① 표현이 단조로워 지루한 느낌을 준다.
② 문장의 호흡이 짧아서 긴장감을 전달한다.
③ 문장의 의미를 명확하고 강렬하게 전달한다.
④ 홑문장으로 표현했을 때보다 문장의 의미가 다양해진다.
⑤ 한 문장에 여러 내용이 포함되어 연결 관계가 잘 드러난다.

## 01

〈보기〉를 고려할 때, 서술어의 종류가 나머지와 <u>다른</u> 하나는?

┌ 보기 ┐

우리말 문장의 기본 구조는 서술어의 종류에 따라 다음 세 가지 유형으로 나눌 수 있다.

| 누가/무엇이 | + | 어찌하다 |

→ 대상의 움직임을 나타냄.

| 누가/무엇이 | + | 어떠하다 |

→ 대상의 상태나 성질을 나타냄.

| 누가/무엇이 | + | 무엇이다 |

→ 대상을 지정함.

① 철수는 너보다 정직하다.
② 고양이가 빨리 뛰어간다.
③ 시냇물이 매우 깨끗하다.
④ 우리 강산이 정말 푸르다.
⑤ 영화 여주인공이 참 예쁘다.

## 02

㉠, ㉡에 대한 설명으로 적절하지 <u>않은</u> 것은?

㉠ 와, 옷이 정말 예쁘다.
㉡ 꽃이 소리도 없이 활짝 피었다.

① ㉠에는 2개의 주성분이 사용되었다.
② ㉡에서 문장 전체의 주어는 '꽃이'이고, 문장 전체의 서술어는 '피었다'이다.
③ ㉠은 홑문장이고, ㉡은 겹문장이다.
④ ㉠의 '정말'과 ㉡의 '활짝'은 동일한 역할을 한다.
⑤ ㉠, ㉡은 주성분과 부속 성분으로만 이루어진 문장이다.

## 03

〈보기〉에서 ㉠~㉢에 대한 설명으로 적절한 것은?

┌ 보기 ┐

• 영수는 맛있게 ㉠밥을 먹었다.
• 민서는 ㉡아주 새하얀 옷을 입었다.
• ㉢그래서 현주는 함박웃음을 터뜨렸다.
• 드디어 철수도 ㉣중학생이 되었다.
• 할머니는 ㉤초저녁에 잠자리에 드셨다.

① ㉠: 서술어의 동작의 주체가 된다.
② ㉡: 문장에서 체언을 꾸며 준다.
③ ㉢: 문장에서 독립적으로 쓰인다.
④ ㉣: 문장에서 불완전한 곳을 보충하여 뜻을 완전하게 한다.
⑤ ㉤: '체언+관형격 조사'로 구성되었다.

## 04

〈보기〉의 (가)에 사용된 문장 성분을 (나)와 (다)로 분석할 때, (나)와 (다)의 차이점을 다음 〈조건〉에 맞게 서술하시오.

┌ 보기 ┐

㉮ 까만 모사가 성발 멋있다.
㉯ 까만, 정말
㉰ 모자가, 멋있다.

┌ 조건 ┐

1. (나)와 (다)가 어떤 종류의 문장 성분에 해당하는지 밝힐 것
2. (나)와 (다)에 해당하는 문장 성분이 문장 안에서 하는 역할을 함께 서술할 것

**05** 〈보기〉에서 밑줄 친 부사어를 통해 추론할 수 있는 부사어의 역할로 적절하지 <u>않은</u> 것은?

> ┤ 보기 ├
> ⓐ 눈이 <u>참</u> 예쁘구나.
> ⓑ 비둘기가 <u>매우</u> 높이 날았다.
> ⓒ <u>과연</u> 경주가 회장이 될 것인가.
> ⓓ 그는 <u>아주</u> 유명한 사람이 되었다.
> ⓔ <u>그리고</u> 진수는 창문을 <u>활짝</u> 열었다.

① 주로 용언을 꾸며 준다.
② 문장 전체를 꾸며 주기도 한다.
③ 관형어나 부사어를 꾸며 주기도 한다.
④ 문장을 이어 주는 역할을 하기도 한다.
⑤ 서술어 '되다 / 아니다' 앞에서 의미를 보충하기도 한다.

**06** 다음 중 문장을 이루고 있는 홑문장의 개수가 다음과 같은 것은?

> 설이 되면 어머니는 가족들의 옷을 준비하고, 음식을 장만하셨다.

① 나는 비가 오는 소리를 들었다.
② 그는 우리가 돌아온 사실을 몰랐다.
③ 이번에도 너의 일이 잘되기를 바란다.
④ 선생님께서 "다음에 또 보자."라고 말씀하셨다.
⑤ 영재는 삼촌이 준 야구공이 좋아서 깡충깡충 뛰었다.

**07** 다음 문장의 구조와 문장 성분을 분석한 내용으로 적절한 것은?

> 우리 모두의 꿈은 반드시 이루어진다.

① 주성분으로는 주어와 서술어가 사용되었다.
② 문장의 기본 구조는 '무엇이+어떠하다'이다.
③ 두 개의 홑문장이 결합하여 이루어진 겹문장이다.
④ 문장 전체의 주어는 '우리'이고, 서술어는 '이루어진다'이다.
⑤ 부속 성분으로는 관형어 한 개와 부사어 한 개가 사용되었다.

**08** 〈보기〉의 ⓐ~ⓔ에 대한 설명으로 적절하지 <u>않은</u> 것은?

> ┤ 보기 ├
> ⓐ 밥을 많이 먹어서 배가 불렀다.
> ⓑ 우리는 비를 맞으며 축구를 했다.
> ⓒ 그는 열심히 일하면서 공부를 했다.
> ⓓ 나는 지더라도 정당하게 승부를 벌이겠다.
> ⓔ 나는 성적을 올리려고 공부를 열심히 했다.

① ⓐ는 종속적으로 이어진 문장으로, 앞 절이 뒤 절의 원인이 된다.
② ⓑ와 ⓒ는 이어진문장의 종류와 의미 관계가 일치한다.
③ ⓓ의 연결 어미는 '-라도'로, 양보의 의미 관계로 앞뒤 절을 이어 준다.
④ ⓔ는 '의도'의 의미 관계로 종속적으로 이어진 문장이다.
⑤ ⓐ~ⓔ 중 종속적으로 이어진 문장은 모두 4개이다.

**09** 〈보기〉를 바탕으로 문장의 짜임을 탐구한 내용이 적절하지 않은 것은?

┌ 보기 ┐
ㄱ 우리 엄마는 손이 참 크다.
ㄴ 그대는 내게 행복을 주는 사람이다.
ㄷ 할머니는 가족이 그리웠다고 말했다.
└─────┘

① ㄱ의 '손이 참 크다'는 문장 안에서 서술어의 역할을 한다.
② ㄴ은 관형절을 가진 안은문장이다.
③ ㄴ에서 안은문장의 주어는 안긴문장의 주어와 다르다.
④ ㄷ은 다른 사람의 말을 간접적으로 인용하는 절을 안고 있다.
⑤ ㄱ, ㄴ, ㄷ 모두 주어와 서술어의 관계가 두 번 이상 나타난다.

**11** 〈보기〉에 제시된 두 홑문장을 활용하여 〈조건〉에 맞는 겹문장을 만드시오.

┌ 보기 ┐
• 사과가 정말 빨갛다.
• 사과가 참 달콤하다.

└─────┘

┌ 조건 ┐
1. 5어절로 이루어진 이어진문장을 만들 것
2. 5어절로 이루어진 안은문장을 만들 것
└─────┘

(1) 이어진문장: _____

_____

(2) 안은문장: _____

_____

**10** 〈보기〉의 문장을 분석한 내용으로 적절하지 않은 것은?

┌ 보기 ┐
나는 그녀가 만든 꽃다발을 받아서 무척 기뻤다.

└─────┘

① 홑문장 세 개가 결합한 문장이다.
② 앞 절의 목적어는 '꽃다발을'이다.
③ 앞 절에서 생략된 성분은 목적어이다.
④ 전체적으로 종속적으로 이어진 문장이다.
⑤ 문장 전체의 서술어는 '기뻤다' 하나뿐이다.

**12** 〈보기〉의 ㄱ~ㄷ을 자연스러운 문장으로 수정하기 위한 의견으로 적절한 것은?

┌ 보기 ┐
ㄱ 어제는 찬바람과 눈이 내렸다.
ㄴ 요즘은 장마철이지만 습도가 높다.
ㄷ 나의 소원은 우리 가족이 함께 산다.
└─────┘

① ㄱ: 주어가 두 개인데 이에 호응하는 서술어는 하나여서 표현이 어색하니까 서술어를 추가해야 해.
② ㄱ: 절을 대등하게 연결해서 문장이 부자연스러우니까 이어진문장이 아닌 안은문장으로 표현해야 해.
③ ㄴ: 앞뒤 절의 의미 관계가 자연스러우려면 '요즘은'을 '요즘이'로 바꿔야 해.
④ ㄴ: 앞뒤 절이 나열의 의미 관계로 이어지니까 '장마철이지만'을 '장마철이거나'로 고쳐야 해.
⑤ ㄷ: 주어와 서술어의 호응이 부자연스러우니까 주어인 '나의 소원은'을 '나는'으로 고쳐야 해.

**13** 다음 중 〈보기〉의 설명에 해당하는 문장으로 알맞은 것은?

> ┌ 보기 ┐
> • 온전한 문장이다.
> • 이어진문장이다.
> • 안긴문장을 포함하고 있다.

① 호랑이도 제 말 하면 온다.

② 서당 개 삼 년에 풍월을 한다.

③ 가는 말이 고와야 오는 말이 곱다.

④ 물에 빠지면 지푸라기라도 잡는다.

⑤ 겨 묻은 개가 똥 묻은 개를 나무란다.

**14** 다음 글에 사용된 문장의 짜임에 대한 설명으로 적절한 것은?

> 닭이 푸드덕거린다. 주인이 달려 나온다. "이놈의 고양이가!" 담뱃대를 사정없이 휘두른다. 고양이는 바삐 달아난다.

① 홑문장을 사용해 내용을 집약적으로 전달하고 있다.

② 겹문장을 사용해 인물의 말을 생생히 인용하고 있다.

③ 겹문장을 사용해 문장 간의 관계를 명확히 드러내고 있다.

④ 홑문장을 사용해 긴박감과 속도감이 잘 드러나도록 표현하고 있다.

⑤ 겹문장을 사용해 사건의 순서와 인과 관계를 명확히 드러내고 있다.

**15** 다음 문장을 제시된 그림의 상황에 맞게 한 가지 의미로만 해석되도록 고쳐 쓰시오.

(1) 윤경이는 혜성이와 영주를 불렀다.

→ _____

(2) 슬기가 보고 싶은 친구가 많다.

→ _____

**16** 〈보기〉에 제시된 문장이 어색한 이유를 서술하고, 정확하고 자연스러운 문장으로 고쳐 쓰시오.

> ┌ 보기 ┐
> 사고와 질서를 방지하려면 우리 모두 복도에서 뛰지 말아야 합니다.

(1) 문장이 어색한 이유: _____

_____

(2) 정확하고 자연스러운 문장: _____

_____

**01** 〈보기〉의 (가)~(다)에 사용된 문장 성분을 다음과 같이 분류하시오.

┌ 보기 ┐
**가** 찬미가 새 모자를 썼다.
**나** 어머, 개미가 먹이를 부지런히 나르네.
**다** 범수가 모든 유리창을 깨끗이 닦았다.

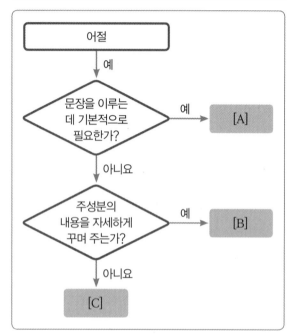

[A]: _____
[B]: _____
[C]: _____

도움말

문장 성분은 문장을 이루는 데 기본적으로 필요한 ❶ ☐ , 주성분의 내용을 자세하게 꾸며 주는 ❷ ☐ , 문장의 어느 성분과도 직접적인 관련이 없이 독립적으로 쓰이는 독립 성분으로 나눌 수 있어.

답 ❶ 주성분 ❷ 부속 성분

**02** ⓐ~ⓓ에 대한 설명으로 적절한 것은?

ⓐ 하늘이 파랗다.
ⓑ 지후가 달린다.
ⓒ 우리는 밥을 먹는다.
ⓓ 하은이는 회장이 되었다.

① ⓐ~ⓓ는 모두 주어를 생략하고 있다.
② ⓐ~ⓓ는 모두 서술어를 생략하고 있다.
③ ⓐ~ⓓ에 사용된 문장 성분은 모두 부속 성분이다.
④ ⓐ와 ⓑ에 사용된 서술어는 목적어나 보어를 필요로 하지 않는다.
⑤ ⓒ에는 보어가 사용되었고, ⓓ에는 목적어가 사용되었다.

도움말

'먹는다'와 같은 서술어는 ❶ ☐ 를 필요로 하고, '되었다/아니다'와 같은 서술어는 ❷ ☐ 를 필요로 해.

답 ❶ 목적어 ❷ 보어

**03** 〈보기〉의 문장들을 짜임에 따라 바르게 구분하여 쓰시오.

┌ 보기 ┐
㉠ 교실에 식물이 많다.
㉡ 나는 금메달을 따기를 바란다.
㉢ 비가 그치면 지수는 외출할 것이다.
㉣ 나는 삼촌이 여행을 떠난 사실을 알았다.
㉤ 너는 배를 좋아하지만 나는 배를 싫어한다.

(1) 홑문장: _____
(2) 이어진문장: _____
(3) 안은문장: _____

도움말

우리말 문장에서는 문맥을 통해 ❶ ☐ 가 무엇인지 알 수 있는 경우에는 주어를 ❷ ☐ 하기도 하므로 홑문장과 겹문장을 구분하려면 서술어가 몇 번 나오는지 잘 살펴봐야 해.

답 ❶ 주어 ❷ 생략

**04** 〈보기〉의 규칙에 따라 한 사람이 풍선을 세 개씩 터뜨릴 때, 가장 높은 점수를 얻을 수 있는 사람의 이름을 쓰시오.

┌ 보기 ┐
- 홑문장이 적혀 있는 풍선을 터뜨리면 1점을 얻는다.
- 이어진문장이 적혀 있는 풍선을 터뜨리면 2점을 얻는다.
- 안은문장이 적혀 있는 풍선을 터뜨리면 3점을 얻는다.

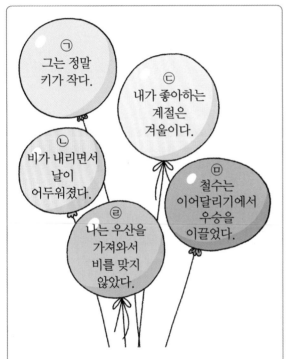

그는 정말 키가 작다. ㉠

내가 좋아하는 계절은 겨울이다. ㉢

비가 내리면서 날이 어두워졌다. ㉡

철수는 이어달리기에서 우승을 이끌었다. ㉤

나는 우산을 가져와서 비를 맞지 않았다. ㉣

가현: 난 ㉠, ㉡, ㉢을 터뜨려야지.
나현: 난 ㉠, ㉢, ㉤을 터뜨릴 거야.
다현: 난 ㉡, ㉢, ㉣을 맞힐 거야.
라현: ㉡, ㉢, ㉤을 터뜨려서 점수를 얻어야지.
마현: ㉢, ㉣, ㉤을 터뜨려서 최고점을 노려야지.

（도움말）

명사절을 만들 때에는 **❶**〔    〕에 '-(으)ㅁ'이나 '-기'를 붙이면 돼. 그러나 '이어달리기'는 **❷**〔    〕로 굳은 단어이기 때문에 명사절이 아닌 명사로 보아야 해.

답 ❶ 용언 ❷ 명사

**05** 〈보기〉를 참고하여 다음 문장들의 짜임을 분석하여 〈조건〉에 맞게 쓰시오.

┌ 보기 ┐
**문장의 짜임**

홑문장

이어진문장 — 대등하게 이어진 문장
이어진문장 — 종속적으로 이어진 문장

겹문장

안은문장 — 명사절을 가진 안은문장
안은문장 — 관형절을 가진 안은문장
안은문장 — 부사절을 가진 안은문장
안은문장 — 서술절을 가진 안은문장
안은문장 — 인용절을 가진 안은문장

┌ 조건 ┐
1. 문장의 짜임에 따른 분류를 각각 세 가지씩 쓸 것
2. 상위에서부터 하위의 개념 순서로 쓸 것

(1) 우리는 그 소문에 가슴이 설렜다.

_____

(2) 동생은 오늘 빨간 원피스를 입었다.

_____

（도움말）

주어와 서술어의 **❶**〔    〕가 몇 번 나타나는지에 따라 홑문장과 겹문장을 구분하고, 둘 이상의 홑문장이 **❷**〔    〕되는 방식에 따라 이어진문장과 안은문장을 구분해.

답 ❶ 관계 ❷ 결합

**06** 다음 중 ㉠에 해당하지 <u>않는</u> 것은? (정답 2개)

> 다른 문장 속에 들어가 하나의 문장 성분처럼 쓰이는 문장을 안긴문장이라고 하고, 이 ㉠안긴문장을 하나의 문장 성분처럼 안고 있는 문장을 안은문장이라고 한다. 안긴문장에는 명사절, 관형절, 부사절, 서술절, 인용절이 있다.

① 진수는 마음씨가 착하다.
② 준호가 큰소리로 나를 불렀다.
③ 낙엽이 흩날리는 가을이 왔다.
④ 바람개비를 든 아이가 달린다.
⑤ 우리는 비가 와서 소풍을 연기했다.

> **도움말**
> 안은문장은 어떤 절(안긴문장)을 안고 있느냐에 따라 명사절을 가진 안은문장, **❶** 　　　 을 가진 안은문장, 부사절을 가진 안은문장, **❷** 　　　 을 가진 안은문장, 인용절을 가진 안은문장으로 나뉘어.
>
> **답 ❶** 관형절 **❷** 서술절

**07** ㉠, ㉡의 공통점과 차이점을 〈조건〉에 맞게 서술하시오.

> • ㉠<u>빨간</u> 사과가 잘 익었다.
> • 잘 익은 사과가 ㉡<u>빨갛다</u>.

조건
1. ㉠, ㉡의 공통점을 단어의 품사와 관련하여 서술할 것
2. ㉠, ㉡의 차이점을 문장 안에서 하는 역할과 관련하여 서술할 것

> **도움말**
> '빨간'은 '빨갛다'의 활용형이며, 문장 안에서 체언 '사과'를 꾸며 주는 역할을 하는 **❶** 　　　 야. '빨갛다'는 상태나 성질을 나타내는 **❷** 　　　 에 속해.
>
> **답 ❶** 관형어 **❷** 형용사

**08** ⓐ～ⓓ 중, 한 홑문장이 다른 홑문장을 하나의 문장 성분처럼 안고 있는 것을 모두 골라 쓰시오.

> ⓐ 선무당이 사람 잡는다.
> ⓑ 발 없는 말이 천 리 간다.
> ⓒ 원숭이도 나무에서 떨어진다.
> ⓓ 사공이 많으면 배가 산으로 간다.

> **도움말**
> 관형절을 가진 안은문장에서는 안긴문장이 **❶** 　　　 을 꾸며 주는 **❷** 　　　 의 역할을 해.
>
> **답 ❶** 체언 **❷** 관형어

**09** 다음 인터넷 게시판의 안내 사항을 의미가 명확하게 전달되도록 고쳐 쓸 방법을 〈조건〉에 맞게 서술하시오.

> 우리 '낱말 사랑 누리집'에서는 10월 21일 0시부터 7시까지 보안 개선 작업을 실시할 예정이며, 작업 시간에는 누리집 이용이 중단되오니 사용자들께서는 작업 시간을 확인하여 이용 중단에 대비하시기를 바라며, 이번 작업은 안전한 누리집 이용을 위해 진행하는 것이므로 협조를 부탁드립니다.

조건
1. 문장의 짜임을 고려하여 수정 방안을 서술할 것
2. 구체적인 수정 방안을 제시할 것

> **도움말**
> 길이가 긴 겹문장은 호흡이 길어 **❶** 　　　 를 파악하기 어렵거나 문장 성분 사이의 **❷** 　　　 이 어색할 수도 있으므로 문맥에 맞게 짧은 문장으로 나누어 고쳐야 해.
>
> **답 ❶** 의미 **❷** 호응

**10** 다음과 같이 잘못된 문장을 올바르게 고쳐 쓰는 활동을 할 때, ⓐ~ⓔ 중 적절하지 <u>않은</u> 것은?

---

**올바른 문장 표현 익히기**

1. 잘못된 문장
㉠ 그는 친구에게 보냈다.
㉡ 이번 일은 결코 성공해야 해.
㉢ 그가 뛰어난 점은 운동을 잘한다.
㉣ 나에게 비싼 생일 선물을 주셨다.
㉤ 사람들이 즐겁게 춤과 노래를 부른다.

2. 잘못된 이유
㉠ 서술어가 필요로 하는 목적어가 생략되었다. ────── ⓐ
㉡ 부사어와 서술어가 호응하지 않는다. ·· ⓑ
㉢ 주어와 서술어가 호응하지 않는다. ····· ⓒ
㉣ 문장을 이루는 데 필수적인 주어가 생략되었다. ─── ⓓ
㉤ 목적어와 서술어가 호응하지 않는다.

3. 고쳐 쓴 문장
㉠ 그는 친구에게 선물을 보냈다.
㉡ 이번 일은 반드시 성공해야 해.
㉢ 그가 뛰어난 점은 운동을 잘한다는 것이다.
㉣ 나에게 어제 비싼 생일 선물을 주셨다. ─── ⓓ
㉤ 사람들이 즐겁게 춤을 추고 노래를 부른다. ──────── ⓔ

---

① ⓐ      ② ⓑ      ③ ⓒ      ④ ⓓ      ⑤ ⓔ

---

**11** 〈보기〉의 문장이 온전하지 않은 이유를 한 문장으로 쓰고, 온전한 문장이 되도록 바꾸어 쓰시오.

보기

그는 존경받는 되었다.

(1) 온전하지 않은 이유: _____

_____

(2) 바꾼 온전한 문장: _____

_____

---

**12** 다음 상품 평에서 〈조건〉을 지키기 위해 추가해야 할 문장으로 알맞은 것은?

어제 운동화가 도착했습니다. 운동화의 가격은 비싸지만 정말 가벼워요. 잘 신겠습니다.

조건

홑문장, 이어진문장, 안은문장을 각각 하나 이상 활용할 것

① 동생도 이 운동화를 사고 싶어 해요.
② 하얀 운동화가 청바지와 잘 어울리네요.
③ 친구들도 모두 제 운동화를 부러워합니다.
④ 여행에서 신으려고 운동화를 주문했습니다.
⑤ 운동화가 튼튼해서 오래 신을 수 있을 것 같습니다.

# 통일 시대의 국어

## 남북의 언어는 어떤 점이 같고 어떤 점이 다를까?

남북 언어의 동질성

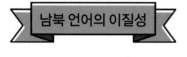

남북 언어의 이질성

하지만 일부 맞춤법과 어휘 사용에서 차이가 있어.

맞춤법의 차이

나룻배를 이용하여 강을 건너자. — 남한 책

나룻배를 리용하여 강을 건너자. — 북한 책

어휘의 차이

이게 누구 소행이지? — 남한

착한 소행이네. — 북한

통일 시대를 준비하기 위해서는 남북 언어의 차이로 인해 발생할 수 있는 문제를 알아보고 이를 극복할 수 있는 방안을 고민해야 해.

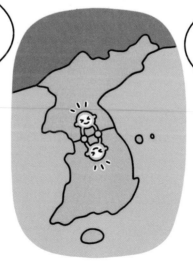

맞아. 남과 북이 화합하려면 원활하게 소통할 수 있도록 언어 문제에 관심을 가지고, 서로 존중하는 태도를 지녀야 해.

* 통일 시대에 대비하기 위해 어떤 태도를 지녀야 할지 생각해 보세요.

## 개념 01 남북 언어의 동질성

• 문장 ❶[　　]가 동일하며, 사용하는 단어에 큰 차이가 없음.

> **교과서 예**
> 씨름구경군들의 옷차림은 주로 바지저고리차림과 두루마기차림이 기본이다.
> → 문장 구조나 사용하는 단어에 큰 차이가 없어 내용을 쉽게 이해할 수 있음.

• 소리대로 적는 표기와 ❷[　　]에 맞게 적는 표기를 모두 사용함.

> **교과서 예**
> 두루마기는 바지저고리우에 덧입는 겉옷으로서 누구나 다 즐겨 입은 남자 외출복이다.
> → '두루마기', '외출복' 등은 소리대로 표기한 것이고 '겉옷'은 어법에 맞게 표기한 것으로, 남한과 북한은 소리대로 적는 표기와 어법에 맞게 적는 표기를 모두 인정하고 있음.

**답** ❶ 구조 ❷ 어법

## 확인 01 ㉠~㉣ 중, 〈보기〉와 같은 북한의 언어 자료의 내용을 쉽게 이해할 수 있는 이유로 적절하지 않은 것을 고르시오.

> **보기**
> 퐁퐁 튀여라 새빨간 공아
> 잘도 튄다 퐁퐁 참말 신이 나누나
> 퐁퐁 하나둘 퐁퐁 둘셋
> 공치기 퐁퐁 재미 재미나누나
> 퐁퐁 튀여라 새빨간 공아
> 너도 나도 퐁퐁 공 잘 치는 선수다
> 퐁퐁 셋넷 퐁퐁 넷다섯
> 공치기 퐁퐁 재미 재미나누나

㉠ 문장 구조가 동일하기 때문이다.
㉡ 사용하는 단어에 큰 차이가 없기 때문이다.
㉢ 남한과 북한의 언어 정책이 유사하기 때문이다.
㉣ 남한과 북한 모두 소리대로 적는 표기와 어법에 맞게 적는 표기를 사용하고 있기 때문이다.

## 개념 02 남북의 언어가 동질성을 가지는 이유

• 남한과 북한의 맞춤법이 모두 분단 이전에 만들어진 〈한글 맞춤법 ❶[　　](1933)〉을 바탕으로 하고 있음.

• 남북은 원래 한 나라였으며, 단일 언어와 문자를 사용하는 ❷[　　]이기 때문임.

**답** ❶ 통일안 ❷ 한민족

## 확인 02 다음 빈칸에 들어갈 알맞은 말을 차례대로 쓰시오.

> 남한과 북한의 (　　　　)은/는 〈한글 맞춤법 통일안(1933)〉을 바탕으로 하며, 남북은 단일 언어와 문자를 사용하는 한민족이기 때문에 남북의 언어는 (　　　　)을/를 가진다.

## 개념 03 남북의 맞춤법 규정

> 1933년 조선어 학회가 제정한 〈한글 맞춤법 통일안〉을 바탕으로 하고 있지만, ❶[　　] 이후 차이가 생김.

↓

| 남한 | 〈한글 맞춤법(1988)〉<br>한글 맞춤법은 소리대로 적되, 어법에 맞도록 함을 원칙으로 한다. |
| --- | --- |
| 북한 | 〈조선말 규범집(2010)〉<br>조선말 맞춤법은 단어에서 뜻을 가지는 매개 부분을 언제나 같게 적는 원칙을 기본으로 하면서 일부 경우 소리 나는 대로 적거나 ❷[　　]을 따르는 것을 허용한다. |

**답** ❶ 분단 ❷ 관습

## 확인 03 다음 문장의 괄호 안에서 알맞은 말을 고르시오.

> 남한의 맞춤법 규정은 (〈한글 맞춤법〉, 〈조선말 규범집〉)이다.

## 개념 04  남북 언어의 이질성 – 발음과 표기의 차이 ①

• **두음 법칙:** 한자어 첫머리에 '❶☐', 'ㄹ'이 올 경우 남한에서는 두음 법칙을 인정해 'ㅇ'이나 '❷☐'으로 쓰지만, 북한에서는 두음 법칙을 인정하지 않기 때문에 'ㄴ', 'ㄹ'을 그대로 씀.

교과서 예

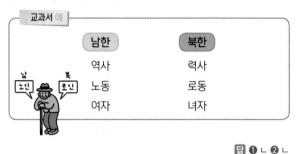

| 남한 | 북한 |
|------|------|
| 역사 | 력사 |
| 노동 | 로동 |
| 여자 | 녀자 |

답 ❶ ㄴ ❷ ㄴ

### 확인 04  ㉠~㉢ 중, 남북 언어의 표기에 대한 설명으로 적절하지 않은 것을 고르시오.

㉠ 남한에서는 두음 법칙을 인정하여 '역사'라고 표기한다.
㉡ 북한에서는 두음 법칙을 인정하지 않아서 '녀자'라고 표기한다.
㉢ 남북 모두 두음 법칙을 인정하지 않아서 '력사', '로동', '녀자'라고 표기한다.

## 개념 05  남북 언어의 이질성 – 발음과 표기의 차이 ②

• **사이시옷:** 단어를 표기할 때 남한에서는 '❶☐'을 쓰지만, 북한에서는 사이시옷을 쓰지 않음.

교과서 예

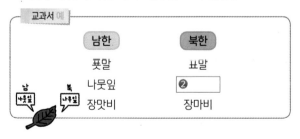

| 남한 | 북한 |
|------|------|
| 푯말 | 표말 |
| 나뭇잎 | ❷☐ |
| 장맛비 | 장마비 |

답 ❶ 사이시옷 ❷ 나무잎

### 확인 05  다음 문장의 괄호 안에서 알맞은 말을 고르시오.

남한의 '나룻배'와 북한의 '나루배'는 ( 사이시옷, 두음 법칙 ) 때문에 다르게 표기하는 단어의 예이다.

## 개념 06  남북 언어의 이질성 – 발음과 표기의 차이 ③

• **띄어쓰기:** ❶☐에서는 의존 명사를 띄어 쓰지만, ❷☐에서는 붙여 씀.

교과서 예

| 남한 | 북한 |
|------|------|
| 건널 수 있다 | 건널수 있다 |
| 건널 것이다 | 건널것이다 |

→ 의존 명사 '수'와 '것'을 남한에서는 띄어 쓰지만, 북한에서는 붙여 씀.

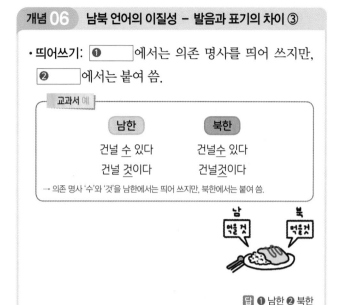

답 ❶ 남한 ❷ 북한

### 확인 06  다음 문장의 괄호 안에서 알맞은 말을 고르시오.

( 남한, 북한 )에서는 의존 명사를 띄어 쓰지만, ( 남한, 북한 )에서는 의존 명사를 붙여 쓴다.

## 개념 07  남북 언어의 이질성 – 발음과 표기의 차이 ④

• 같은 단어를 다르게 표기하는 경우

교과서 예

| 남한 | 북한 |
|------|------|
| 아내 | 안해 |
| 빛깔 | 빛갈 |
| ❶☐ | 일군 |
| ❷☐ | 오또기 |
| 숨바꼭질 | 숨박곡질 |

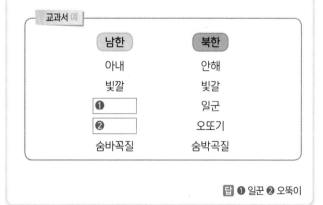

답 ❶ 일꾼 ❷ 오뚝이

### 확인 07  다음 단어들의 표기가 남한의 맞춤법을 따랐다면 '남', 북한의 맞춤법을 따랐다면 '북'이라고 쓰시오.

(1) 아내, 빛깔, 일꾼, 오뚝이, 숨바꼭질 → (　　　)
(2) 안해, 빛갈, 일군, 오또기, 숨박곡질 → (　　　)

## 개념 08  남북 언어의 이질성 – 어휘 차이

• 의미는 같지만 ❶ ☐ 가 다른 어휘가 있음.

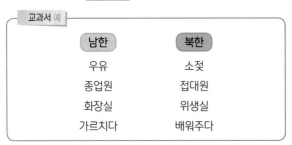

교과서 예

| 남한 | 북한 |
|------|------|
| 우유 | 소젖 |
| 종업원 | 접대원 |
| 화장실 | 위생실 |
| 가르치다 | 배워주다 |

• 형태는 같지만 의미가 다른 어휘가 있음.

교과서 예

• 동무

남한  늘 친하게 어울리는 사람

북한  로동계급의 혁명위업을 이룩하기 위하여 혁명대오에서 함께 싸우는 사람을 친하게 이르는 말

• 바쁘다

남한  일이 많거나 또는 서둘러서 해야 할 일로 인하여 딴 겨를이 없다.

북한  힘에 부치거나 참기가 어렵다, 매우 딱하다.

• 남한에 비해 북한은 한자어나 ❷ ☐ 를 순화하여 사용하는 경우가 많음.

교과서 예

| 남한 | 북한 |
|------|------|
| 패스 | 연락 |
| 주스 | 단물 |
| 노크 | 손기척 |
| 커튼 | 창가림 |

답 ❶ 형태 ❷ 외래어

확인 08  ㉠~㉢ 중, 남북의 어휘 차이에 대해 바르게 설명한 것을 고르시오.

㉠ 북한에서는 외래어를 많이 사용한다.
㉡ 남북의 어휘 중 형태가 같은 것은 의미도 같다.
㉢ 같은 대상을 가리키지만 형태가 다른 어휘도 있다.

## 개념 09  남북 언어의 이질성 – 말하기 방식의 차이

• 남한 사람들은 ❶ ☐, ❷ ☐ 인 표현에 익숙하지만 북한 사람들은 간접적, 우회적인 표현에 익숙하지 않음.

교과서 예

• "밥 한번 먹자."

남한  친근함을 표시하는 인사말로 받아들임.

북한  식사 약속과 같은 직접적인 말로 받아들임.

• "일없습니다."

남한  '소용이나 필요가 없다.'라는 의미로 받아들임.

북한  '별 일 없으니 신경쓰지 않아도 된다.'라는 의미로 받아들임.

답 ❶ 간접적 ❷ 우회적

확인 09  ㉠~㉣ 중, 다음 상황에 대한 설명으로 적절하지 않은 것을 고르시오.

㉠ 상대방이 모르는 단어를 사용해서 오해가 생겼다.
㉡ '일없습니다.'라는 말의 의미를 서로 다르게 이해했다.
㉢ 남북 언어의 이질성이 커졌기 때문에 문제가 발생했다.
㉣ 통일이 되었을 때 남북 사람들 간의 의사소통 과정에서도 비슷한 문제가 발생할 수 있다.

### 개념 10   남북 언어에 차이가 생긴 이유

- 분단 초기에는 북한에서도 서울말을 ❶ [    ]로 인정하다가, 평양말을 기준으로 새롭게 문화어를 제정하여 씀.
- 광복 이후 남북이 각자 맞춤법을 개정해 왔고, 국어 순화 또는 말다듬기 사업을 따로 전개함. 이로 인해 남북 언어의 표기나 어휘에 차이가 나타남.
- 남한과 북한에 서로 다른 정치 체제가 들어서고 서로의 ❷ [    ]과 가치가 달라져서, 원래 같은 의미로 사용했던 단어가 다른 의미로 쓰이는 경우도 생겨남.

답 ❶ 표준어 ❷ 이념

#### 확인 10   다음 빈칸에 들어갈 알맞은 말을 쓰시오.

> 남한과 북한에 서로 다른 정치 체제가 들어서고 서로의 (      )와/과 가치가 달라져서, 원래 같은 의미로 사용했던 단어가 다른 의미로 쓰이는 경우가 생겨났다.

### 개념 11   남북 언어의 차이로 인한 문제점

- 남북 언어의 차이가 더 커지면 남북 간의 의사소통에 어려움이 생기고, 오해나 갈등이 발생할 수 있음.
- 남한과 북한이 교류하고 화합하여 ❶ [    ]을 이루어 나가는 데 걸림돌이 될 수 있음.

> 남북 관계를 개선하고 통일을 준비하는 과정에서 남북 언어의 차이를 ❷ [    ]해야 함.

답 ❶ 통일 ❷ 극복

#### 확인 11   ㉠~㉢ 중, 남북 언어의 차이 때문에 발생할 수 있는 문제로 적절한 것을 고르시오.

> ㉠ 남북 언어의 이질성보다 동질성이 커지게 된다.
> ㉡ 남북 간의 의사소통 과정에서 오해가 발생할 수 있다.
> ㉢ 남북이 서로의 언어에 대해 가지고 있는 편견이 무너지게 된다.

### 개념 12   남북 언어의 차이 극복 방안

- 남북 언어의 차이를 극복해야 하는 필요성을 인식하고 관심을 가져야 함.
- 남한은 ❶ [    ]나 외국어의 지나친 사용을 자제하며 고유어를 살려 쓰도록 노력해야 함.
- 북한은 언어를 지나치게 인위적으로 다듬거나 이념적인 도구로 사용하는 것을 지양해야 함.
- 남북 공동 사전인 《겨레말큰사전》 편찬, 여러 분야에서의 지속적인 ❷ [    ] 등을 통해 남북 언어의 차이를 줄일 수 있는 방법을 다양하게 모색해야 함.

답 ❶ 외래어 ❷ 교류

#### 확인 12   다음 빈칸에 들어갈 알맞은 말을 차례대로 쓰시오.

> 남북 언어의 차이를 극복하기 위해서 남한은 외래어나 외국어의 지나친 사용을 자제하며 (     )을/를 살려 쓰도록 노력해야 하고, 북한은 언어를 지나치게 인위적으로 다듬거나 (     )적인 도구로 사용하는 것을 지양해야 한다.

> 남북 언어의 동질성과 이질성을 살펴보고, 이질성을 극복하기 위한 방안을 모색하여 통일 시대를 준비해 봐.

**01** 북한의 언어 자료를 우리가 큰 어려움 없이 이해할 수 있는 이유로 적절한 것은?

① 북한 말이 남한에서는 지역 방언에 속하기 때문이다.

② 북한의 이념과 제도가 남한의 맞춤법에 영향을 주었기 때문이다.

③ 문장 구조가 동일하고 사용하는 단어에 큰 차이가 없기 때문이다.

④ 남북이 모두 말다듬기 운동을 통해 외래어를 순화하고 있기 때문이다.

⑤ 단어의 발음과 표기를 규정한 남북의 언어 규범이 동일하기 때문이다.

**문제 해결 전략**

- 남북 언어는 **①** ⬜⬜⬜ 구조가 동일하며 사용하는 단어에 큰 차이가 없다.
- 남북의 맞춤법에서는 소리대로 적는 표기와 **②** ⬜⬜ 에 맞게 적는 표기를 모두 사용한다.

답 ❶ 문장 ❷ 어법

---

**02** 다음 밑줄 친 말을 남한의 맞춤법에 따라 바꾼 표기로 적절하지 <u>않은</u> 것은?

① 그 전쟁은 우리 <u>력사</u>의 중요한 사건입니다. → 역사

② 동방예의지국답게 <u>로인</u>을 공경해야 합니다. → 노인

③ 강물에 실려 <u>나무잎</u>이 떠내려 오고 있습니다. → 나뭇잎

④ 남자 탈의실은 이쪽이고 <u>녀자</u> 탈의실은 저쪽입니다. → 여자

⑤ 큰 <u>장맛비</u>에 농촌 지역의 피해가 이만저만이 아닙니다. → 장마비

**문제 해결 전략**

- 남한과 달리 북한은 **①** ⬜⬜⬜ 을 적용하지 않는다.
  예 노인-로인, 이용-리용
- 남한과 달리 북한은 **②** ⬜⬜⬜ 을 쓰지 않는다.
  예 곳간-고간, 나룻배-나루배

답 ❶ 두음 법칙 ❷ 사이시옷

---

**03** 다음 글에 대한 설명으로 적절하지 <u>않은</u> 것은?

> 청서가 겨울량식을 장만하려고 밤나무밑에다가 부지런히 알밤을 모아놓는데 지나가던 다람쥐가 말했습니다.
>
> 《알밤을 여기저기에 모아놓기만 해서 뭘하나? 한톨이라도 거두어들여야 제것이지. 그러니 어서 가져다 고간에 넣으라구.》
>
> 다람쥐의 말을 들은 청서는 알밤을 고간으로 나르기 시작했습니다.
>
> 그러다가 청서는 길가에서 메돼지를 만났습니다.

① 외래어가 주로 사용된 북한의 동화이다.

② 남한과는 다른 북한 맞춤법의 특징이 드러난다.

③ '겨울량식'은 두음 법칙 표기가 남한과 다른 예이다.

④ '고간', '메돼지' 등은 사이시옷 표기가 남한과 다른 예이다.

⑤ 남북 언어의 차이가 크지 않아 내용을 쉽게 이해할 수 있다.

**문제 해결 전략**

남북의 어휘에 차이가 생긴 이유
- 북한의 지역 방언을 북한의 표준어인 문화어로 삼았다.
- 이념과 **①** ⬜⬜ 가 영향을 주어 단어의 의미가 달라졌다.
- 말다듬기 운동을 통해 **②** ⬜⬜⬜ 나 외래어를 다듬어 사용했다.
- 사회주의 이념, 북한의 사상과 제도 등을 반영하여 새로운 말을 만들었다.

답 ❶ 제도 ❷ 한자어

>> 정답과 해설 22쪽

**04** 다음 밑줄 친 단어들을 통해 알 수 있는 내용으로 알맞은 것은?

> 오늘은 조별 연맹전 7조에 속해 있는 남조선 팀과 또고 팀 간의 경기를 보기로 하겠습니다. <u>문지기</u> 1번 주장입니다. / <u>차넣기</u>였는지 아니면 <u>연락</u> 해 주는 볼이었는지 중간형의 차기가 아니었습니까?

① 북한은 남한보다 단어를 띄어 쓰는 경우가 많다.
② 북한은 남한과 완전히 다른 한글 맞춤법에 따라 표기한다.
③ 북한은 외국어나 외래어를 다듬어서 사용하는 경우가 많다.
④ 북한은 남한과는 다른 방법으로 새로운 단어를 만들어 낸다.
⑤ 북한은 남한과 달리 어법에 맞게 표기하는 것만을 원칙으로 한다.

**문제 해결 전략**

• 북한에서는 1960년대 중반부터 말다 듬기 운동을 전개해서 ❶▢▢▢나 외 래어를 다듬어 사용하는 경우가 많다.
 ⓔ 견인차 → 끌차
  노크 → ❷▢▢▢
  나이프 → 밥상칼

답 ❶ 한자어 ❷ 손기척

**05** 다음 중 〈보기〉의 설명과 관련 <u>없는</u> 것은?

> ┤보기├
> 남한과 북한에서 사용하는 어휘 중에는 의미가 같지만 형태가 다른 단어 가 많다.

① 패스 → 연락　　② 주스 → 단물　　③ 역사 → 력사
④ 노크 → 손기척　　⑤ 커튼 → 창가림

**문제 해결 전략**

• 의미는 같지만 형태가 다른 어휘
 ⓔ 화장실－위생실, 단짝－딱친구
• 형태는 같지만 ❶▢▢가 다른 어휘
 ⓔ 동무, 소행
• 외래어를 ❷▢▢한 어휘
 ⓔ 볼펜－원주필, 리시브－받아치기

답 ❶ 의미 ❷ 순화

**06** 다음과 같은 문제를 극복하기 위한 방안으로 적절한 것은?

① 남북 사람들이 서로의 언어를 접하지 못하게 한다.
② 남북 공동 사전을 만들어서 남북 언어의 차이를 극복한다.
③ 남북으로 분단되기 이전에 사용하던 어휘를 모두 되살려 쓴다.
④ 지나치게 인위적으로 다듬은 북한의 어휘를 남한이 모두 수용한다.
⑤ 외래어나 외국어를 많이 사용하는 남한의 어휘를 북한이 모두 수용한다.

**문제 해결 전략**

남북 언어의 ❶▢▢▢ 극복 방안
• 남한은 외래어나 외국어의 지나친 사 용을 자제하며 고유어를 살려 쓰려고 노력해야 한다.
• 북한은 인어를 지나치게 ❷▢▢▢으 로 다듬거나 이념적인 도구로 사용하 는 것을 지양해야 한다.

답 ❶ 이질성 ❷ 인위적

## 대표 유형 ① 남북 언어의 동질성 이해하기

**1** 북한의 언어 자료인 〈보기〉에 대한 설명으로 적절하지 **않은** 것은?

> ┌ 보기 ┐
>
> 씨름구경군들의 옷차림은 주로 바지저고리차림과 두루마기차림이 기본이다. 두루마기는 바지저고리우에 덧입는 겉옷으로서 누구나 다 즐겨 입은 남자 외출복이다.
> 여름철에는 홑두루마기를, 봄과 가을철에는 겹두루마기 또는 누비두루마기를 입었으며 겨울철에는 솜두루마기를 입었다.

① 두루마기의 종류를 설명하는 글이다.

② 〈보기〉를 통해 남북 언어의 동질성이 크다는 것을 알 수 있다.

③ 분단 이후 남북의 언어는 소통이 불가능한 수준으로 달라졌다.

④ 남한과 북한은 같은 민족이기 때문에 같은 말과 글을 사용한다.

⑤ 북한에서도 소리대로 적는 표기와 어법에 맞게 적는 표기를 모두 사용한다.

### 유형 **해결 전략**

남북 언어는 모두 1933년에 제정된 〈한글 맞춤법 **❶** 〉에 뿌리를 두고 있기 때문에 큰 불편 없이 서로 **❷** 이 가능할 정도로 동질성을 유지하고 있다.

답 ❶ 통일안 ❷ 의사소통

**1-1** 〈보기〉를 보고 파악한 남북 언어의 동질성으로 적절하지 **않은** 것은?

① 문장의 구조가 동일하다.

② 맞춤법 규정이 일치한다.

③ 소리대로 적는 표기도 사용한다.

④ 사용하는 단어에 큰 차이가 없다.

⑤ 형태를 밝혀 적는 표기도 사용한다.

## 대표 유형 ② 남북 언어의 이질성(어휘) 이해하기

**2** 〈보기〉에서 추론할 수 있는 사실로 적절한 것은?

┌ 보기 ┐

| 남한 말 | 북한 말 |
|---|---|
| 낙지 | 오징어 |
| 오징어 | 낙지 |
| 볶음밥 | 기름밥 |

① 북한 말에는 사회주의 사상이 반영되어 있다.

② 남한의 '낙지'와 북한의 '낙지'는 같은 대상을 가리킨다.

③ 남한과 북한에서는 같은 대상을 다른 단어로 표현하기도 한다.

④ '볶음밥'이라는 남한 말은 '기름밥'이라는 북한 말에서 비롯되었다.

⑤ 남한은 북한에 비해 한자어나 외래어를 순화하여 쓰는 경우가 많다.

### 유형 **해결 전략**

남북 언어의 이질성은 **❶** 면에서 가장 두드러진다. 남북의 어휘는 분단 초기에는 **❷** 차이만 존재했지만, 분단이 장기화되면서 의미는 같지만 형태가 다른 단어나 형태는 같지만 의미가 다른 단어들이 생겨났다.

답 ❶ 어휘 ❷ 지역적

**2-1** 다음 북한의 단어에 대한 설명으로 적절한 것은?

> • 끌차: 남한에서는 '견인차'라고 함.
> • 밥상칼: 남한에서는 '나이프'라고 함.

① 북한이 문화어로 삼은 지역의 방언이다.

② 남북 간의 합의를 통해 표기를 통일한 단어이다.

③ 남한의 표준어와 형태와 의미가 동일한 단어이다.

④ 북한에서 남한과 다른 뜻으로 사용하는 단어이다.

⑤ 말다듬기 운동을 통해 북한에서 새로 만든 단어이다.

대표 유형 **3** 남북 어휘 바꾸어 쓰기

**3** 다음 밑줄 친 북한의 단어에 대응하는 남한의 단어가 적절하지 <u>않은</u> 것은?

① 동무, <u>위생실</u>은 어디입니까? → 화장실

② 할머니께서 <u>곽밥</u>을 준비하신다. → 도시락

③ <u>내밈대</u>에 빨래를 널어놓기도 해요. → 베란다

④ <u>구름다리</u>를 오르느라 다리가 아파요. → 육교

⑤ 남한에서는 어떤 <u>에스키모</u>가 제일 유명합니까?
→ 얼음 팩

**유형 해결 전략**

오랫동안 분단이 지속되고, 남북이 각각의 언어 정책에 따라 언어를 규범화하면서 남북 언어의 이질성이 커지고 있다. 남북 언어의 이질성이 너무 커지면 서로를 **❶** [　] 하기 어려워지므로 남북 **❷** [　] 을 편찬하는 등 동질성을 회복하려는 노력이 필요하다.

🔍 ❶ 이해 ❷ 공동 사전

**3-1** 다음 중 같은 대상을 가리키는 남북의 단어가 <u>잘못</u> 짝지어진 것은?

|   | 남한 | 북한 |
|---|------|------|
| ① | 노크 | 손기척 |
| ② | 단짝 | 딱친구 |
| ③ | 거짓말 | 꽝포 |
| ④ | 운동장 | 원주필 |
| ⑤ | 가르치다 | 배워주다 |

**3-2** 다음 문장을 남한의 맞춤법에 맞게 바꾸어 쓰시오.

> 지호는 들놀이를 가다가 갑작바람이 불어 놀라 넘어졌다.

대표 유형 **4** 남북 언어의 이질성(표기) 이해하기

**4** 다음 대화에서 알 수 있는 남북 맞춤법의 차이로 가장 적절한 것은?

 재호: 오랫동안 북한에서 살다가 남한 생활에 적응하려니 힘들겠다. 북한에서도 연애 결혼을 많이 하니?

 영지: 그럼, 북한에서도 남한과 마찬가지로 녀성과 남성이 만나 련애 결혼을 많이 해.

📷 [　] 전송

① 남한보다 북한에서 고유어를 많이 쓴다.

② 남한보다 북한에서 띄어쓰기를 더 많이 한다.

③ 북한에서는 남한과 달리 단어를 소리대로 표기한다.

④ 북한에서는 남한과 달리 한자어의 첫소리에 'ㄹ'이 나타난다.

⑤ 남한에서는 북한과 달리 한자어의 첫소리에 'ㄴ'이 나타나지 않는다.

**유형 해결 전략**

북한에서는 남한과 달리 두음 법칙을 인정하지 않고, **❶** [　] 을 표기에 사용하지 않는다. 또한 남북 모두 **❷** [　] 단위로 띄어쓰는 것을 원칙으로 하지만, 북한에서는 남한보다 붙여 쓰는 경우를 넓게 잡아 규정한다는 차이가 있다.

🔍 ❶ 사이시옷 ❷ 단어

**4-1** 남북의 맞춤법에 대한 설명으로 적절하지 <u>않은</u> 것은?

① 북한에서는 사이시옷을 쓰지 않는다.

② 북한에서는 두음 법칙을 인정하지 않는다.

③ 남한에서는 '냇가', 북한에서는 '내가'라고 쓴다.

④ 북한에서는 단어 단위가 아닌 글자 단위로 띄어쓴다.

⑤ 북한에서는 의존 명사를 붙여 쓰기 때문에 남한과 달리 '먹을것'으로 붙여 쓴다.

**01** 다음 글을 읽고 남북 언어의 동질성을 설명한 내용으로 적절한 것은?

> 씨름구경군들의 옷차림은 주로 바지저고리차림과 두루마기차림이 기본이다. 두루마기는 바지저고리우에 덧입는 겉옷으로서 누구나 다 즐겨 입은 남자 외출복이다.
>
> 여름철에는 홑두루마기를, 봄과 가을철에는 겹두루마기 또는 누비두루마기를 입었으며 겨울철에는 솜두루마기를 입었다.

① 사이시옷을 표기하지 않는다.

② 두음 법칙을 인정하지 않는다.

③ 모든 단어를 고유어로 순화하여 사용한다.

④ 한자어나 외래어는 원래 단어를 그대로 표기한다.

⑤ 소리대로 적는 표기와 어법에 맞게 적는 표기를 모두 인정한다.

[02~03] 다음 글을 읽고, 물음에 답하시오.

**가**

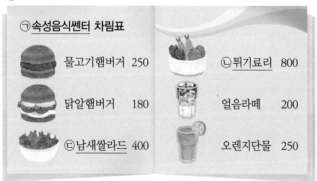

㉠속성음식쎈터 차림표

물고기햄버거 250
닭알햄버거 180
㉢남새쌀라드 400

㉡튀기료리 800
얼음라떼 200
오렌지단물 250

**나** 밤나무에서 알밤이 후두둑후두둑 떨어지는 가을철이였습니다. / 청서가 겨울량식을 장만하려고 밤나무밑에다가 부지런히 알밤을 모아놓는데 지나가던 다람쥐가 말했습니다.

《알밤을 여기저기에 모아놓기만 해서 뭘하나? 한톨이라도 거두어들여야 제것이지. 그러니 어서 가져다 ㉣고간에 넣으라구.》

다람쥐의 말을 들은 청서는 알밤을 고간으로 나르기 시작했습니다. / 그러다가 청서는 길가에서 ㉤메돼지를 만났습니다.

**02** ㉠~㉤을 남한의 맞춤법에 따라 바꾼 표기로 적절하지 <u>않은</u> 것은?

① ㉠ → 분식점　　　② ㉡ → 튀김 요리

③ ㉢ → 채소샐러드　④ ㉣ → 곳간

⑤ ㉤ → 멧돼지

**03** 〈보기〉의 예로 적절한 말을 (나)에서 찾고, 남북의 맞춤법에 어떤 차이가 있는지 서술하시오.

> ┌ 보기 ┐
>
> 남북 표기 규범에는 적지 않은 차이가 있다. 예를 들어 '두음 법칙 표기(한자어 첫머리의 'ㄹ'과 'ㄴ'을 'ㄴ'이나 'ㅇ'으로 적는 표기)' 차이로 남측에서 '여자, 노인'으로 표기하는 낱말을 북측에서는 각각 '녀자, 로인'으로 표기한다.

(1) (나)에서 찾은 말: _____

(2) _____

_____

도움말

남한에서는 ❶ [　　　] 을 인정하므로 'ㅣ, ㅑ, ㅕ, ㅛ, ㅠ' 앞의 'ㄹ'과 'ㄴ'은 'ㅇ'이 되고, 'ㅏ, ㅗ, ㅜ, ㅡ, ㅐ, ㅔ, ㅚ' 앞의 'ㄹ'은 '❷ [　　　]'으로 변해.

답 ❶ 두음 법칙 ❷ ㄴ

**[04~06] 다음 글을 읽고, 물음에 답하시오.**

**가** 남북의 언어는 언뜻 보면 상당히 다른 것 같습니다. 하지만 의사소통이 안 될 정도로 심각한 차이가 있는 건 아니에요. 맞춤법이 조금 다르고 어휘 차이가 있는 정도입니다. 그러나 그 차이가 아주 커지면 어떻게 될까요? 무엇보다도 의사소통이 원만하게 이루어지지 않게 될 것이고, 경우에 따라 오해와 불신이 생기게도 될 것입니다. 같은 민족이라는 생각이 옅어질 수도 있어요. 언어의 차이가 남과 북이 교류하고 화합하여 통일을 이루어 나가는 데에 걸림돌이 될 수도 있는 것이지요.

**나** 지금 남한에서는 〈한글 맞춤법(1988)〉을 따르고 있고, 북한에서는 〈조선말 규범집(2010)〉을 따르고 있어요. 이 둘은 1933년 조선어 학회가 제정한 〈한글 맞춤법 통일안(1933)〉을 뿌리로 하고 있지만 분단 이후 서로 교류 없이 각자 맞춤법을 수정해 왔기 때문에 차이가 생기게 되었지요.

다음 두 문장을 비교해 보세요.

> **남한** 나룻배를 이용하여 강을 건널 것이다.
> **북한** 나루배를 리용하여 강을 ㉠건널것이다.

어떤 점이 다른지 살펴볼까요? ㉡남한에서는 사이시옷을 써서 '나룻배'로 표기하는데, 북한에서는 사이시옷을 쓰지 않고 '나루배'로 써요. 또 남한에서는 ㉢두음 법칙을 인정해 '이용'이라고 쓰지만, 북한에서는 두음 법칙을 인정하지 않기 때문에 '리용'이라고 표기해요.

**다** 그런데 ⓐ얼마후 집에 이르러 대문을 열고 마당에 들어선 곰은 깜짝 놀랐습니다. / 글쎄 ⓑ퇴마루에 무엇인가 가득 들어 있는 두개의 큰 자루가 ⓒ놓여 있는것이 아니겠습니까. / 곰은 의아해서 얼른 달려 가 보았습니다. / ⓓ두개의 자루사이에는 다음과 같은 쪽지편지가 끼워져 있었습니다.

《곰에게 / 집이 비어서 왕밤알 두 자루를 놓고 간다. 네가 병으로 앓는다기에 내가 모아 놓았던 왕밤알을 다 가져 왔으니 ⓔ겨울량식에 보태 쓰기 바란다.

너구리로부터》

**04** (가), (나)를 이해한 내용으로 적절하지 <u>않은</u> 것은?

① (가)에는 남북 언어의 동질성을 회복해야 하는 이유가 제시되어 있다.
② 북한에서도 '단어 단위'로 띄어 쓰지만 ㉠처럼 의존 명사는 붙여 쓴다.
③ 남북은 〈한글 맞춤법 통일안(1933)〉에 뿌리를 두고 있어서 맞춤법에 차이가 없다.
④ 분단 이후 교류가 없었지만 의사소통이 안 될 정도로 남북 언어의 차이가 심각하지는 않다.
⑤ ㉢은 일부 소리가 단어의 첫머리에 발음되는 것을 꺼려 나타나지 않거나 다른 소리로 발음되는 현상을 말한다.

**05** (나)를 참고할 때, 남한 말과 북한 말을 <u>잘못</u> 짝지은 것은?

| | 남한 말 | 북한 말 |
|---|---|---|
| ① | 역사 | 력사 |
| ② | 년세 | 연세 |
| ③ | 노인 | 로인 |
| ④ | 모깃불 | 모기불 |
| ⑤ | 혓바늘 | 혀바늘 |

**06** (다)의 ⓐ~ⓔ 중, (나)의 ㉡의 예로 알맞은 것은?
① ⓐ　　② ⓑ　　③ ⓒ　　④ ⓓ　　⑤ ⓔ

**도움말**

사이시옷은 ❶[     ] 현상이 나타날 때 쓰는 '❷[     ]'의 이름이야. 순우리말 또는 순우리말과 한자어로 된 합성어 가운데 앞말이 모음으로 끝날 때 뒷말의 첫소리가 된소리로 나거나, 뒷말의 첫소리 'ㄴ', 'ㅁ' 앞에서 'ㄴ' 소리가 덧나거나, 뒷말의 첫소리 모음 앞에서 'ㄴㄴ' 소리가 덧나는 것 등에 받치어 적어.

**답** ❶ 사잇소리 ❷ ㅅ

**[07~09] 다음 글을 읽고, 물음에 답하시오.**

**가** 남한에서는 '교양 있는 사람들이 두루 쓰는 현대 서울말'을 표준어로 정해서 쓰고 있는데, 북한에서는 평양말을 표준으로 한 '문화어'를 쓰고 있어요. 분단 초기에는 북한에서도 서울말을 표준어로 인정하다가, 1966년에 문화어를 제정해서 보급했는데 이 때문에 남한의 표준어와는 차이가 생기게 된 것이지요.

**나** 남한을 기준으로 볼 때, 남한과 다른 북한의 어휘는 크게 세 가지 유형으로 나누어 설명할 수 있어요. 첫 번째 유형은 북한의 방언을 문화어로 삼은 어휘예요. 북한에서 문화어를 정할 때 평안 방언이나 함경 방언을 적지 않게 문화어로 인정했어요. 그래서 남한에서 표준어로 인정하지 않거나 쓰지 않는 어휘가 문화어에 많이 포함되어 있답니다.

**다** 두 번째 유형은 북한에서 남한과 다른 뜻으로 쓰는 어휘예요. 이런 어휘들은 이념과 제도가 영향을 미쳐 의미가 달라진 경우가 많아요. 아래 뜻풀이를 함께 볼까요?

> **동무**
> **남한** 늘 친하게 어울리는 사람
> **북한** ㉠로동계급의 혁명위업을 이룩하기 위하여 혁명대오에서 함께 싸우는 사람을 친하게 이르는 말

어때요? '동무'의 뜻풀이가 사뭇 다르지요? 북한 사전에도 '늘 친하게 어울려 노는 사람.'이라는 뜻풀이가 있지만, 가장 흔하게 쓰이는 의미를 비교하면 남한과는 전혀 달라요.

**라** 세 번째는 북한에서 분단 이후에 새로 만들어 쓰고 있는 어휘예요. 이런 이휘에는 다듬은 밀이나 새로 만든 말이 있어요. 북한에서는 1960년대 중반부터 본격적으로 말다듬기 운동을 전개하여 ㉡'소리판(←음반)', '끌차(←견인차)', '밥상칼(←나이프)', '손기척(←노크)' 등과 같이 한자어나 외래어를 순우리말로 다듬었어요. 그리고 사회주의 이념이나 북한 특유의 사상과 제도를 반영하여 '로동영웅', '밥공장', '인민배우' 같은 말을 새로 만들었지요.

**07** 이 글을 읽고 보인 반응으로 적절하지 <u>않은</u> 것은?

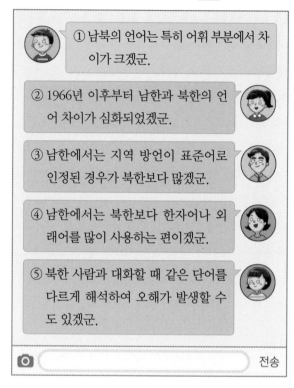

① 남북의 언어는 특히 어휘 부분에서 차이가 크겠군.

② 1966년 이후부터 남한과 북한의 언어 차이가 심화되었겠군.

③ 남한에서는 지역 방언이 표준어로 인정된 경우가 북한보다 많겠군.

④ 남한에서는 북한보다 한자어나 외래어를 많이 사용하는 편이겠군.

⑤ 북한 사람과 대화할 때 같은 단어를 다르게 해석하여 오해가 발생할 수도 있겠군.

전송

**08** ㉠을 통해 알 수 있는 북한 어휘의 특징을 서술하시오.

**09** ㉡에 대한 설명으로 적절하지 <u>않은</u> 것은?
① 북한의 문화어이다.
② 모두 고유어 해당하는 말이다.
③ 남한에서 사용하지 않는 말이다.
④ 한자어나 외래어를 다듬은 말이다.
⑤ 남북 언어의 이질성을 보여 주는 예이다.

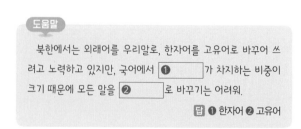

**도움말**

북한에서는 외래어를 우리말로, 한자어를 고유어로 바꾸어 쓰려고 노력하고 있지만, 국어에서 **①** 가 차지하는 비중이 크기 때문에 모든 말을 **②** 로 바꾸기는 어려워.

답 ❶ 한자어 ❷ 고유어

**[10~12] 다음 글을 읽고, 물음에 답하시오.**

다음 문장은 북한의 국어사전에 실린 어떤 단어의 뜻풀이를 옮겨 적은 것이다. 이 뜻에 해당하는 단어는 무엇일까?

> 소젖, 닭알, 사탕가루, 향료 같은 것을 섞어 한데 풀어서 크림 비슷하게 하여 얼음같이 차게 하거나 얼음과자처럼 만든 음식의 하나. 제조기에서 균질화하여 종이에 싸거나 잔이나 종이고뿌에 담아낸다.

이 뜻풀이가 가리키는 단어는 바로 '에스키모'로, 우리가 '아이스크림'이라고 하는 단어이다. 또 위 문장에서 '소젖, 닭알, 사탕가루, 종이고뿌'는 '우유, 달걀, 설탕, 종이컵'을 말한다. 이렇게 남한과 북한의 단어 가운데는 (           ㉠           ) 이/가 있다. 다음 두 문장의 차이도 살펴보자.

> • 우리나라 역사를 올바르게 아는 것이 중요한 바이다.
> → 남한
> • ㉡우리 나라 력사를 옳바르게 아는것이 중요한바이다. → 북한

두 문장은 띄어쓰기에 차이가 있고 '역사'와 '력사', '올바르게'와 '옳바르게'처럼 그 표기에도 차이가 있다. 이와 같이 남한과 북한의 언어 사이에는 단어는 물론 표기법에도 차이가 있다. 그렇다면 이러한 남북한 언어의 차이 때문에 남북한 사람들이 만나 이야기를 나눈다면 의사소통이 안 될 정도일까? 물론 그렇지 않다.

남북한 언어는 말소리, 단어, 문법 구조가 대부분 같아서 남한 사람과 북한 사람이 만나 지금 대화를 나눈다 할지라도 의사소통에 지장이 있을 정도는 아니다. 그러나 실제 북한 사람들과 이야기를 나누거나 북한에서 나온 책을 읽어 보면 말소리와 단어, 그리고 표기법에 꽤 차이가 있음을 알 수 있다. 지금처럼 남북한이 계속해서 서로 다른 단어와 표기법을 사용하고 그것이 굳어진다면 장차 통일이 된 이후 사람들이 의사소통을 할 때 큰 어려움이 따를 수밖에 없다.

**10** 남한 사람과 북한 사람이 만나 대화할 때, 의사소통에 큰 지장이 없는 이유로 적절한 것은?

① 남북 모두 한자를 사용하므로
② 남북 모두 국어사전이 존재하므로
③ 서로 같은 단어와 표기법을 사용하므로
④ 통일이 되면 언어의 이질성이 사라지므로
⑤ 남북한 언어의 말소리, 단어, 문법 구조가 대부분 같으므로

**11** ㉠에 들어갈 알맞은 내용을 〈조건〉에 맞게 쓰시오.

> ─ 조건 ─
> 1. '의미'와 '형태'라는 단어를 포함하여 쓸 것
> 2. ㉠ 앞에 제시된 단어들의 공통점을 문맥에 맞게 서술할 것

**12** ㉡에 나타난 북한의 맞춤법에 대한 설명이 잘못된 것은?

① 의존 명사를 앞말에 붙여 쓴다.
② 표기에 두음 법칙을 적용하지 않는다.
③ '옳바르다'를 올바른 표기로 인정한다.
④ '우리나라'를 하나의 단어로 인정하지 않는다.
⑤ 소리대로 적는 표기를 인정하고 어법에 맞게 적는 표기는 인정하지 않는다.

> **도움말**
>
> 남한의 맞춤법에 따라 표기한 문장과 비교할 때, 북한의 맞춤법에 따라 표기한 문장은 '❶        ', '옳바르다(옳바르게)' 등의 단어 표기와 의존 명사의 ❷        에서 차이가 있어.
>
> 탭 ❶ 력사 ❷ 띄어쓰기

## 대표 유형 ❶ 남북의 표기 바꾸어 쓰기

**1** 다음 글에서 〈보기〉의 설명에 해당하는 예 두 가지를 찾아 쓰시오.

> 청서는 메돼지의 말대로 땀흘리며 이산저산 밤나무밑에다 알밤을 모아놓기만 했습니다.
> 그리고나서 알밤무지에 《청서》라고 쓴 표말을 꽂아놓았습니다.

┌ 보기 ┐
> 남한에서는 사이시옷을 써서 '나룻배'로 표기하는데, 북한에서는 사이시옷을 쓰지 않고 '나루배'로 써요.

### 유형 해결 전략

남북의 맞춤법은 한자어 첫머리의 'ㄹ'과 'ㄴ'을 'ㄴ'이나 'ㅇ'으로 적는 ❶ [        ] 적용, 사잇소리 현상을 나타낼 때 쓰는 사이시옷의 사용, 의미가 형식적이어서 다른 말 아래에 기대어 쓰이는 의존 명사의 ❷ [        ] 등에서 차이가 있다.

**답** ❶ 두음 법칙 ❷ 띄어쓰기

**1-1** ㉠~㉤을 남한의 맞춤법에 따라 바꾼 표기로 적절하지 않은 것은?

> 북과 남의 ㉠마라손애호가들의 참가밑에 평양–남포 통일마라손대회가 24일에 ㉡진행되였다.
> [중략]
> 대회를 알리는 ㉢기발이 펄럭이는 가운데, 개막식에는 박경칠 민족화해협의회부회장, 관계부문 일군들, ㉣평양시안의 체육애호가들이 참가하였다.
> – 《㉤로동신문》, 2005년 11월 25일 자

① ㉠ → 마라톤 애호가들의
② ㉡ → 진행돼었다
③ ㉢ → 깃발
④ ㉣ → 평양시 안의
⑤ ㉤ → 노동

## 대표 유형 ❷ 남북 언어에 차이가 생긴 이유 파악하기

**2** ㉠이 나타난 근본적 원인으로 적절한 것은?

> 지난 2000년 북한에서 발행한 우표입니다. 보시는 대로 '오징어'가 그려져 있지요. 그런데 윗부분을 주목해서 보면 오징어가 아니라 '낙지'라고 표기가 되어 있습니다. [중략]
> ㉠남북의 언어 차이는 이러다 조만간 통역이 필요할지 모르겠다는 말이 나올 만큼 벌어지고 있습니다.
> 독일은 동독과 서독으로 나뉘었던 시절부터 지금까지도 《괴테 문학 용어 사전》을 만들고 있습니다. 중국과 대만 역시 《양안 사전》을 만들어 서로 간의 이질감을 줄여 나가고 있습니다.

낙지
조선 우표 1원 50전

① 남북의 이념과 문화의 차이 때문에
② 남북 언어의 뿌리가 다르기 때문에
③ 남북의 언어 정책이 비슷하기 때문에
④ 남북에서 사용하는 방언이 다르기 때문에
⑤ 분단 이후 오랜 세월 교류가 없었기 때문에

### 유형 해결 전략

분단 이후 남북 ❶ [        ] 가 차단되고 남한과 북한의 ❷ [        ] 이 서로 달랐기 때문에 남북 언어의 이질화가 심해졌다.

**답** ❶ 교류 ❷ 언어 정책

**2-1** 남북의 언어 정책 차이를 바르게 정리한 것은?

| | 남한 | 북한 |
|---|---|---|
| ① | 한자 사용을 폐지함. | 외국어 사용을 권장함. |
| ② | 인위적으로 규범화함. | 한글 전용 정책을 씀. |
| ③ | 외래어를 많이 수용함. | 정치 이념이 반영됨. |
| ④ | 언어의 주체성을 강조함. | 말의 자율적인 흐름을 중시함. |
| ⑤ | 말의 변화를 규범에 반영함. | 언어의 자율성을 중시함. |

**대표 유형 ③** 남북 언어의 차이로 인한 문제점 파악하기

**3** ⓐ에 대한 답변으로 적절하지 <u>않은</u> 것은?

> 남북의 언어는 언뜻 보면 상당히 다른 것 같습니다. 하지만 의사소통이 안 될 정도로 심각한 차이가 있는 건 아니에요. 맞춤법이 조금 다르고 어휘 차이가 있는 정도입니다. 그러나 ⓐ그 차이가 아주 커지면 어떻게 될까요? 무엇보다도 의사소통이 원만하게 이루어지지 않게 될 것이고, 경우에 따라 오해와 불신이 생기게도 될 것입니다. 같은 민족이라는 생각이 옅어질 수도 있어요. 언어의 차이가 남과 북이 교류하고 화합하여 통일을 이루어 나가는 데에 걸림돌이 될 수도 있는 것이지요. 그러므로 남북은 서로 말의 차이를 이해하고 조정하여 남북한 언어의 동질성을 회복해야 해요.

① 언어적 다양성을 줄일 수 있다.
② 의사소통에 불편을 겪을 수 있다.
③ 상호 간에 오해와 불신이 생길 수 있다.
④ 같은 민족이라는 생각이 옅어질 수 있다.
⑤ 남과 북이 통일을 이루어 나가는 데에 걸림돌이 될 수 있다.

**유형 해결 전략**

남북 언어의 **❶** 가 심해지면 원활한 **❷** 이 힘들어진다는 문제점이 생길 수 있다.

**답 ❶** 이질화 **❷** 의사소통

**3-1** 남북 언어의 차이를 극복하기 위해 노력해야 하는 이유로 적절하지 <u>않은</u> 것은?

① 표현의 차이로 오해가 생길 수 있으므로
② 남북의 교류와 화합에 방해가 될 수 있으므로
③ 언어 차이로 심리적인 거리가 생길 수 있으므로
④ 같은 말을 쓰면서도 의사소통에 어려움을 겪을 수 있으므로
⑤ 우리의 문자인 한글을 세계에 널리 알리는 데 문제가 될 수 있으므로

**대표 유형 ④** 남북 언어의 차이 극복 방안 마련하기

**4** 남북 언어의 이질성 극복 방안에 대해 나눈 대화 내용으로 적절하지 <u>않은</u> 것은?

① 남북의 언어학자들이 학술 교류를 하고, 《겨레말큰사전》을 편찬하는 것이 도움이 될 거야.
② 남한과 북한의 학생들이 함께 사용할 수 있는 학교 생활 안내서를 만들어 배부하면 좋겠어.
③ 북한 주민의 생활을 보여 주는 동영상을 보면서 그들의 언어문화와 생활 모습을 이해하려고 노력해야겠어.
④ 어문 규정을 통일할 수 있는 공동의 연구 기관을 만들어 남한의 어휘로 단일화하는 남북 통일안을 만들면 좋겠어.
⑤ 예술이나 공연 등의 문화 교류가 활발해져야 한다고 생각해. 교류하다 보면 서로의 문화와 언어를 이해할 수 있는 기회가 많아질 거야.

**유형 해결 전략**

남북의 언어 중 어느 한쪽의 언어로 **❶** 하는 것은 바람직하지 않다. 남북이 서로의 차이를 이해하고 받아들이면서 남북 간의 **❷** 를 확대해 나가야 언어의 이질성을 극복할 수 있다.

**답 ❶** 단일화 **❷** 교류

**4-1** 남북 언어의 동질성을 회복하기 위한 방안으로 적절하지 <u>않은</u> 것은?

① 남북의 학자들이 학술 교류를 하고 남북 공동 사전을 편찬한다.
② 맞춤법과 어휘를 통일하여 교육하고 언론을 통해 널리 보급한다.
③ 남북 간에 차이가 있는 어휘는 모두 새 단어를 만들어 통일한다.
④ 남과 북이 서로의 언어문화와 생활 모습을 이해하기 위해 노력한다.
⑤ 남북 언어의 차이를 극복해야 하는 필요성을 인식하고 관심을 가진다.

**01** 다음 글을 읽은 학생의 반응으로 적절한 것은?

지난 2000년 북한에서 발행한 우표입니다. 보시는 대로 '오징어'가 그려져 있지요. 그런데 윗부분을 주목해서 보면 오징어가 아니라 '낙지'라고 표기가 되어 있습니다. 어찌 된 일일까요?

실제로 우리가 오징어라고 부르는 이 생물은 남쪽 바다가 아닌 북쪽 바다로 헤엄쳐 가면 이름이 달라집니다. 오징어가 아닌 낙지가 되는 것입니다.

그렇다면 낙지는 뭐라고 부를까요? 북에서는 낙지를 '서해 낙지'라고 한다고 합니다. 북한에서 오징어라 부르는 생물은 남한에 내려오면 갑오징어가 됩니다.

남북의 언어 차이는 이러다 조만간 통역이 필요할지 모르겠다는 말이 나올 만큼 벌어지고 있습니다.

독일은 서독과 동독으로 나뉘었던 시절부터 지금까지도 《괴테 문학 용어 사전》을 만들고 있습니다.

① 가람: 최근에는 남북 언어의 차이가 점점 줄어들고 있구나.
② 채린: 북한에서 '오징어'라고 부르는 생물을 남한에서는 '낙지'라고 부르는구나.
③ 다슬: 남북의 서로 다른 정치 체제와 이념이 단어의 의미 변화에 영향을 주는구나.
④ 은솔: 독일은 분단국가였을 때부터 사전을 통해 언어의 차이를 줄여 나가고 있었구나.
⑤ 한울: 북한은 남한에서 사용하는 단어를 의도적으로 다른 단어로 바꾸어 사용하고 있구나.

**도움말**

사전을 만든 ❶ ▢▢ 의 사례를 바탕으로, 남북 언어의 ❷ ▢▢▢ 을 극복하려면 어떤 노력을 해야 하는지 생각해 봐.

**답** ❶ 독일 ❷ 이질성

**02** 다음 글을 바탕으로 남북 언어의 이질화가 심해진 이유를 〈조건〉에 맞게 서술하시오.

남북한 언어 정책은 간단히 말해 남한은 말의 자율적인 흐름을 규범에 반영했고, 북한은 인위적으로 말을 규범화해 왔다는 데 차이가 있다.

남한은 1933년 〈한글 맞춤법 통일안〉 이후 지금까지 말의 변화를 검토하고 이미 변해 버린 어휘나 발음 등을 정리하여 한글 맞춤법과 표준 발음 등을 제시하고 있다. 그리고 남한의 언어는 외래어를 많이 수용하고 있다는 점이 특징이다. 북한은 1933년의 〈통일안〉을 해방 이후까지 사용해 오다가, 1949년에 한자 사용을 폐지하고 한글 전용 정책을 실시했다.

┌ 조건 ┐
1. 남북 언어 정책의 특징을 포함하여 서술할 것
2. '남한은 ……했고, 북한은 ……했기 때문이다.' 형식의 한 문장으로 서술할 것

**03** 남북 언어의 차이를 극복하려는 태도로 적절하지 <u>않은</u> 것은?

① 남북 언어의 동질성을 회복할 방안을 모색한다.
② 남북이 다양한 분야에서 활발하게 교류하며 소통해야 할 필요성을 인식한다.
③ 남북의 문화 차이를 존중하는 태도를 가지고 언어 차이를 좁히려고 노력한다.
④ 남북이 통일되면 언어 차이가 자연스레 사라질 것이므로 자율적인 흐름에 맡긴다.
⑤ 남북 언어의 차이 때문에 생길 수 있는 어려움을 이해하고 서로의 언어에 관심을 갖는다.

[04~06] 다음 글을 읽고, 물음에 답하시오.

**가** 얼마 전 ⓐ평창 동계 올림픽 여자 아이스하키 남북 단일팀에 관한 뉴스를 보았다. 선수들은 같은 말을 쓰는 같은 민족이지만 서로의 언어를 이해하지 못해 의사소통에 어려움이 있었다고 한다. 남한과 북한의 언어는 분단 이후 다른 길을 걸어왔고, 그 결과 남한과 북한의 언어에는 큰 차이가 생겼다.

**나** 먼저 남북한 공통 국어사전의 편찬 작업을 이어 가야 한다. 현재 남한과 북한에는 각각 다른 국어사전이 존재한다. 국어사전은 그 나라 언어의 표준이다. 통일 후에도 국어사전이 두 개라면 불편한 점이 많을 것이다. 현재 남북 학자들이 모여 《겨레말큰사전》을 편찬하고 있다. 이러한 편찬 작업은 남북의 어휘를 통합하고 집대성하여, 민족 문화를 지키고 민족 문화 공동체의 폭을 넓힐 수 있을 것이다.

**다** 두 번째로 남북 간의 민간 교류가 활발하게 이루어져야 한다. 언어는 문화의 일부이다. 서로의 문화를 이해하기 위해서는 끊임없는 교류가 필요하다. 민간 차원의 문화 교류를 이어 간다면 더 쉽게 서로의 언어를 이해할 수 있고, 남북한 통합도 앞당길 수 있을 것이다. 예를 들어 남북 단일팀과 같이 스포츠 분야에서 민간 교류가 이루어진다면 서로의 문화를 이해하며 그 분야에서 쓰는 언어를 교류할 수 있을 것이다.

**라** 세 번째로 기술을 이용해 남북한의 언어 차이를 줄일 수 있는 방법을 다양하게 개발해야 한다. 실제로 우리나라의 한 회사는 남한의 어휘를 북한의 어휘로 바꾸어 주는 앱을 개발하여 탈북 청소년에게 도움을 주고 있다고 한다.

**04** 이 글을 이해한 내용으로 적절하지 <u>않은</u> 것은?
① 남북의 언어는 동질성과 이질성을 가지고 있다.
② 남북 언어 이질화의 원인을 분단으로 보고 있다.
③ 《겨레말큰사전》은 북한 이탈 주민을 위해 편찬되었다.
④ 남북 공동 사전은 통일 후 우리나라 언어의 표준이 될 수 있다.
⑤ 남북의 언어의 차이를 줄일 수 있는 다양한 방법을 찾아야 한다.

**05** ㉠~㉤ 중, 이 글을 통해 알 수 있는 내용이 아닌 것을 모두 골라 쓰시오.

> ㉠ 남북 공동 사전 편찬의 의의
> ㉡ 남북 간 민간 교류의 중요성
> ㉢ 남북 단일 스포츠 팀의 구성 비율
> ㉣ 남북의 언어 차이를 줄일 수 있는 방안
> ㉤ 민족 문화 공동체의 폭을 넓혀야 하는 이유

**06** ⓐ의 내용이 다음과 같을 때, 다음 상황을 해결하기 위한 방법으로 적절한 것은?

> 저희가 북측 선수들과 단일팀을 구성하며 겪은 어려움 중 가장 큰 것은 언어에 대한 문제였어요. 운동 중에 저희가 사용하는 말을 북측 선수들이 잘 알아듣지 못하고, 또 북측 선수들이 말하는 것을 저희가 이해하지 못해 서로 맞춰 가는 데 시간이 오래 걸리고 어려웠습니다.
> – 〈케이비에스(KBS) 뉴스〉, 2018년 2월 5일 자

① 민간 교류는 최소화하고 언어학자들을 중심으로 교류한다.
② 언어 차이 때문에 스포츠 단일팀 구성은 시기상조이므로 해체한다.
③ 남한과 북한의 정치적 긴장이 줄어든 뒤에 북한 언어에 관심을 갖는다.
④ 남북이 다르게 사용하는 표현에 대해 서로 이해하려는 태도를 지닌다.
⑤ 남한의 언어와 북한의 언어 중 더 우월한 언어를 중심으로 언어를 통일한다.

**도움말**
제시된 뉴스에서는 남북 선수들이 같은 ❶ [ ]를 사용하지만 서로 사용하는 말을 ❷ [ ]하지 못해 의사소통에 어려움이 있었던 문제를 다루고 있어.

답 ❶ 언어 ❷ 이해

[07~09] 다음 글을 읽고, 물음에 답하시오.

가 남북의 언어는 언뜻 보면 상당히 다른 것 같습니다. 하지만 의사소통이 안 될 정도로 심각한 차이가 있는 건 아니에요. 맞춤법이 조금 다르고 어휘 차이가 있는 정도입니다. 그러나 ㉠그 차이가 아주 커지면 어떻게 될까요?

나 지금 남한에서는 〈한글 맞춤법(1988)〉을 따르고 있고, 북한에서는 〈조선말 규범집(2010)〉을 따르고 있어요. 이 둘은 1933년 조선어 학회가 제정한 〈한글 맞춤법 통일안(1933)〉을 뿌리로 하고 있지만 분단 이후 서로 교류 없이 각자 맞춤법을 수정해 왔기 때문에 차이가 생기게 되었지요.

다 남한에서는 '교양 있는 사람들이 두루 쓰는 현대 서울말'을 표준어로 정해서 쓰고 있는데, 북한에서는 평양말을 표준으로 한 '문화어'를 쓰고 있어요. 분단 초기에는 북한에서도 서울말을 표준어로 인정하다가, 1966년에 문화어를 제정해서 보급했는데 이 때문에 남한의 표준어와는 차이가 생기게 된 것이지요.

라 그동안 남북한 언어의 차이를 극복하기 위한 노력은 여러 방면에서 이루어져 왔어요. 남한의 국립국어원과 북한의 조선 사회과학원 언어학연구소 사이의 학술 교류가 있었고, 남북 공동으로 《겨레말큰사전》 편찬 활동도 하고 있어요. 이제는 그동안의 교류와 연구 성과를 활용해 극복 방안을 마련해야 한다고 생각해요.

마 첫째, 두음 법칙, 사이시옷, 띄어쓰기 등 남북의 서로 다른 맞춤법을 통일하는 것이에요. 둘째, 형태와 의미에서 차이 나는 어휘는 협의를 통해 통합하는 일이에요. 예를 들어 남한의 어휘로 단일화하거나, 북한의 어휘로 단일화하거나 또는 남북의 어휘를 둘 다 인정하거나 할 수 있어요.

이렇게 협의하여 맞춤법과 어휘를 정하였으면 그 맞춤법을 따르고 그 어휘를 쓸 수 있게 해야 합니다. 남한과 북한 모두 학교에서 교육하고 언론을 통해 널리 보급하는 등 적극적인 노력을 기울여야겠지요.

하지만 가장 중요한 것은 (        ㉡        )을 깊이 인식하고 꾸준히 관심을 가지는 것이에요. 그래야 통일 이후에 발생할 수 있는 문제들에 대비할 수 있을 거예요.

**07** 이 글에서 알 수 있는 남북 언어에 차이가 생긴 이유로 적절하지 <u>않은</u> 것은?
① 남북 교류가 오랫동안 단절되었기 때문이다.
② 남북의 지역적 차이가 언어에 반영되었기 때문이다.
③ 남북이 서로 다른 표준어를 제정하여 보급해 왔기 때문이다.
④ 남북의 맞춤법을 통일하는 협의가 이루어지지 않았기 때문이다.
⑤ 남북의 맞춤법이 〈한글 맞춤법 통일안〉에 뿌리를 두었기 때문이다.

**08** ㉠에 대한 대답으로 적절한 것은?
① 남북 언어의 동질성이 회복될 것이다.
② 남북 간의 의사소통이 원활하게 이루어질 것이다.
③ 남북이 화합하여 통일을 이루는 데 도움이 될 것이다.
④ 남북 간에 의도치 않은 오해와 불신이 발생할 수도 있다.
⑤ 남북의 언어가 개성적으로 발전하여 남북 언어의 다양성 확대에 도움이 될 것이다.

**도움말**

'이질성'은 서로 바탕이 ❶[ ] 성질이나 특성이고, '동질성'은 사람이나 사물의 바탕이 ❷[ ] 성질이나 특성이야.

답 ❶ 다른 ❷ 같은

**09** ㉡에 들어갈 알맞은 내용을 〈조건〉에 맞게 쓰시오.

조건
1. 문맥을 고려하여 (라), (마)에서 언급되지 않은 내용을 서술할 것
2. '……해야 하는 필요성'의 형식으로 서술할 것

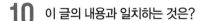

**[10~12]** 다음 글을 읽고, 물음에 답하시오.

일상 속에서의 대화들이 말의 거리를 지운다

비행기가 이륙하고 승무원들의 기내 안내가 시작되었다. 보통의 다른 비행기에서 하듯 반갑다는 인사와 비상시 대처 행동 요령 등에 대한 안내였는데, 그 간단한 말 몇 마디에 뜨겁던 발바닥의 긴장이 나도 모르는 사이에 슬며시 풀어져 버린 것은, 그들의 말 때문이었다. 말의 내용이 아니라 그야말로 '말'.

'어, 북쪽 사람들이 우리말을 쓰네.'

문학적 과장이 아니다. 티브이에서 때때로 보게 되는 북쪽 관련 보도에는 북쪽 방송 장면이 나오기도 한다. 단조로운 푸른색, 붉은색 배경 앞에 한복을 입고 앉은 북쪽 여자 아나운서는 거칠고 센 억양으로 정치적인 발언을 선동적으로 한다. 금방 구호라도 외칠 듯, 혹시 주먹을 쥐고 있지는 않나, 궁금해지는 '말'들이 티브이에서 튀어나온다. 결국 같은 말이니 그들이 하는 말의 내용을 못 알아들을 것은 없다. 그러나 그때마다 그들의 말은 우리말이 아니라 완전히 다른 나라의 말, 세상에서 가장 먼 나라의 말로 들리는 게 사실이다. '그들'의 말은 거칠고 거북하다. 북쪽에서 아이스크림을 '얼음보숭이'라고 한다는 말을 들으면, 그것은 말의 차이가 아니라 남과 북의 거리의 잣대처럼 여겨진다(실제로 북에 가서 확인해 보니, '얼음보숭이'는 사전에나 나오는 단어일 뿐이고 그들 역시 실제로는 아이스크림이라는 말을 일상적으로 사용한다고 한다.).

그러나 고려민항 승무원 아가씨들, 그러니까 내가 태어나 처음 만나 본 진짜 북쪽 사람들의 말은 거칠지도, 거북하지도 않다. 좌석마다 음료와 간식을 돌리며 다정하게 건네는 말들은 '일상의 언어'들이다. 물론 남쪽과는 다른 단어들이 쓰이고,

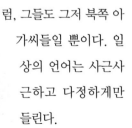

억양도 분명히 다르지만, 경상도 아가씨나 전라도 아가씨처럼, 그들도 그저 북쪽 아가씨들일 뿐이다. 일상의 언어는 사근사근하고 다정하게만 들린다.

**10** 이 글의 내용과 일치하는 것은?
① 글쓴이는 북한의 일상 언어를 먼 나라의 말처럼 낯설게 느꼈다.
② 글쓴이는 북한 승무원들과 일상적인 대화를 나누는 데 어려움이 없었다.
③ 글쓴이가 북한에 가 보니 북한 사람들은 외래어를 전혀 사용하지 않았다.
④ 글쓴이가 방송에서 본 북한 아나운서는 사근사근하고 다정한 말투로 방송을 했다.
⑤ 글쓴이는 기내 승무원들이 쓰는 북한 말이 거칠고 센 억양이라 거부감을 느꼈다.

**11** 글쓴이가 북한 말에서 이질성을 느끼는 이유로 적절한 것은?
① 북한에서 외래어를 순화하여 사용해서
② 북한의 일상 언어가 거칠고 센 억양을 지녀서
③ 북한에서 사용하는 말이 궁금증을 불러일으켜서
④ 북한 방송에서 거칠고 센 억양으로 정치적 발언을 선동적으로 해서
⑤ 북한에서 외래어와 그에 해당하는 순화어를 모두 표준어로 인정해서

**12** 이 글의 내용을 바탕으로 남북 언어의 이질성을 극복하기 위한 방안을 〈조건〉에 맞게 서술하시오.

┌─ 조건 ┐
1. 제목의 의미를 고려하여 서술할 것
2. '남북 언어의 이질성을 극복하려면 ……해야 한다.' 형식의 한 문장으로 서술할 것

**도움말**

글쓴이는 북한 말을 완전히 다른 나라의 말, 세상에서 가장 먼 나라의 말로 생각했으나, 북한 사람들의 ❶ [　　　] 언어를 들은 뒤 ❷ [　　　]이 깨졌던 경험을 이야기하고 있어.

답 ❶ 일상 ❷ 선입견

**[01~03] 다음을 읽고, 물음에 답하시오.**

**가**

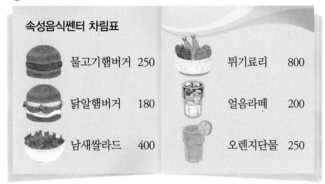

**속성음식쎈터 차림표**

| | | | |
|---|---|---|---|
| 물고기햄버거 | 250 | 뒤기료리 | 800 |
| 닭알햄버거 | 180 | 얼음라떼 | 200 |
| 남새쌀라드 | 400 | 오렌지단물 | 250 |

**나** 밤나무에서 알밤이 후두둑후두둑 떨어지는 가을철이였습니다.

청서가 ⊙겨울량식을 장만하려고 밤나무밑에다가 부지런히 알밤을 모아놓는데 지나가던 다람쥐가 말했습니다.

《알밤을 여기저기에 모아놓기만 해서 뭘하나? 한톨이라도 거두어들여야 제것이지. 그러니 어서 가져다 ⓛ고간에 넣으라구.》

다람쥐의 말을 들은 청서는 알밤을 고간으로 나르기 시작했습니다.

**다** 남북한 언어 정책은 간단히 말해 남한은 말의 자율적인 흐름을 규범에 반영했고, 북한은 인위적으로 말을 규범화해 왔다는 데 차이가 있다.

남한은 1933년 〈한글 맞춤법 통일안〉 이후 지금까지 말의 변화를 검토하고 이미 변해 버린 어휘나 발음 등을 정리하여 한글 맞춤법과 표준 발음 등을 제시하고 있다. 그리고 남한의 언어는 외래어를 많이 수용하고 있다는 점이 특징이다. 북한은 1933년의 〈통일안〉을 해방 이후까지 사용해 오다가, 1949년에 한자 사용을 폐지하고 한글 전용 정책을 실시했다.

남한의 지나친 외국어 사용은 심각한 수준에 달하고 있다. 반대로 북한은 언어의 주체성이라는 명목하에 사회주의적 속성을 지나치게 반영하고 있다.

**01** (가)~(다)를 읽고 알 수 있는 북한 언어의 특징이 <u>아닌</u> 것은?

① 남한보다 단어를 붙여 쓰는 경우가 많다.

② 남한에 비해 상대적으로 고유어를 더 많이 사용한다.

③ 인위적으로 말을 규범화하는 언어 정책을 실시하고 있다.

④ 언어의 주체성이라는 명목하에 사회주의적인 속성을 반영했다.

⑤ 말의 변화를 검토하고 변한 어휘나 발음 등을 맞춤법에 반영했다.

**02** ⊙에 나타난 남북 언어의 차이점을 〈조건〉에 맞게 서술하시오.

┌ 조건 ┐
1. '남한에서는 ……하는 반면, 북한에서는 ……한다.' 형식의 한 문장으로 서술할 것
2. 남한의 발음과 표기에 적용되는 음운 변동 현상과 관련하여 설명할 것

**03** ⓛ과 관련 있는 남한의 맞춤법이 사용된 문장으로 적절한 것은?

① 불난 집에 부채질한다.

② 귀신 씻나락 까먹는 소리

③ 모로 가도 서울만 가면 된다.

④ 서당 개 삼 년에 풍월을 한다.

⑤ 호미로 막을 것을 가래로 막는다.

**[04~06] 다음 글을 읽고, 물음에 답하시오.**

**가** 남한에서는 '교양 있는 사람들이 두루 쓰는 현대 서울말'을 표준어로 정해서 쓰고 있는데, 북한에서는 평양말을 표준으로 한 '문화어'를 쓰고 있어요. 분단 초기에는 북한에서도 서울말을 표준어로 인정하다가, 1966년에 문화어를 제정해서 보급했는데 이 때문에 남한의 표준어와는 차이가 생기게 된 것이지요.

**나** 남한을 기준으로 볼 때, 남한과 다른 북한의 어휘는 크게 세 가지 유형으로 나누어 설명할 수 있어요. 첫 번째 유형은 북한의 방언을 문화로로 삼은 어휘예요. 북한에서 문화어를 정할 때 평안 방언이나 함경 방언을 적지 않게 문화어로 인정했어요. 그래서 남한에서 표준어로 인정하지 않거나 쓰지 않는 어휘가 문화어에 많이 포함되어 있답니다. 예를 들어 문화어의 '게사니', '가마치', '망돌'은 표준어의 '거위', '누룽지', '맷돌'에 해당하는 말로, 원래 방언이던 것이 문화어가 된 것이에요.

**다** 두 번째 유형은 북한에서 남한과 다른 뜻으로 쓰는 어휘예요. 이런 어휘들은 이념과 제도가 영향을 미쳐 의미가 달라진 경우가 많아요. 아래 뜻풀이를 함께 볼까요?

> **동무**
> [남한] 늘 친하게 어울리는 사람
> [북한] 로동계급의 혁명위업을 이룩하기 위하여 혁명 대오에서 함께 싸우는 사람을 친하게 이르는 말

어때요? '동무'의 뜻풀이가 사뭇 다르지요?

**라** 세 번째는 북한에서 분단 이후에 새로 만들어 쓰고 있는 어휘예요. 이런 어휘에는 다듬은 말이나 새로 만든 말이 있어요. 북한에서는 1960년대 중반부터 본격적으로 말다듬기 운동을 전개하여 '소리판(←음반)', '끌차(←견인차)', '밥상칼(←나이프)', '손기척(←노크)' 등과 같이 한자어나 외래어를 순우리말로 다듬었어요. 그리고 사회주의 이념이나 북한 특유의 사상과 제도를 반영하여 '로동영웅', '밥공장', '인민배우' 같은 말을 새로 만들었지요.

**04** 남북 언어의 차이에 대한 설명으로 적절한 것은?
① 남북의 서로 다른 언어 정책이 언어의 차이를 심화하고 있다.
② 남북의 어휘는 뿌리가 같기 때문에 의미나 형태가 모두 같다.
③ 북한은 말다듬기 운동을 통해 고유어를 외래어나 한자어로 순화했다.
④ '동무'는 북한에서 주로 '늘 친하게 어울리는 사람'이라는 의미로 쓰인다.
⑤ '게사니', '가마치', '망돌' 등은 이념과 제도의 영향으로 의미가 달라진 어휘이다.

**05** (나)~(다)에 나타난 남북의 언어 차이를 극복하기 위한 노력으로 적절하지 <u>않은</u> 것은?
① 여러 분야에서 남북의 교류를 확대한다.
② 남북의 어휘 중 서로 다르게 사용하는 단어에 관심을 갖는다.
③ 형태와 의미에서 차이가 있는 어휘는 협의를 거쳐 통합한다.
④ 다양성을 존중하여 남북이 각자의 언어 정책에 따라 어휘를 다듬는다.
⑤ 남북 언어의 차이를 극복해야 하는 필요성을 인식하고 꾸준히 관심을 갖는다.

**06** 남한과 다른 북한의 어휘를 (다), (라)와 같이 유형화할 때, ㉠~㉢이 무엇에 해당하는지 분류하여 쓰시오.

> ㉠ 바쁘다(← 딱하다)    ㉡ 문지기(← 골키퍼)
> ㉢ 일없다(← 괜찮다)    ㉣ 고기겹빵(← 햄버거)

**[07~09] 다음 글을 읽고, 물음에 답하시오.**

동산에 의심이 많은 곰이 있었습니다.

가을 어느 날 아침 마음 착한 너구리가 곰을 찾아왔습니다.

《곰아, 어제 내가 밤나무골에 왕밤알을 두 무지 모아 놓았는데, 같이 가서 가져 오자.》

《어제 ㉠모아 놓은게 아직 있을게 뭐야. 메돼지랑 노루랑 다 가져 갔겠지.》

《아니야. 왕밤알무지에 내 이름과 네 이름을 쓴 표말을 꽂아 놓았으니 누가 다치지 않았을거야.》

곰은 너구리의 말에 부쩍 구미가 동했습니다.

그러나 순간 의심이 많은 곰의 머리에는 이상한 생각이 들었습니다.

(언제나 일하러 갈 때는 혼자 다니던 너구리가 왕밤알 가지러는 왜 함께 가자고 할가. 혹시 내 도움을 받자는게 아닐가.)

곰은 어쩐지 너구리를 따라 가기가 싫었습니다.

《요즘 난 몸이 아파서 힘든 일을 하지 못해. 그러니 혼자 가.》

《난 모르고 있었구나. 그럼 치료를 잘해.》

그러나 너구리가 가버리자 곰은 조바심이 나기 시작했습니다. [중략]

그런데 얼마후 집에 이르러 대문을 열고 마당에 들어선 곰은 깜짝 놀랐습니다.

글쎄 퇴마루에 무엇인가 가득 들어 있는 두개의 큰 자루가 놓여 있는것이 아니겠습니까.

곰은 의아해서 얼른 달려 가 보았습니다.

두개의 자루사이에는 다음과 같은 쪽지편지가 끼워져 있었습니다.

《곰에게 / 집이 비여서 왕밤알 두 자루를 놓고 간다. 네가 병으로 앓는다기에 내가 모아 놓았던 왕밤알을 다 가져 왔으니 겨울량식에 보태 쓰기 바란다.

너구리로부터》

**07** 이 글을 바탕으로 남북의 맞춤법 차이를 다음과 같이 정리할 때, ⓐ, ⓑ에 들어갈 알맞은 말을 쓰시오.

> 남한은 '겨울량식'이라고 표기하는 북한과 달리 ( ⓐ )을/를 적용하여 '겨울 양식'으로 표기한다. 또한 남한에서는 ( ⓑ )을/를 사용하기 때문에 '메돼지'가 아니라, '멧돼지'라고 표기한다.

**08** 이 글을 읽고 나눈 대화 내용으로 적절하지 <u>않은</u> 것은?

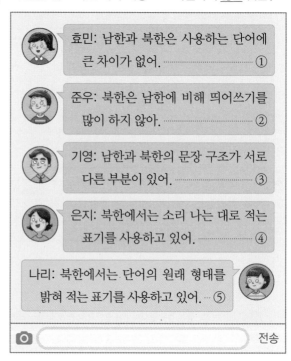

효민: 남한과 북한은 사용하는 단어에 큰 차이가 없어. ······ ①

준우: 북한은 남한에 비해 띄어쓰기를 많이 하지 않아. ······ ②

기영: 남한과 북한의 문장 구조가 서로 다른 부분이 있어. ······ ③

은지: 북한에서는 소리 나는 대로 적는 표기를 사용하고 있어. ······ ④

나리: 북한에서는 단어의 원래 형태를 밝혀 적는 표기를 사용하고 있어. ······ ⑤

**09** ㉠을 〈보기〉에 제시된 남한의 맞춤법에 따라 바르게 띄어 쓴 것은?

> 보기
> • 문장의 각 단어는 띄어 씀을 원칙으로 한다.
> • 의존 명사는 띄어 쓴다.

① 모아놓은∨게∨아직∨있을게∨뭐야.

② 모아∨놓은게∨아직∨있을게∨뭐야.

③ 모아∨놓은게∨아직∨있을∨게∨뭐야.

④ 모아∨놓은∨게∨아직∨있을게∨뭐야.

⑤ 모아∨놓은∨게∨아직∨있을∨게∨뭐야.

**[10~12] 다음을 보고, 물음에 답하시오.**

**⑦** 두 직선이 사귀면 4개의 각이 생긴다.

∠1과 ∠3, ∠2와 ∠4는 서로 마주하고 있다.

두 직선이 사귀었을 때 생기는 서로 마주하고있는 두 각을 맞꼭지각이라고 부른다.

**⑭**

**⑮**

**⑯**

**10** (가)~(라)에 대한 설명으로 적절하지 않은 것은?

① (가)~(라)에는 남북 언어의 이질성이 드러난다.

② (가)의 '사귀다'는 '만나다'라는 뜻이다.

③ (나)의 '-질'은 북한에서 특정 직업을 비하하는 의미로 사용된다.

④ (다)에서는 남한에서 흔히 사용하는 외래어가 원활한 의사소통을 방해하고 있다.

⑤ (라)에서는 남북의 언어문화가 서로 달라 두 사람 사이에 오해가 발생했다.

**11** (가)~(다)에서 두드러지게 나타나는 남북 언어의 이질성을 극복하기 위한 노력으로 적절한 것은?

① 남한은 언어를 인위적으로 다듬는 언어 정책을 자제해야 한다.

② 남북의 어휘에 차이가 있는 경우에는 외국어를 적극 사용해야 한다.

③ 남북 공동 사전을 편찬하는 등의 노력으로 남북 언어의 이질성을 줄여야 한다.

④ 북한은 지나친 외래어의 사용을 자제하며 고유어를 살려 쓰도록 노력해야 한다.

⑤ 남한 말을 중심으로 하는 언어 정책을 통해 북한 말을 남한 말로 대체해야 한다.

**12** (라)에서 알 수 있는 남북의 말하기 방식의 차이를 〈조건〉에 맞게 서술하시오.

┌─ 조건 ┐

1. '간접적인 표현'이라는 말을 포함하여 서술할 것

2. '남한 사람들은 ……한 반면 북한 사람들은 ……하지 않다.' 형식의 한 문장으로 서술할 것

01 다음은 북한에서 온 학생인 수현이와 남한 학생인 지민이의 대화이다. ㉠이 남한과 북한에서 각각 어떤 의미로 쓰이는지 서술하시오.

(1) 남한: _____

(2) 북한: _____

> **도움말**
>
> '바쁘다'를 남한 학생인 지민이는 '❶ [    ] 이 없다.'라는 뜻으로, 북한 학생인 수현이는 '❷ [    ] 사정이 빠듯하다.'라는 뜻으로 사용하고 있어.
>
> 답 ❶ 시간 ❷ 주머니

02 〈보기〉에 제시된 북한 말을 다음 기준에 따라 분류할 때, [D]에 들어갈 단어로 알맞은 것은?

┌ 보기 ┐
| 동무 | 끌차 | 세포 | 망돌 |
| 가마치 | 게사니 | 밥상칼 | 인민배우 |

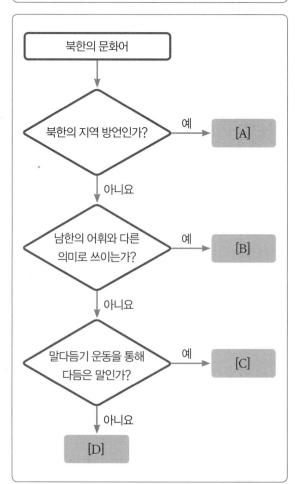

① 인민배우
② 끌차, 밥상칼
③ 동무, 세포, 인민배우
④ 망돌, 가마치, 게사니
⑤ 끌차, 망돌, 가마치, 게사니, 밥상칼

> **도움말**
>
> 분단 이후 북한에서 새로 만들어 쓰는 어휘에는 크게 한자어나 외래어를 ❶ [    ] 로 다듬은 것과, ❷ [    ] 이념이나 북한 특유의 사상과 제도를 반영하여 새로 만든 것이 있어.
>
> 답 ❶ 순우리말 ❷ 사회주의

**03** 다음 질문에 대해 학생들이 〈보기〉를 참고하여 정리한 답변으로 적절하지 <u>않은</u> 것은?

> 남북 언어의 차이를 알아볼게요. 여러 측면에서 차이가 있지만 여기에서는 맞춤법과 어휘를 중심으로 알아보기로 해요. 우선 맞춤법의 차이부터 살펴볼까요?

┌ 보기 ┐
| 남한 | 나룻배를 이용하여 강을 건널 것이다. |
| 북한 | 나루배를 리용하여 강을 건널것이다. |

1. 띄어쓰기
| 남한 | 단어 단위로 띄어 씀. ················· ① |
| 북한 | 의존 명사를 붙여 씀. ················· ② |

2. 두음 법칙 표기
| 남한 | 적용함. ····················· ③ |
| 북한 | 부분적으로 적용함. ··············· ④ |

3. 사이시옷 표기
| 남한 | 표기함. |
| 북한 | 표기하지 않음. ················· ⑤ |

도움말

북한의 맞춤법에서는 **❶**⬚⬚⬚⬚⬚ 을 적용하지 않기 때문에 '리용'이라고 적어. 그리고 **❷**⬚⬚⬚⬚⬚ 을 사용하지 않기 때문에 '나루배'라고 적어.

🔑답 ❶ 두음 법칙 ❷ 사이시옷

**04** 다음은 남북 언어의 차이로 발생할 수 있는 문제점과 극복 방안을 주제로 글을 쓰기 위해 작성한 개요이다. ㉠에 들어갈 내용으로 적절한 것은?

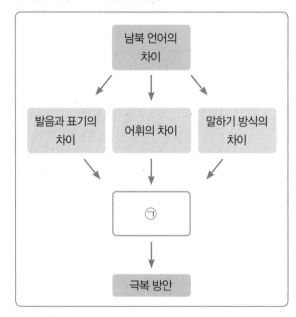

① 북한에서는 남한에 비해 단어를 붙여 쓰는 경우가 많다.

② 남북 언어의 차이가 커져서 의사소통에 문제가 생길 수 있다.

③ 북한에서는 남한에 비해 외래어를 우리말로 바꾸어 사용하는 경우가 많다.

④ 남한과 북한에서 사용하는 어휘 중에는 형태는 같지만 의미가 다른 것이 있다.

⑤ 남한 사람들은 간접적인 표현에 익숙하지만 북한 사람들은 간접적인 표현에 익숙하지 않다.

도움말

아직까지는 남북 간에 **❶**⬚⬚⬚⬚⬚ 이 불가능할 정도로 언어의 차이가 심각하지 않지만, 이를 방치하다 보면 결국에는 통역이 필요할 정도로 남북 언어의 **❷**⬚⬚⬚⬚⬚ 이 심각해질 수 있어.

🔑답 ❶ 의사소통 ❷ 이질성

**05** 다음과 같은 남북 언어의 차이로 오해가 생겼을 때 지녀야 할 태도로 적절한 것은?

① 고유어를 살린 북한의 어휘를 전적으로 수용한다.

② 북한 말은 이해하기 어려우므로 최대한 사용을 자제한다.

③ 외래어는 국어가 아니므로 모두 고유어로 바꾸어 사용한다.

④ 남북 언어의 차이를 존중하고 서로의 언어를 이해하려고 노력한다.

⑤ 남한 말이 북한 말보다 우월하므로 이를 더욱 발전시켜 북한에 전파한다.

> **도움말**
> '일없다'는 **❶** [      ]에서는 '괜찮다.'라는 뜻으로 사용하지만, **❷** [      ]에서는 '필요 없다.'라는 뜻으로 사용해.
>
> **답** ❶ 북한 ❷ 남한

**06** (가)를 참고하여 (나)의 ⓐ~ⓔ를 남한의 맞춤법에 따라 바꾼 표기로 적절하지 <u>않은</u> 것은?

> **㉮** 남한에서는 사이시옷을 써서 '나룻배'로 표기하는데, 북한에서는 사이시옷을 쓰지 않고 '나루배'로 써요. 또 남한에서는 두음 법칙을 인정해 '이용'이라고 쓰지만, 북한에서는 두음 법칙을 인정하지 않기 때문에 '리용'이라고 표기해요. 마지막으로 띄어쓰기가 달라요. 남북한 모두 '단어 단위'로 띄어 쓰는 것을 원칙으로 하고 있지만, 북한은 붙여 쓰는 경우를 남한보다 넓게 잡아 규정하고 있어요. 그래서 위의 '건널것이다'처럼 의존 명사를 붙여 써요.
>
> **㉯** 그런데 ⓐ얼마후 집에 이르러 대문을 열고 마당에 들어선 곰은 깜짝 놀랐습니다.
> 글쎄 ⓑ퇴마루에 무엇인가 가득 들어 있는 두개의 큰 자루가 놓여 ⓒ있는것이 아니겠습니까.
> 곰은 의아해서 얼른 달려 가 보았습니다.
> 두개의 자루사이에는 다음과 같은 쪽지편지가 끼워져 있었습니다.
> 《곰에게
> 집이 ⓓ비여서 왕밤알 두 자루를 놓고 간다. 네가 병으로 앓는다기에 내가 모아 놓았던 왕밤알을 다 가져 왔으니 ⓔ겨울량식에 보태 쓰기 바란다.
> 너구리로부터》

① ⓐ: 얼마 후
② ⓑ: 툇마루
③ ⓒ: 있는 것이
④ ⓓ: 비어서
⑤ ⓔ: 겨울양식

> **도움말**
> 남북의 맞춤법은 대체로 비슷하지만, 남한에서는 두음 법칙을 적용하여 표기하고 북한에서는 **❶** [      ]을 적용하지 않는다는 차이가 있어. 그리고 북한에서는 **❷** [      ]를 붙여 쓰는 등 남한보다 단어를 붙여 쓰는 경우가 많아.
>
> **답** ❶ 두음 법칙 ❷ 의존 명사

## 07 다음 표에 나타난 남북 언어의 어휘 차이를 쓰시오.

| 남한 | 대상 | 북한 |
|---|---|---|
| 오징어 | | 낙지 |
| 어묵 | | 고기떡 |
| 노크 | | 손기척 |
| 도넛 | | 가락지빵 |

(1) 남한과 북한은 동일한 대상을 _____

_____

(2) 남한과 달리 북한은 외래어를 _____

_____

도움말

남북 언어의 차이는 ❶ [ ] 면에서 가장 커. 하지만 언어의 뿌리가 같고 ❷ [ ] 구조가 같기 때문에 의사소통에 큰 지장은 없어.

답 ❶ 어휘 ❷ 문장

## 08 다음 글에서 알 수 있는 남북 언어의 차이가 발생한 원인과 거리가 먼 것은?

남북한 언어 정책은 간단히 말해 남한은 말의 자율적인 흐름을 규범에 반영했고, 북한은 인위적으로 말을 규범화해 왔다는 데 차이가 있다.

남한은 1933년 〈한글 맞춤법 통일안〉 이후 지금까지 말의 변화를 검토하고 이미 변해 버린 어휘나 발음 등을 정리하여 한글 맞춤법과 표준 발음 등을 제시하고 있다. 그리고 남한의 언어는 외래어를 많이 수용하고 있다는 점이 특징이다. 북한은 1933년의 〈통일안〉을 해방 이후까지 사용해 오다가, 1949년에 한자 사용을 폐지하고 한글 전용 정책을 실시했다.

남한의 지나친 외국어 사용은 심각한 수준에 달하고 있다. 반대로 북한은 언어의 주체성이라는 명목하에 사회주의적 속성을 지나치게 반영하고 있다.

① 남한에서는 외래어를 많이 수용하고 있다.
② 북한에서는 사회주의적 속성을 지닌 어휘를 쓰고 있다.
③ 북한에서는 인위적으로 말을 규범화하는 언어 정책을 실시했다.
④ 남한에서는 말의 자율적인 흐름을 중시하는 언어 정책을 실시했다.
⑤ 남북의 언어 정책은 1933년 〈한글 맞춤법 통일아〉을 바탕으로 한다.

도움말

남한과 북한에서는 ❶ [ ] 직후까지는 1933년 〈한글 맞춤법 통일안〉을 바탕으로 ❷ [ ] 규정을 정리했기 때문에 남북 언어의 동질성이 컸어.

답 ❶ 분단 ❷ 맞춤법

# 권말 정리 마무리 전략

## 1주_음운의 체계와 특성

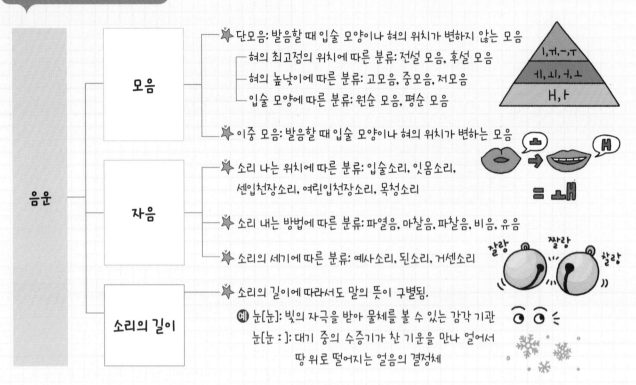

**음운**

**모음**
- ☆ 단모음: 발음할 때 입술 모양이나 혀의 위치가 변하지 않는 모음
  - 혀의 최고점의 위치에 따른 분류: 전설 모음, 후설 모음
  - 혀의 높낮이에 따른 분류: 고모음, 중모음, 저모음
  - 입술 모양에 따른 분류: 원순 모음, 평순 모음
- ☆ 이중 모음: 발음할 때 입술 모양이나 혀의 위치가 변하는 모음

**자음**
- ☆ 소리 나는 위치에 따른 분류: 입술소리, 잇몸소리, 센입천장소리, 여린입천장소리, 목청소리
- ☆ 소리 내는 방법에 따른 분류: 파열음, 마찰음, 파찰음, 비음, 유음
- ☆ 소리의 세기에 따른 분류: 예사소리, 된소리, 거센소리

**소리의 길이**
- ☆ 소리의 길이에 따라서도 말의 뜻이 구별됨.
  - 예 눈[눈]: 빛의 자극을 받아 물체를 볼 수 있는 감각 기관
    눈[눈ː]: 대기 중의 수증기가 찬 기운을 만나 얼어서 땅 위로 떨어지는 얼음의 결정체

## 2주_문장의 짜임과 양상

☆ **문장 성분**

**주성분**
- 문장을 이루는 데 기본적으로 필요한 성분
- 주어, 서술어, 목적어, 보어가 주성분에 해당함.

**부속 성분**
- 주성분의 내용을 자세하게 꾸며 주는 역할을 하는 성분
- 관형어, 부사어가 부속 성분에 해당함.

**독립 성분**
- 문장의 어느 성분과도 직접적인 관련이 없이 독립적으로 쓰이는 성분
- 독립어가 독립 성분에 해당함.

## ✿ 문장의 짜임

| 홑문장 | 주어와 서술어의 관계가 한 번만 나타나는 문장 |

| 겹문장 | 주어와 서술어의 관계가 두 번 이상 나타나는 문장 |

| 이어진문장 | • 둘 이상의 홑문장이 나란히 이어져서 이루어진 문장<br>• 앞뒤 절의 의미 관계에 따라 대등하게 이어진 문장, 종속적으로 이어진 문장으로 나눌 수 있음. |

| 안은문장 | • 한 홑문장이 다른 홑문장을 하나의 문장 성분처럼 안고 있는 문장<br>• 안긴문장의 역할에 따라 명사절을 가진 안은문장, 관형절을 가진 안은문장, 부사절을 가진 안은문장, 인용절을 가진 안은문장으로 나눌 수 있음. |

3주_통일 시대의 국어

## ✿ 남북 언어의 공통점과 차이점

| 공통점 | • 문장 구조가 동일하고 사용하는 단어에 큰 차이가 없음.<br>• 소리대로 적는 표기와 어법에 맞게 적는 표기를 모두 사용함. |

| 차이점 | • 남한에 비해 북한은 상대적으로 고유어를 더 많이 사용함.<br>　예 소젖, 손기척<br>• 남한과 달리 북한은 두음 법칙을 인정하지 않음.<br>　예 력사, 녀자, 로인<br>• 남한과 달리 북한은 사이시옷을 사용하지 않음.<br>　예 나무잎, 장마비<br>• 남한과 달리 북한은 의존 명사를 붙여 씀.<br>　예 먹을것이다 |

## ✿ 남북 언어의 차이 극복 방안

| 여러 분야에서 지속적으로 교류하며 남북 언어의 차이를 줄일 수 있는 방법을 다양하게 모색해야 함. | + | 남북 언어의 차이를 극복해야 하는 필요성을 인식하고, 남북 언어의 동질성 회복에 관심을 가져야 함. |

# 신유형·신경향·서술형 전략

**01** 〈보기〉를 바탕으로 '음운'에 대해 정리할 때, ㉠에 들어갈 알맞은 내용을 서술하시오.

보기

**가** '발'의 초성, 중성, 종성을 다른 음운으로 바꾸어 여러 단어를 만들어 보자.

| 초성을 바꾼 경우 | 달, 살 |
|---|---|
| 중성을 바꾼 경우 | 볼, 불 |
| 종성을 바꾼 경우 | 밤, 방 |

**나** '눈'을 길게 발음할 때와 짧게 발음할 때의 의미 차이를 고려해 문장을 만들어 보자.

| [눈ː] | 눈 덮인 마당이 온통 하얗다. |
|---|---|
| [눈] | 동생의 눈이 초롱초롱해졌다. |

(가)와 (나)를 고려할 때 음운은 ㉠ _____ 은/는 사실을 알 수 있다.

도움말

음운에는 경계를 뚜렷이 나눌 수 있는 음운인 **❶** _____ 과 경계를 뚜렷하게 나눌 수 없는 음운인 **❷** _____ 이 있어. 분절 음운에는 자음과 모음, 비분절 음운에는 소리의 길이나 억양 등이 있어.

답 **❶** 분절 음운 **❷** 비분절 음운

**02** 다음 문장에 사용된 음운에 대한 설명으로 적절하지 <u>않은</u> 것은?

> 푸른 하늘 은하수

① 된소리는 사용되지 않았군.
② 입술소리가 하나 사용되었군.
③ 원순 모음이 하나 사용되었군.
④ 거센소리가 두 개 사용되었군.
⑤ 센입천장소리는 사용되지 않았군.

**03** 다음 중 (가)의 ⓐ와 ⓑ 사이에서 (나)의 방법으로 소리 내는 자음이 포함된 것은?

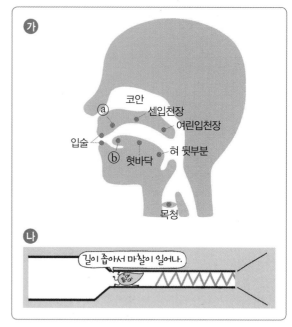

① 우리　　② 강산　　③ 언제나
④ 푸르게　　⑤ 흐르지

**04** 다음 빈칸에 들어갈 알맞은 말을 순서대로 쓰시오.

> 달
> ↓
> 잇몸소리이면서 유음인 자음 ( )을/를 센입천장소리이면서 파찰음, 거센소리인 자음 ( )(으)로 바꿈.
> ↓
> ( )

**05** 다음 중 밑줄 친 말의 뜻을 구별해 주는 음운의 종류가 〈보기〉와 **다른** 것은?

┌ 보기 ┐

㉠ <u>눈</u>이 펑펑 내린다.

㉡ <u>눈</u>이 아프다.

① 겨울<u>밤</u>에는 알<u>밤</u>을 구워 먹었지.

② <u>말</u>을 타고 <u>말</u>을 하는 사람을 보아라.

③ <u>공</u>을 차며 놀더라도 <u>공</u>과 사는 구분해야지.

④ 이 <u>병</u>에는 그 <u>병</u>을 고칠 수 있는 약이 들어 있어.

⑤ 갯바위에서 딴 <u>굴</u>을 <u>굴</u>에 피워 둔 모닥불에 구워 먹자.

┌ 도움말 ┐

장모음은 실현되는 위치에 제약이 있어서 원칙상 단어의 **❶** 에서만 온전히 발음해. 첫음절이 장모음인 단어가 단일어로 쓰이거나 복합어의 첫 요소로 쓰일 때에는 장모음을 그대로 유지하지만, 복합어의 후행 요소로 쓰일 때에는 장모음 대신 **❷** 이 나타나.

답 ❶ 첫음절 ❷ 단모음

**06** 〈서술형〉

〈보기〉를 참고하여 다음 대화의 빈칸에 들어갈 알맞은 내용을 서술하시오.

┌──────────────────────────────┐
희수: '베'와 '배'의 발음이 헷갈려서 말할 때마다 머뭇거리게 돼. 어떻게 하면 정확하게 발음할 수 있을까?

규영: '배'를 발음할 때는 '베'와 달리 _____
_____
└──────────────────────────────┘

┌ 보기 ┐

| 고모음 | 중모음 | 저모음 |
|---|---|---|
| ㅣ | ㅔ | ㅐ |

**07** 다음 대화에서 알 수 있는 우리말 음운 체계의 특징으로 적절한 것은?

① 글자와 소리가 일대일로 대응한다.

② 모양이 비슷한 글자끼리는 소릿값이 같다.

③ 소리의 세기에 따라 자음이 세 가지로 나뉜다.

④ 소리 내는 방법에 따라 자음이 세 가지로 나뉜다.

⑤ 발음할 때 입안이나 코안이 울리는지에 따라 자음이 두 가지로 나뉜다.

┌ 도움말 ┐

다른 언어와 비교할 때 우리말의 **❶** 체계가 지니는 두드러진 특성은 자음이 예사소리, 된소리, **❷** 로 나뉜다는 점이야.

답 ❶ 음운 ❷ 거센소리

**서술형**

**08** 〈보기〉의 탐구 과정을 참고하여 다음 빈칸에 들어갈 알맞은 내용을 〈조건〉에 맞게 서술하시오.

┌ 보기 ┐

[탐구 과정]

우리말 문장의 기본 구조는 '무엇이 어찌하다. / 무엇이 어떠하다. / 무엇이 무엇이다.'의 세 가지 유형으로 나눌 수 있다. 여기서 주어는 '무엇이'에 해당한다.

- '철수가 운동장을 달린다.'에서 달리는 동작의 주체인 '철수가'가 주어이다.
- '하늘이 파랗다.'에서 파란 상태의 주체인 '하늘이'가 주어이다.
- '그것은 뱀이다.'에서 '뱀이다.'라는 정체의 주체인 '그것은'이 주어이다.

[탐구 결과]

주어란 _____

_____ 이다.

└──────────┘

┌ 조건 ┐

1. 〈보기〉의 탐구 과정을 종합하여 서술할 것
2. 20자 내외로 서술할 것

└──────────┘

**09** 〈보기〉를 참고할 때, 밑줄 친 부사어의 쓰임이 나머지와 <u>다른</u> 하나는?

┌ 보기 ┐

일반적으로 부사어를 생략해도 문장이 온전히 성립하지만, 필수 부사어는 <u>그</u>것을 생략하면 형식상 문장이 온전하지 않으며 의미상 어색해지는 특징이 있다.

└──────────┘

① 그는 <u>엄마와</u> 닮았다.

② 그는 나를 <u>형으로</u> 여겼다.

③ 그는 <u>나에게</u> 선물을 주었다.

④ 오늘은 하늘이 <u>유난히</u> 푸르다.

⑤ 아이들이 숙제를 <u>가방에</u> 넣었다.

**서술형**

**10** ㉠~㉢의 문장의 종류를 〈조건〉에 맞게 분류하여 서술하시오.

┌─────────────┐

㉠ 철수는 빨간색 모자를 썼다.

㉡ 철수는 빨간 모자를 썼다.

㉢ 철수는 모자를 썼지만, 지애는 쓰지 않았다.

└─────────────┘

┌ 조건 ┐

1. ㉠~㉢이 각각 어떤 짜임의 문장인지 서술할 것
2. '㉠은 ……이고, ㉡은 ……이고, ㉢은 ……이다.' 형식의 한 문장으로 서술할 것

└──────────┘

**도움말**

㉠의 '빨간색'과 ㉡의 '빨간'은 모두 뒤에 오는 체언 '모자'를 수식하는 **❶** 의 역할을 해. 여기서 '빨간'은 '모자가 빨갛다.'라는 홑문장이 **❷** 이 되면서 절의 형태로 바뀐 것이지.

**답 ❶** 관형어 **❷** 안긴문장

**11** 다음 문장 성분 중 제시된 시에 사용되지 <u>않은</u> 것은?

┌─────────────┐

누나! / 이 겨울에도 / 눈이 가득히 왔습니다. //

흰 봉투에 / 눈을 한 줌 넣고

글씨도 쓰지 말고 / 우표도 붙이지 말고

말쑥하게 그대로 / 편지를 부칠까요? //

누나 가신 나라엔 / 눈이 아니 온다기에

– 윤동주, 〈편지〉

└─────────────┘

① 주어          ② 보어          ③ 목적어

④ 관형어        ⑤ 독립어

**도움말**

'보어'는 서술어 '**❶** ', '**❷** ' 앞에서 그 의미를 보충해 주는 문장 성분이야. 시에서 마지막 행의 '아니'는 용언 앞에서 부정이나 반대의 뜻을 나타내는 부사어야.

**답 ❶** 되다 **❷** 아니다

**12** 다음 문장 중 ㉠에 해당하지 <u>않는</u> 것은? (정답 2개)

> 다른 문장 속에 들어가 하나의 문장 성분처럼 쓰이는 문장을 안긴문장이라고 하고, 이 ㉠안긴문장을 포함한 문장을 안은문장이라고 한다. 안긴문장에는 명사절, 관형절, 부사절, 서술절, 인용절이 있다. 이 가운데 명사절은 용언의 어간에 명사형 전성 어미 '-(으)ㅁ', '-기'가 결합하여 만들어진다. 명사형 전성 어미는 안긴문장에서 서술어로 쓰이는 용언의 서술하는 기능을 그대로 유지하면서 명사처럼 쓰이도록 용언의 문법적인 기능을 바꾸어 준다.

① 새싹이 돋는 봄이 왔다.

② 솜사탕을 든 아이가 달린다.

③ 엄마가 큰소리로 나를 불렀다.

④ 길가에 향기로운 꽃이 피어났다.

⑤ 날씨가 따뜻해서 우리는 소풍을 갔다.

> 도움말
>
> 용언의 어간에 붙어 다른 [❶     ]의 기능을 하게 하는 [❷     ]를 전성 어미라고 해. 명사절, 관형절, 부사절을 가진 안은문장을 만들 때 전성 어미를 붙여서 절을 만들어.
>
> 답 ❶ 품사 ❷ 어미

**13** <보기>의 문장을 이루고 있는 홑문장의 개수는?

> ┌ 보기 ┐
> 독립투사인 안중근은 하루라도 책을 읽지 않으면 입안에 가시가 돋힌다고 입이 닳도록 말했다.

① 2개　② 3개　③ 4개　④ 5개　⑤ 6개

**14** 다음 문장들을 짜임에 따라 분류할 때, 문장의 종류가 나머지와 <u>다른</u> 하나는?

① 봄이 오면 꽃이 피네.

② 운동화를 신은 그는 천천히 걸었다.

③ 등산객이 배낭을 메고 산에 오른다.

④ 두 사람이 말다툼을 하다가 화해했다.

⑤ 나는 개를 좋아하지만 진주는 고양이를 좋아한다.

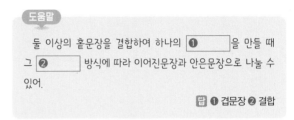

> 도움말
>
> 둘 이상의 홑문장을 결합하여 하나의 [❶     ]을 만들 때 그 [❷     ] 방식에 따라 이어진문장과 안은문장으로 나눌 수 있어.
>
> 답 ❶ 겹문장 ❷ 결합

**15** 다음 문장들을 짜임에 따라 바르게 구분한 것은?

> ㉠ 교실에 식물이 많다.
> ㉡ 나는 금메달을 따기를 바란다.
> ㉢ 비가 그치면 지수는 외출할 것이다.
> ㉣ 나는 삼촌이 여행을 떠난 사실을 알았다.
> ㉤ 너는 배를 좋아하지만 나는 배를 싫어한다.
> ㉥ 아이들이 운동장에서 종이비행기를 날린다.

| | 홑문장 | 이어진문장 | 안은문장 |
|---|---|---|---|
| ① | ㉠ | ㉢, ㉤ | ㉡, ㉣, ㉣ |
| ② | ㉥ | ㉡, ㉤ | ㉠, ㉢, ㉣ |
| ③ | ㉡, ㉥ | ㉢, ㉤ | ㉠, ㉣ |
| ④ | ㉠, ㉢ | ㉡, ㉤ | ㉣, ㉥ |
| ⑤ | ㉠, ㉥ | ㉢, ㉤ | ㉡, ㉣ |

**16** 다음 중 문장의 확대 방식이 나머지와 다른 하나는?

① 인생은 짧고 예술은 길다.

② 국민이 없으면 나라도 없다.

③ 나는 눈이 빠지게 버스를 기다렸다.

④ 나는 친구와 싸워서 선생님께 혼났다.

⑤ 토끼는 낮잠을 잤지만 거북이는 부지런히 걸었다.

**17** 다음 문장의 짜임을 탐구한 내용으로 적절하지 않은 것은?

ㄱ작년에 여행을 떠났던 친구가 ㄴ자신이 귀국했음을 알리며 ㄷ나를 만나고 싶다고 ㄹ기분 좋게 말해서 나는 ㅁ마음이 울컥했다.

① ㄱ은 체언 '친구'를 수식하는 관형어 역할을 하는 안긴문장이야.

② ㄴ은 서술어 '알리며'의 목적어 역할을 하는 명사절이야.

③ ㄷ은 서술어 '말해서'를 수식하는 부사어 역할을 하는 안긴문장이야.

④ ㄹ은 서술어 '말해서'를 수식하는 부사어 역할을 하는 안긴문장이야.

⑤ ㅁ은 주어 '나는'의 상태를 서술하는, 문장 전체의 서술어 역할을 하는 안긴문장이야.

> **도움말**
>
> 다른 사람의 말을 ❶ ☐☐☐ 한 것이 절의 형식으로 안긴 것을 '인용절'이라고 해. 인용절에는 다른 사람의 말을 그대로 인용하는 '직접 인용절'과 인용하는 사람의 표현으로 바꾸어 인용하는 '❷ ☐☐☐ 인용절'이 있어.
>
> 답 ❶ 인용 ❷ 간접

**18** (가)를 (나)와 같이 고쳐 쓸 때의 표현 효과로 알맞은 것은?

> **가** 김치찌개가 끓었다. 철수가 자리에 앉았다. 철수가 숟가락을 들었다. 철수가 김치찌개를 맛보았다. 환호성이 절로 나왔다.
>
> **나** 김치찌개가 끓자 철수가 자리에 앉아서 숟가락을 들고 김치찌개를 맛보니 환호성이 절로 나왔다.

① 문장이 길어져서 속도감이 생긴다.

② 내용을 정확하고 명료하게 전달한다.

③ 의미는 간결하지만 내용의 집약성이 떨어진다.

④ 사건이 긴밀하게 연결되어 내용이 집중력 있게 전달된다.

⑤ 내용 간의 연결 관계가 잘 드러나지 않아서 주제 전달이 어려워진다.

**19** 통일 시대의 국어에 대해 토론한 내용으로 적절한 것은?

① 남북의 언어 차이를 인정하고 이를 극복하려고 노력해야 해.

② 남북의 언어에는 차이가 전혀 없어서 의사소통에도 문제가 없어.

③ 북한 말은 낯서니까 익숙한 남한 말로 바꿔 나가야 해.

④ 남북의 언어 정책에 인위적인 개입이 있어서는 안 돼.

⑤ 남북의 언어가 지닌 서로 다른 특색을 잘 보존하는 것이 가장 중요해.

**20** <sup>서술형</sup> ㉠에 대한 글쓴이의 생각을 〈조건〉에 맞게 서술하시오.

> 그러나 고려민항 승무원 아가씨들, 그러니까 내가 태어나 처음 만나 본 ㉠진짜 북쪽 사람들의 말은 거칠지도, 거북하지도 않다. 좌석마다 음료와 간식을 돌리며 다정하게 건네는 말들은 '일상의 언어'들이다. 물론 남쪽과는 다른 단어들이 쓰이고, 억양도 분명히 다르지만, 경상도 아가씨나 전라도 아가씨처럼, 그들도 그저 북쪽 아가씨들일 뿐이다. 일상의 언어는 사근사근하고 다정하게만 들린다.

┌ 조건 ┐
1. 글쓴이가 생각하는 남북 언어의 이질성의 요소를 제시할 것
2. '북한 말과 남한 말의 차이는 ……지 않았다.' 형식의 한 문장으로 서술할 것

**21** 다음 표를 보고 떠올린 생각으로 적절하지 <u>않은</u> 것은?

| 자음자 | 남한 | 북한 |
|---|---|---|
| ㄱ | 기역 | 기윽 |
| ㄷ | 디귿 | 디읃 |
| ㅅ | 시옷 | 시읏 |
| ㄲ | 쌍기역 | 된기윽 |

① 'ㅆ'은 남북 모두 '쌍시옷'이라고 부르겠군.
② 'ㅁ'은 남북에서 모두 '미음'이라고 부르겠군.
③ 남북에서 명칭이 서로 다른 자음이 존재하는군.
④ 'ㅃ'을 남한에서는 '쌍비읍', 북한에서는 '된비읍'으로 부르겠군.
⑤ 자음의 명칭을 붙이는 방식은 남한에 비해 북한이 좀 더 규칙적이군.

**22** 학생들이 조사한 남북의 생활 용어를 보고 추론한 내용으로 적절하지 <u>않은</u> 것은?

| | 남한 | 북한 |
|---|---|---|
| 주거 | 노크 | 손기척/노크 |
| | 화장실 | 위생실 |
| | 냉장고 | 랭동기 |
| 개인과 인간 관계 | 단짝 | 딱친구 |
| | 거짓말 | 거짓말/꽝포 |
| 수학 용어 | 빼기 | 덜기 |
| | 교집합 | 사귐 |

① 북한은 남한에 비해 고유어를 많이 쓰는군.
② 북한은 두음 법칙을 표기에 반영하지 않는군.
③ 북한도 사이시옷을 표기에 사용하는 경우가 있군.
④ 동일한 대상을 남과 북에서 같은 형태로 표현하기도 하는군.
⑤ 동일한 대상을 남과 북에서 다른 형태로 표현하기도 하는군.

**23** 다음 중 남북 언어의 차이를 해소할 수 있는 방안으로 적절하지 <u>않은</u> 것은?

① 남북이 함께 시용할 수 있는 공용어를 만든다.
② 북한의 정치적 이념이 담긴 뉴스를 남한에도 그대로 보도한다.
③ 남북이 함께 사용하는 국어 교과서를 만들어서 통일된 언어를 가르친다.
④ 남한과 북한이 자주 왕래하며 주민들 간에 친근하게 대화할 수 있는 기회를 가진다.
⑤ 남한 말과 다른 북한 말을 비교하여 배울 수 있는 텔레비전 프로그램을 제작하여 방영한다.

**01** 음운에 대한 설명으로 적절하지 <u>않은</u> 것은?

① '쇠창살'은 8개의 음운으로 이루어져 있다.

② '이'처럼 모음 하나만으로도 음절을 이룰 수 있다.

③ 자음 중 파열음과 파찰음은 소리의 세기에 따라 세 가지로 분류할 수 있다.

④ 이중 모음은 입술 모양, 혀의 높이, 혀의 최고점의 위치를 기준으로 분류할 수 있다.

⑤ 우리말에서 자음과 모음, 소리의 길이는 모두 말의 뜻을 구별해 주는 음운에 해당한다.

**02** 〈보기〉를 참고할 때, 다음 중 밑줄 친 말의 소리의 길이가 나머지와 <u>다른</u> 하나는?

┌ 보기 ┐

표준 발음법 제3장 제6항

　모음의 장단을 구별하여 발음하되, 단어의 첫음절에서만 긴소리가 나타나는 것을 원칙으로 한다.

例 밤나무[밤ː나무], 쌍동밤[쌍동밤]

① 아이들의 <u>말</u>다툼이 주먹다짐으로 변했다.

② <u>눈</u>보라가 휘몰아쳐서 거리에 사람이 없었다.

③ 다행스럽게도 할머니가 <u>병</u>환에서 회복되셨다.

④ 사정을 알고 나니 화가 봄<u>눈</u> 녹듯 다 사라졌다.

⑤ 어색한 분위기를 깨려고 가볍게 <u>말</u>장난을 쳤다.

장모음이 복합어의 후행 요소로 쓰이면 단모음이 나타나, 하늘에서 내리는 '눈'은 길게 [눈ː]으로 발음하지만, '첫눈'과 같은 경우에는 짧게 [눈]으로 발음해.

**03** (가), (나)의 대화 상황에 대한 이해가 적절하지 <u>않은</u> 것은?

┌──────────────────────────┐

**가** 학생 1: 오늘 네[네]가 당번이야.

학생 2: 너 오늘 당번이었어?

학생 1: 아니, 네[내]가 당번이라고!

**나** 학생 3: 바다에 갔더니 굴[굴]이 있더라.

학생 4: 그래서 많이 먹었니?

학생 3: 아니, 동굴 말이야.

학생 4: 아, 굴[굴ː]을 말하는 거구나.

└──────────────────────────┘

① 음운을 정확하게 발음하지 않으면 의사소통에 문제가 생길 수 있군.

② (가)에서 '학생 1'은 'ㅔ'와 'ㅐ'를 제대로 발음하지 못하고 있군.

③ (가)의 '학생 1'은 단모음과 이중 모음을 정확히 발음하도록 노력해야 해.

④ (나)의 '학생 3'은 길게 발음해야 하는 음운을 짧게 발음했군.

⑤ (나)에서는 소리의 길이가 음운의 역할을 하는 단어의 예를 찾을 수 있군.

서술형

**04** 〈보기〉의 조건에 맞게 끝말잇기를 할 때, 적절하지 <u>않은</u> 단어와 그 이유를 서술하시오.

┌ 보기 ┐

• ㉠: 잇몸소리와 비음을 포함할 것

• ㉡: 파열음과 후설 모음을 포함할 것

• ㉢: 이중 모음과 입술소리를 포함할 것

• ㉣: 고모음과 파찰음을 포함할 것

• ㉤: 사용된 음운이 총 5개일 것

독서 ➡ ㉠서당 ➡ ㉡당면

➡ ㉢면목 ➡ ㉣목적 ➡ ㉤적응

**05** 다음 빈칸에 들어갈 알맞은 내용을 각각 쓰시오.

많은 사람이 'ㅐ'와 'ㅔ'의 발음을 구별하지 못한다. 'ㅐ'와 'ㅔ'가 모두 (1) _____

(이)라는 공통점을 가지고 있고, 차이점은 발음할 때 혀의 높이뿐이기 때문이다. 이 둘을 구별하기 위해서는 'ㅐ'를 발음할 때 'ㅔ'보다 (2) _____ 소리를 내야 한다.

평순 모음이면서 전설 모음인 것에는 'ㅣ, ㅔ, ㅐ'가 있어. 이 중 'ㅣ'는 고모음, 'ㅔ'는 중모음, 'ㅐ'는 저모음이므로 발음할 때 혀의 높낮이에 따라 구분할 수 있어.

**06** 다음 단어 중 제시된 조건을 모두 만족하는 것은?

- 첫 번째 음절의 초성: 목청소리+마찰음
- 두 번째 음절의 초성: 여린입천장소리+파열음 +예사소리
- 세 번째 음절의 초성: 잇몸소리+유음

① 한글날    ② 하급생    ③ 핵가족
④ 혁명가    ⑤ 호박죽

**07** 다음 밑줄 친 표현들을 분석한 내용으로 바르지 <u>않은</u> 것은?

- ㉠얄리 얄리 얄랑셩 얄라리 얄라
- 제자리돌기를 했더니 하늘이 ㉡빙빙 돈다.
- 강아지가 ㉢졸랑거리며 따라온다.
- 빗방울이 나뭇잎에 ㉣도-도-도-도 떨어진다.

① ㉠에는 비음과 유음이 많이 사용되었다.
② ㉠은 '랄랄라 랄랄라'와 마찬가지로 경쾌하고 가벼운 느낌을 준다.
③ ㉡을 '삥삥'으로 바꾸면 좀 더 강하고 단단한 느낌을 줄 수 있다.
④ ㉢을 '촐랑거리며'로 바꾸면 밝고 명랑한 느낌을 줄 수 있다.
⑤ ㉣을 '투-투-투-투'로 바꾸면 크고 거친 느낌을 줄 수 있다.

**01** 〈보기〉의 ㉠~㉭에 대한 설명으로 적절하지 <u>않은</u> 것은?

(정답 2개)

┌ 보기 ┐

㉠ 꽃이 아름답게 피었다.

㉡ 토끼는 앞발이 짧다.

㉢ 과연 그들은 정말 조용히 살았습니다.

㉣ 넓은 집에 이사하니 기분이 좋다.

㉭ 우아, 문법이 정말 쉬워요.

① ㉠에서 '아름답게'는 형용사이면서 부사어이다.

② ㉡은 서술어가 한 번 나오므로 홑문장이다.

③ ㉢에 사용된 부사어는 모두 2개이다.

④ ㉣에서 '넓은'은 체언을 수식하는 관형어이다.

⑤ ㉭에 사용된 문장 성분은 독립어, 주어, 부사어, 서술어이다.

서술절을 가진 안은문장에서는 서술어가 한 번 나타나.

**서술형**

**02** 문장의 짜임을 기준으로 ㉠~㉢의 문장의 종류를 구분하여 서술하시오.

┌ 보기 ┐

㉠ 철수가 빨리 뛰어간다.

㉡ 철수가 빠르게 뛰어간다.

㉢ 나는 빨리 뛰어가는 철수를 보았다.

**03** 다음 밑줄 친 부분의 문장 성분 및 품사가 같은 것끼리 짝 지어진 것은?

① <u>세상에</u>, 이게 무슨 일이야?

착한 사람이 <u>세상에</u> 정말 많다.

② 채은이가 <u>멋진</u> 안경을 꼈다.

준혁이가 양복을 입으니 참 <u>멋지다</u>.

③ 사과나무에 사과가 <u>빨갛게</u> 열렸다.

시장에서 <u>빨간</u> 사과 한 바구니를 샀다.

④ 비행기가 <u>무척</u> 높이 날고 있다.

이 소식에 어머니는 <u>무척</u> 기뻐하셨다.

⑤ <u>이런</u>, 네가 그런 실수를 저질렀다니.

<u>이런</u> 행동은 절대 용납할 수가 없어.

**04** ⓐ~ⓓ에 대한 설명으로 적절하지 <u>않은</u> 것은?

ⓐ 비가 오고 바람이 불었다.

ⓑ 비가 와서 우리는 소풍을 연기했다.

ⓒ 동생은 김밥을 먹었지만, 언니는 먹지 않았다.

ⓓ 비가 그치면 지수는 외출할 것이다.

① ⓐ~ⓓ는 모두 이어진문장이다.

② ⓐ와 ⓒ를 구성하고 있는 앞뒤 절의 순서를 바꾸어도 문장의 뜻은 달라지지 않는다.

③ ⓐ와 ⓒ를 구성하고 있는 앞뒤 절은 각각 나열과 대조의 의미 관계로 이어져 있다.

④ ⓑ에서 '소풍을'을 생략하고, ⓒ에서 '김밥을'을 생략해도 둘 다 온전한 문장을 이룬다.

⑤ ⓑ와 ⓓ를 구성하고 있는 앞뒤 절의 순서를 바꾸면 문장의 의미가 달라지거나 문장이 성립하지 않는다.

**05** (가)~(다)를 이용하여 문장의 짜임을 탐구하고 발표한 내용으로 적절한 것을 〈보기〉에서 모두 고른 것은?

> **가** 영주는 마음씨가 착하다.
> **나** 서우가 친구와 먹은 떡볶이는 매웠다.
> **다** 의원들은 날이 새도록 토론을 계속했다.

┌ 보기 ┐
ㄱ. (가)~(다)의 밑줄 친 부분은 모두 안긴문장이다.
ㄴ. (가)에서 '영주는'의 상태나 성질을 풀이하는 부분은 '착하다'이다.
ㄷ. (나)의 밑줄 친 부분은 뒤에 오는 체언 '떡볶이'를 꾸며 준다.
ㄹ. (다)의 밑줄 친 부분은 뒤에 오는 용언 '계속했다'를 꾸며 준다.
ㅁ. (다)에서 문장 전체의 주어와 밑줄 친 부분의 주어는 서로 다르다.

① ㄱ, ㄴ, ㄷ    ② ㄱ, ㄴ, ㄹ    ③ ㄱ, ㄷ, ㄹ
④ ㄱ, ㄷ, ㅁ    ⑤ ㄷ, ㄹ, ㅁ

고난도 서술형

**06** 〈보기〉가 중의적으로 해석되는 이유를 다음과 같이 서술하시오.

┌ 보기 ┐
철수는 나보다 밥을 더 좋아한다.

(1) 비교 대상이 '철수'와 '나'일 경우, _____ 는 뜻이다.
(2) 비교 대상이 '나'와 '밥'일 경우, _____ 는 뜻이다.

↓

(3) 〈보기〉는 주어와 목적어의 범위가 명확하지 않아서 _____ 중의적으로 해석된다.

고난도 서술형

**07** ㉠, ㉡을 바탕으로 다음 물음에 답하시오.

> ㉠ 엄마가 목도리를 만들었다.
> ㉡ 철수가 목에 자주 목도리를 두른다.

(1) ㉠이 원인, ㉡이 결과가 되는 이어진문장을 만드시오.
(2) ㉠과 ㉡을 이용하여 안은문장을 만드시오.

> ㉠과 ㉡ 모두 안긴문장이 될 수 있어.

**08** (가), (나)를 읽고 문장의 짜임과 관련하여 떠올린 생각으로 적절하지 <u>않은</u> 것은?

> **가** 복도로 나선다. 복도에도 인기척은 없다. 선장실로 올라간다. 선장은 없다. 벽장문을 연다. 총이 제자리에 세워져 있다. 벽장문을 닫는다.
> – 최인훈, 〈광장〉
>
> **나** 복도로 나서는데 복도에도 인기척은 없고, 선장실로 올라가도 선장은 없다. 벽장문을 여니 총이 제자리에 세워져 있어서 벽장문을 닫는다.

① (가)에서는 속도감과 긴장감을 느낄 수 있다.
② (나)에서는 글의 흐름이나 사건의 연결 관계를 파악하기 쉽다.
③ (가)에서는 주로 홑문장을, (나)에서는 주로 겹문장을 사용하고 있다.
④ (가)와 달리 (나)에서는 불필요한 문장 성분을 생략하여 내용을 집중력 있게 전달하고 있다.
⑤ (나)와 달리 (가)에서는 각각의 문장이 짧고 단순하여 내용을 간결하고 명쾌하게 전달하고 있다.

# 고난도 해결 전략 3회

**01** 남북 언어의 차이에 대한 설명으로 적절하지 <u>않은</u> 것은?

① 형태는 같지만 의미가 다른 단어가 있다.

② 북한에서는 의존 명사를 띄어 쓰지만, 남한에서는 붙여 쓴다.

③ 북한에서는 두음 법칙을 인정하지 않아서 '여자(女子)'를 '녀자'라고 표기한다.

④ 남한 사람들은 우회적인 표현에 익숙하지만, 북한 사람들은 우회적인 표현에 익숙하지 않다.

⑤ 남한에서는 사이시옷을 써서 '나룻배'라고 표기하지만, 북한에서는 사이시옷을 쓰지 않아서 '나루배'라고 표기한다.

**02** 〈보기〉를 참고하여, 북한의 맞춤법에 따라 적은 다음 문장들을 남한의 맞춤법에 맞게 고쳐 쓰시오.

> ┤ 보기 ├
>
> 선생님: 북한에서는 사이시옷을 쓰지 않고, 두음 법칙을 인정하지 않아요. 그리고 북한에서는 남한과 달리 의존 명사를 붙여 써요.

(1) 례시로 든것은 나무잎이다.
(2) 로인은 코둥이 가려운걸 참았다.

**서술형**

**03** 다음 북한 말에 해당하는 남한 말을 쓰고, 이를 통해 알 수 있는 북한 언어의 특징을 서술하시오.

(1) 북한: 꼬부랑국수
남한: _____

(2) 북한: 가락지빵
남한: _____

↓

(3) _____
_____

> • 태양: '선생질'은 북한의 지역 방언을 문화어로 삼은 단어야.
> • 샛별: 북한에서는 사회주의 이념에 따라 나이와 상관없이 반말을 사용하나 봐.
> • 우주: 북한에서는 직업이나 직책을 가리키는 명사 뒤에 '-질'을 붙여서 그 직업을 비하하는 의미를 더하나 봐.
> • 하늘: 선생님이 '-질'의 의미를 남한에서 사용하는 것으로 받아들였다면 승희의 말에 기분이 상했을 거야.
> • 은하: 남북 언어의 차이를 극복하려면 서로의 언어문화를 이해하려는 노력이 필요하겠어.

① 태양, 샛별
② 태양, 우주
③ 샛별, 하늘
④ 샛별, 우주
⑤ 하늘, 은하

'-질'은 남한에서는 직업이나 직책에 비하하는 뜻을 더하는 접미사야.

[05~07] 다음 글을 읽고, 물음에 답하시오.

가을 어느 날 아침 마음 착한 너구리가 곰을 찾아왔습니다.

《곰아, 어제 내가 밤나무골에 왕밤알을 두 무지 모아 놓았는데, 같이 가서 가져 오자.》

《어제 모아 ㉠놓은게 아직 있을게 뭐야. 메돼지랑 노루랑 다 가져 갔겠지.》

《아니야. 왕밤알무지에 내 이름과 네 이름을 쓴 표말을 꽂아 놓았으니 누가 다치지 ㉡않았을거야.》

곰은 너구리의 말에 부쩍 ㉢구미가 동했습니다.

그러나 순간 의심이 많은 곰의 머리에는 이상한 생각이 들었습니다.

(언제나 일하러 갈 때는 혼자 다니던 너구리가 왕밤알 가지러는 왜 함께 가자고 할가. 혹시 내 도움을 ㉣받자는게 아닐가.)

곰은 어쩐지 너구리를 따라 가기가 싫었습니다.

《요즘 난 몸이 아파서 힘든 일을 하지 못해. 그러니 혼자 가.》

《난 모르고 있었구나. 그럼 치료를 잘해.》

그러나 너구리가 가버리자 곰은 조바심이 나기 시작했습니다. [중략]

㉤두개의 자루사이에는 다음과 같은 쪽지편지가 끼워져 있었습니다.

《곰에게 / 집이 비여서 왕밤알 두 자루를 놓고 간다. 네가 병으로 앓는다기에 내가 모아 놓았던 왕밤알을 다 가져 왔으니 ⓐ겨울량식에 보태 쓰기 바란다.

너구리로부터》

**05** 이 글을 읽고 남북 언어의 차이에 대해 학생들이 떠올린 생각으로 적절하지 <u>않은</u> 것은?

① 남북의 문장 구조는 큰 차이가 없군.

② 남한에서 사용하지 않는 외래어를 북한에서 사용하기도 하는군.

③ 남한에서는 사이시옷을 쓰는데 북한에서는 사이시옷을 쓰지 않는군.

④ 같은 단어라도 남한에서는 띄어 쓰는데 북한에서는 붙여 쓰는 것이 있군.

⑤ 북한 동화의 내용을 남한 사람들도 쉽게 이해할 수 있을 정도로 남북 언어의 동질성이 크군.

고난도 서술형
**06** ⓐ를 바탕으로 남한의 맞춤법과 구별되는 북한 맞춤법의 특징 두 가지를 〈조건〉에 맞게 서술하시오.

조건
1. 남북의 맞춤법이 다른 이유가 드러나도록 서술할 것
2. 각각의 특징을 '남한에서는 ……하는 반면, 북한에서는 ……한다.' 형식의 한 문장으로 서술할 것

_____

_____

고난도
**07** ㉠~㉤ 중, 남한의 맞춤법을 적용하더라도 띄어쓰기가 달라지지 <u>않는</u> 것은?

① ㉠　② ㉡　③ ㉢　④ ㉣　⑤ ㉤

남북에서 띄어쓰기가 다른 경우에 유의해야 해. 남한에서는 의존 명사를 띄어 쓰지만 북한에서는 의존 명사를 붙여 써.

memo

단기간 고득점을 위한 2주

# 전략 질주

## 중학 전략

### 내신 전략 시리즈

국어/영어/수학
필수 개념을 꽉~ 잡아 주는 초단기 내신 대비서!

## 일등전략 시리즈

국어/영어/수학/사회/과학 (국어는 3주 1권 완성)
철저한 기출 분석으로 상위권 도약을 돕는 고득점 전략서!

# book.chunjae.co.kr

**교재 내용 문의** ·························· 교재 홈페이지 ▶ 중학 ▶ 교재상담

**교재 내용 외 문의** ·················· 교재 홈페이지 ▶ 고객센터 ▶ 1:1문의

**발간 후 발견되는 오류** ············ 교재 홈페이지 ▶ 중학 ▶ 학습지원 ▶ 학습자료실

일등공략 필승학습!
단기간에 끝장내자!

중학 국어 문법 3

BOOK 2
정답과 해설

특목고 대비
일등
전략

천재교육

중학 국어 문법 3

BOOK 2
정답과 해설

# 정답과 해설

# 정답과 해설

## 1주 음운의 체계와 특성

**1일 개념 돌파 전략 1**     8~11쪽

01 음운   02 자음   03 ⓒ   04 (1) 단모음 (2) 이중 모음
05 ⑤   06 ②   07 ③   08 (1) ㅜ (2) ㅐ   09 ⑤   10 ④
11 예사소리, 된소리, 거센소리   12 입안이나 코안의 울림 여부   13 (1) 잇몸소리, 파열음, 예사소리 (2) 센입천장소리, 파찰음, 거센소리   14 ④

01 말의 뜻을 구별해 주는 소리의 가장 작은 단위를 음운이라고 한다.

02 소리를 낼 때 공기의 흐름이 장애를 받고 나오는 소리는 자음이다.

03 같은 자모음으로 이루어진 단어도 소리의 길고 짧음에 따라 뜻이 구별되는 경우가 있으므로 소리의 길이도 음운에 해당한다.

04 (1) 발음할 때 입술 모양이나 혀의 위치가 변하지 않는 모음을 단모음이라고 한다.
(2) 발음할 때 입술 모양이나 혀의 위치가 변하는 모음을 이중 모음이라고 한다.

05 'ㅟ', 'ㅚ', 'ㅜ', 'ㅗ'는 입술을 둥글게 오므려 발음하는 원순 모음이고, 'ㅡ'는 입술을 둥글게 오므리지 않고 발음하는 평순 모음이다.

06 'ㅣ', 'ㅔ', 'ㅟ', 'ㅚ'는 발음할 때 혀의 최고점의 위치가 앞쪽에 있는 전설 모음이고, 'ㅓ'는 혀의 최고점의 위치가 뒤쪽에 있는 후설 모음이다.

07 'ㅜ', 'ㅟ'는 발음할 때 혀의 높이가 높은 고모음, 'ㅗ', 'ㅚ'는 혀의 높이가 중간 정도인 중모음, 'ㅐ'는 혀의 높이가 낮은 저모음이다.

08 (1) 후설 모음이면서 고모음, 원순 모음인 것은 'ㅜ'이다.
(2) 전설 모음이면서 저모음, 평순 모음인 것은 'ㅐ'이다.

09 ⑤ 'ㄴ'은 혀끝과 윗잇몸 사이에서 나는 소리인 '잇몸소리'이다.

10 'ㅊ'은 공기의 흐름을 막았다가 막았던 자리를 조금 열고 좁은 틈 사이로 공기를 내보내어 마찰을 일으키면서 내는 소리인 파찰음이다.

11 자음은 소리의 세기에 따라 부드러운 느낌을 주는 예사소리, 강하고 단단한 느낌을 주는 된소리, 크고 거친 느낌을 주는 거센소리로 분류할 수 있다.

12 발음할 때 입안이나 코안이 울리는 비음, 유음을 울림소리라고 하고, 입안이나 코안이 울리지 않는 파열음, 마찰음, 파찰음을 안울림소리라고 한다.

13 (1) 'ㄷ'은 소리 나는 위치에 따라 잇몸소리, 소리 내는 방법에 따라 파열음, 소리의 세기에 따라 예사소리로 분류할 수 있다.
(2) 'ㅊ'은 소리 나는 위치에 따라 센입천장소리, 소리 내는 방법에 따라 파찰음, 소리의 세기에 따라 거센소리로 분류할 수 있다.

14 파열음과 파찰음은 예사소리, 된소리, 거센소리의 삼중 체계를 이루지만, 마찰음은 예사소리와 된소리로만 나뉜다. ④의 'ㅅ', 'ㅆ'은 마찰음으로, 이에 대응하는 거센소리가 존재하지 않는다.

**1일 개념 돌파 전략 2**     12~13쪽

01 ②   02 ③   03 ①   04 승주   05 ④   06 (1) 빠삭 (2) 단단하다 (3) 딴딴하다

01 말의 뜻을 구별해 주는 소리의 가장 작은 단위를 '음운'이라고 한다.
**오답 풀이** ①은 형태소, ③은 음절, ④는 단어, ⑤는 어절에 대한 설명이다.

02 'ㅗ', 'ㅚ', 'ㅜ', 'ㅟ'는 입술을 둥글게 오므리고 발음하는 원순 모음이고, ③ 'ㅏ'는 입술을 둥글게 오므리지 않고 발음하는 평순 모음이다.

03 비음은 입안의 통로를 막았다가 입이 아닌 코로 공기를 내보내면서 내는 소리이다.

**04** '밤[夜]'은 '해가 져서 어두워진 때부터 다음 날 해가 떠서 밝아지기 전까지의 동안'을 뜻하는 말로, 짧게 발음한다. '밤[栗]'은 '밤나무의 열매를 뜻하는 말'로, 길게 발음한다.

오답 풀이 • 재경: '빛의 자극을 받아 물체를 볼 수 있는 감각 기관'을 의미하는 '눈[眼]'은 짧게 발음하고, '대기 중의 수증기가 찬 기운을 만나 얼어서 땅 위로 떨어지는 얼음의 결정체'를 의미하는 '눈[雪]'은 길게 발음한다.

• 소정: '자연적으로 땅이나 바위가 안으로 깊숙이 패어 들어간 곳'을 의미하는 '굴(窟)'은 길게 발음하고, '굴과의 연체동물을 통틀어 이르는 말'인 '굴'은 짧게 발음한다.

• 해준: '주로 액체나 가루를 담는 데에 쓰는 목과 아가리가 좁은 그릇'을 의미하는 '병(瓶)'은 짧게 발음하고, '생물체의 전신이나 일부분에 이상이 생겨 정상적 활동이 이루어지지 않아 괴로움을 느끼게 되는 현상'을 의미하는 '병(病)'은 길게 발음한다.

• 연선: '아버지와 아들을 아울러 이르는 말'인 '부자(父子)'의 '부'는 짧게 발음하고, '재물이 많아 살림이 넉넉한 사람'을 의미하는 '부자(富者)'의 '부'는 길게 발음한다.

**05** 혀 뒷부분과 여린입천장 사이에서 소리 나며 거센소리인 자음은 'ㅋ', 혀의 최고점의 위치가 뒤에 있으며 입술을 둥글게 오므리고 혀의 높이는 중간에 위치하는 모음은 'ㅗ', 혀 뒷부분과 여린입천장 사이에서 소리 나며 비음인 자음은 'ㅇ'이다.

**06** 'ㅂ'에 대응하는 된소리는 'ㅃ'이므로 (1)에는 '빠삭'이 들어가야 한다. 'ㅌ'에 대응하는 예사소리와 된소리는 각각 'ㄷ', 'ㄸ'이므로 (2)에는 '단단하다'가, (3)에는 '딴딴하다'가 들어가야 한다.

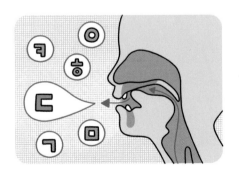

**1** ②   **1-1** ④   **1-2** 소리의 길이   **2** ⑤   **2-1** ②   **2-2** ㅗ, ㅡ, ㅓ, ㅣ, ㅏ   **3** ③   **3-1** ①   **3-2** ⑤   **4** ①   **4-1** ②   **4-2** ③

**1** 우리말에서 말의 뜻을 구별해 주는 음운에는 모음과 자음, 소리의 길이 등이 있다.

**1-1** 우리말에서 'ㅇ'은 종성에서만 소리 나고 초성에서는 소릿값이 없기 때문에 음운의 개수를 셀 때 초성의 'ㅇ'은 포함하지 않는다. 따라서 ④ '오징어'는 'ㅗ＋ㅈ＋ㅣ＋ㅇ＋ㅓ'의 5개 음운으로 구성되어 있고, 나머지 단어들은 모두 6개의 음운으로 구성되어 있다.

오답 풀이 ① '고구마'는 'ㄱ＋ㅗ＋ㄱ＋ㅜ＋ㅁ＋ㅏ'의 6개 음운으로 구성되어 있다.

② '고등어'는 'ㄱ＋ㅗ＋ㄷ＋ㅡ＋ㅇ＋ㅓ'의 6개 음운으로 구성되어 있다.

③ '미나리'는 'ㅁ＋ㅣ＋ㄴ＋ㅏ＋ㄹ＋ㅣ'의 6개 음운으로 구성되어 있다.

⑤ '애호박'은 'ㅐ＋ㅎ＋ㅗ＋ㅂ＋ㅏ＋ㄱ'의 6개 음운으로 구성되어 있다.

**1-2** '말과의 포유류'를 의미하는 '말[馬]'은 짧게 발음하고, '사람의 생각이나 느낌 따위를 표현하고 전달하는 데 쓰는 음성 기호'인 '말[語]'은 길게 발음하여 두 단어는 소리의 길이로 뜻을 구별할 수 있다.

**2** 모음은 소리를 낼 때 공기의 흐름이 장애를 받지 않고 나오는 소리이고, 자음은 공기의 흐름이 장애를 받고 나오는 소리이다. 그러므로 발음할 때 공기의 흐름이 장애를 받는지 여부에 따라 모음과 자음을 구분할 수 있다.

오답 풀이 ① 음운을 판단하는 기준에 해당한다.

② 형태소에 대한 설명이다.

③ 저모음, 중모음, 고모음을 분류하는 기준에 해당한다.

④ 단모음과 이중 모음을 분류하는 기준에 해당한다.

**2-1** '수증기가 얼어서 땅 위로 떨어지는 얼음의 결정체'를 의미하는 ②의 '눈[雪]'은 길게 발음한다. 나머지는 모두 짧게 발음하는 단어들이다.

**2-2** 소리를 낼 때 공기의 흐름이 장애를 받지 않고 나오는 소리는 모음이다. '돌을 던지자.'라는 문장에는 모음 'ㅗ, ㅡ, ㅓ, ㅣ, ㅏ'가 사용되었다.

**3** 발음할 때 입술 모양이나 혀의 위치가 변하지 않는 모음

은 단모음이다. 그러므로 ㉠에는 우리말의 단모음인 'ㅏ, ㅐ, ㅓ, ㅔ, ㅗ, ㅚ, ㅜ, ㅟ, ㅡ, ㅣ'가 들어갈 수 있다.

**3-1** ① '물오리'의 발음은 [무로리]로, 여기에 사용된 모음 'ㅜ, ㅗ, ㅣ'는 모두 단모음이다.

오답 풀이 ②의 'ㅛ', 'ㅘ', ③의 'ㅠ', ④의 'ㅝ', ⑤의 'ㅕ'는 이중 모음이다.

**3-2** 발음할 때 입술 모양이나 혀의 위치가 변하는 모음은 이중 모음으로, ⑤ '야'의 'ㅑ'는 이중 모음이다. '배'의 'ㅐ', '꼽'의 'ㅗ', '베'의 'ㅔ', '틀'의 'ㅡ'는 모두 단모음이다.

**4** 〈보기〉는 발음할 때 입술을 둥글게 오므려 발음하는 원순 모음(ㅟ, ㅚ, ㅜ, ㅗ)과 입술을 둥글게 오므리지 않고 발음하는 평순 모음(ㅣ, ㅔ, ㅐ, ㅡ, ㅓ, ㅏ)으로 분류한 것이다.

**4-1** 발음할 때 혀의 높이가 높은 고모음에는 'ㅣ, ㅟ, ㅡ, ㅜ', 혀의 높이가 중간 정도인 중모음에는 'ㅔ, ㅚ, ㅓ, ㅗ', 혀의 높이가 낮은 저모음에는 'ㅐ, ㅏ'가 있다. 그러므로 제시된 자음 중에서 발음할 때 혀의 높이가 가장 높은 것은 고모음인 'ㅜ'이다.

**4-2** 발음할 때 혀의 최고점의 위치가 ㉠과 같이 앞쪽에 있는 전설 모음에는 'ㅣ, ㅔ, ㅐ, ㅟ, ㅚ'가 있다. ③ '그늘'에 사용된 모음 'ㅡ'는 발음할 때 혀의 최고점의 위치가 뒤쪽에 있는 후설 모음이다.

---

**01** ③   **02** ⑤   **03** ④   **04** 의사소통이 원활하게 이루어지지 않는다.(말하는 사람이 전달하고자 하는 내용을 듣는 사람이 다른 의미로 이해할 수 있다.)   **05** ②   **06** 모음은 공기의 흐름이 장애를 받지 않고 나오는 소리이고, 자음은 공기의 흐름이 장애를 받고 나오는 소리이다.   **07** ①   **08** ③   **09** ③   **10** ④   **11** ㉠ 단모음 ㉡ 이중 모음   **12** ⑤   **13** ①   **14** ⑤   **15** (1) ㅏ, ㅡ, ㅓ (2) ㅣ, ㅡ (3) ㅜ, ㅣ, ㅡ   **16** (가)~(다)를 나누는 기준: 발음할 때 혀의 높낮이 / (가) 고모음 (나) 중모음 (다) 저모음   **17** ③   **18** ①

---

**01** '바나나'를 구성하는 음운은 'ㅂ + ㅏ + ㄴ + ㅏ + ㄴ + ㅏ'로 6개이고, '오렌지'를 구성하는 음운은 'ㅗ + ㄹ + ㅔ + ㄴ + ㅈ + ㅣ'로 6개이므로 두 단어를 이루고 있는 음운의 개수는 같다.

**02** ①은 'ㅜ, ㄹ, ㅣ'로 3개, ②는 'ㅅ, ㅏ, ㄹ, ㅏ, ㅇ'으로 5개, ③은 'ㅊ, ㅜ, ㅓ, ㄱ'으로 4개, ④는 'ㅈ, ㅣ, ㅁ, ㅜ, ㄴ'으로 5개, ⑤는 'ㄷ, ㅏ, ㅇ, ㄱ, ㅡ, ㄴ'으로 6개의 음운으로 이루어져 있다. 그러므로 가장 많은 음운이 사용된 것은 ⑤ '당근'이다.

**03** ④ '다리'와 '도리'는 모음 'ㅏ'와 'ㅗ' 때문에 단어의 뜻이 구별된다.

오답 풀이 ①은 자음 'ㅂ'과 'ㅍ', ②는 자음 'ㄹ'과 'ㅂ', ③은 자음 'ㄱ'과 'ㅅ', ⑤는 자음 'ㅇ'과 'ㄱ'에 의해 단어의 뜻이 구별된다.

**04** 〈보기〉에서는 정확하지 않은 발음 때문에 오해가 발생한 상황을 보여 주고 있다. '세'와 '새'는 모음으로 뜻이 구별되는 단어인데, 모음 'ㅔ'와 'ㅐ'의 발음이 비슷하기 때문에 정확하게 발음하지 않으면 다른 뜻으로 전달될 수 있다.

**05** (가)의 '종'과 '공'은 자음 'ㅈ', 'ㄱ' 때문에 뜻이 구별되고, (나)의 '밤[밤]'과 '밤[밤ː]'은 소리의 길이 때문에 뜻이 구별된다.

**06** 모음과 자음은 소리를 낼 때 공기의 흐름이 장애를 받는지, 받지 않는지에 차이가 있다.

**07** ①에 사용된 'ㅐ'와 'ㅣ'는 발음할 때 입술 모양이나 혀의 위치가 변하지 않는 단모음이다.

오답 풀이 ②의 'ㅑ', ③의 'ㅛ', ④의 'ㅕ', ⑤의 'ㅛ'와 'ㅠ'는 발음할 때 입술 모양이나 혀의 위치가 변하는 이중 모음이다.

**08** 소리를 낼 때 공기의 흐름이 장애를 받고 나오는 소리는 자음이고(ⓑ), 단모음을 고모음, 중모음, 저모음으로 나누는 기준은 소리의 세기가 아니라 발음할 때의 혀의 높낮이이다(ⓒ).

**09** '말과의 포유류'를 나타내는 '말'은 짧게 발음하고, '사람의 생각이나 느낌 따위를 표현하고 전달하는 데 쓰는 음성 기호'를 의미하는 '말'은 길게 발음한다.

오답 풀이 ① '대기 중의 수증기가 찬 기운을 만나 얼어서 땅 위로 떨어지는 얼음의 결정체'를 의미하는 '눈'은 길게 발음한다.

② '생물체의 전신이나 일부분에 이상이 생겨 정상적 활동이 이루어지지 않아 괴로움을 느끼게 되는 현상'을 의미하는 '병'은 길게 발음한다.

④ '짐승들이 만들어 놓은 구멍'을 의미하는 '굴'은 길게 발음한다.

⑤ '가늘고 긴 대를 줄로 엮거나, 줄 따위를 여러 개 나란히 늘어뜨려 만든 물건'을 의미하는 '발'은 길게 발음한다.

**10** ④ 'ᅱ'는 발음할 때 입술 모양이나 혀의 위치가 변하지 않는 단모음이다.

**오답 풀이** ① 'ㅑ', ② 'ㅙ', ③ 'ᅯ', ⑤ 'ㅢ'는 발음할 때 입술 모양이나 혀의 위치가 변하는 이중 모음이다.

---

**📝 자료실**

'ᅬ'와 'ᅱ'의 발음

> 표준 발음법 제4항
> 'ㅏ, ㅐ, ㅓ, ㅔ, ㅗ, ᅬ, ㅜ, ᅱ, ㅡ, ㅣ'는 단모음(單母音)으로 발음한다.
> [붙임] 'ᅬ, ᅱ'는 이중 모음으로 발음할 수 있다.

'ᅬ'와 'ᅱ'는 단모음으로 발음하는 것이 원칙이지만 실제 언어생활에서 이중 모음으로 발음할 때가 많아 이중 모음으로 발음하는 것도 허용하고 있다.

**예** 금괴 [금괴 / 금궤]
참외 [차뫼 / 차뭬]

---

**11** ㉠은 발음할 때 입술 모양이나 혀의 위치가 변하지 않는 단모음이고, ㉡은 발음할 때 입술 모양이나 혀의 위치가 변하는 이중 모음이다.

**12** 단모음은 발음할 때 혀의 최고점의 위치에 따라 전설 모음과 후설 모음으로 나눌 수 있다. 입천장의 중간점을 기준으로, 혀의 최고점의 위치가 앞쪽에 있는 전설 모음에는 'ㅣ, ㅔ, ㅐ, ᅱ, ᅬ'가 있다. ⑤ 'ㅡ'는 발음할 때 혀의 최고점의 위치가 뒤쪽에 있는 후설 모음이다.

**13** ㉠처럼 발음할 때 혀의 최고점의 위치가 앞쪽에 있는 것은 전설 모음(ㅣ, ㅔ, ㅐ, ᅱ, ᅬ), ㉡처럼 혀의 최고점의 위치가 뒤쪽에 있는 것은 후설 모음(ㅡ, ㅓ, ㅏ, ㅜ, ㅗ)이다.

**14** 입술을 둥글게 오므려 발음하는 원순 모음에는 'ᅱ, ᅬ, ㅜ, ㅗ'가 있다. ⑤ '하늘'에 사용된 모음 'ㅏ'와 'ㅡ'는 모두 평순 모음이다.

**15** 후설 모음에는 'ㅡ, ㅓ, ㅏ, ㅜ, ㅗ', 평순 모음에는 'ㅣ, ㅔ, ㅐ, ㅡ, ㅓ, ㅏ', 고모음에는 'ㅣ, ᅱ, ㅡ, ㅜ'가 있다. 1행에 사용된 모음은 'ㅏ, ㅣ, ㅡ, ㅓ'이고, 이 중 후설 모음인 것은 'ㅏ, ㅡ, ㅓ'이다. 2행에 사용된 모음은 'ㅗ, ㅣ, ㅡ'이고, 이 중 평순 모음인 것은 'ㅣ, ㅡ'이다. 3행에 사용된 모음은 'ㅏ, ㅜ, ㅣ, ㅡ, ㅕ, ㅗ, ㅓ'이고, 이 중 단모음이면서 고모음인 것은 'ㅜ, ㅣ, ㅡ'이다.

**16** 'ㅣ, ㅜ'는 발음할 때 혀의 높이가 높은 고모음, 'ᅬ, ㅓ'는 혀의 높이가 중간 정도인 중모음, 'ㅐ'는 혀의 높이가 낮은 저모음이므로, (가)~(다)를 나눈 기준은 발음할 때 혀의 높낮이이다.

**17** ⓐ에는 고모음이면서 전설 모음, 원순 모음인 'ᅱ', ⓑ에는 고모음이면서 후설 모음, 평순 모음인 'ㅡ', ⓓ에는 중모음이면서 후설 모음, 원순 모음인 'ㅗ', ⓔ에는 저모음이면서 후설 모음, 평순 모음인 'ㅏ'가 들어가야 한다.

**18** '게'의 정확한 발음은 [게ː]인데 딸이 모음 'ㅔ'를 [ㅐ]로 잘못 발음하여 아버지가 '게'를 '개[개ː]'로 오해했다.

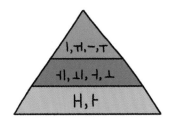

**3일 필수 체크 전략 1** 　　　　20~21쪽

1 ⑤　1-1 ⑤　1-2 ③　2 ③　2-1 ①　2-2 ㅅ, ㅆ　3 ⑤
3-1 ③　3-2 ㄲ, ㄸ, ㅃ, ㅆ, ㅉ　4 ②　4-1 ㅊ, ㅉ

**1** ㉠은 입술로, 두 입술 사이에서 나는 소리를 입술소리라고 한다. ㉡은 목청으로, 목청 사이에서 나는 소리를 목청소리라고 한다. 입술소리에는 'ㅂ, ㅃ, ㅍ, ㅁ'이 있고, 목청소리에는 'ㅎ'이 있다.

**1-1** 'ㅇ'은 여린입천장소리이고 'ㅎ'은 목청소리로, 두 자음은 소리 나는 위치가 서로 다르다.
　오답 풀이 ① 'ㄱ'과 'ㅋ'은 여린입천장소리, ② 'ㄴ'과 'ㅅ', ③ 'ㄷ'과 'ㄹ'은 잇몸소리, ④ 'ㅁ'과 'ㅃ'은 입술소리이다.

**1-2** 잇몸소리에는 'ㄷ, ㄸ, ㅌ, ㅅ, ㅆ, ㄴ, ㄹ'이 있다. ①, ④, ⑤에는 'ㄹ', ②에는 'ㄴ'과 'ㄹ'이 사용되었고, ③ '주황'에는 잇몸소리가 사용되지 않았다.

**2** 〈보기〉는 파열음에 대한 설명으로, 파열음에는 'ㄱ, ㄲ, ㅋ, ㄷ, ㄸ, ㅌ, ㅂ, ㅃ, ㅍ'이 있다. ③ 'ㄹ'은 혀끝을 잇몸에 가볍게 대었다가 떼거나 혀끝을 윗잇몸에 댄 채 공기를 그 양옆으로 흘려보내면서 소리 내는 유음이다.

**2-1** 제시된 자음은 모두 입안의 통로를 막았다가 코로 공기를 내보내면서 내는 소리인 비음이다.

**2-2** 마찰음에는 'ㅅ, ㅆ, ㅎ'이 있으며, 이 중에서 〈보기〉에는 'ㅅ'과 'ㅆ'이 사용되었다.

**3** 자음을 소리의 세기에 따라 분류할 때, 크고 거친 느낌을 주는 거센소리에는 'ㅋ, ㅌ, ㅍ, ㅊ'이 있다. ⑤에는 거센소리인 'ㅊ'이 사용되었다.

**3-1** ㉠ 'ㄷ'은 예사소리, ㉡ 'ㄸ'은 된소리, ㉢ 'ㅌ'은 거센소리이다. 발음할 때 숨이 거세게 나오는 소리는 거센소리이므로 ㉠과 ㉡을 발음할 때 숨이 거세게 나온다는 설명은 적절하지 않다.

**3-2** 숨이 거세게 나오지는 않지만 성대 근육을 긴장시켜 내는 소리로, 강하고 단단한 느낌을 주는 것은 된소리(ㄲ, ㄸ, ㅃ, ㅆ, ㅉ)이다.

**4** 우리말을 사용하는 사람들은 '불', '뿔', '풀'을 서로 다른 말로 알아듣는 것과 달리 영어를 사용하는 사람들이 이를 구별하는 데 어려움을 겪는 것은 우리말과 영어의 음운 체계가 서로 다르기 때문이다.

　오답 풀이 ① 각 언어마다 음운 체계는 서로 다르다.
③ 영어의 음운 체계에서는 [b]와 [p]의 구분만 존재하기 때문에 '불'과 '뿔'의 소리를 구별하지 못한다.
④ 우리말에서는 [ㅂ], [ㅃ], [ㅍ]의 소리를 구분하기 때문에 '불'과 '풀'의 소리를 구별할 수 있다.
⑤ 우리말에서는 '불', '뿔', '풀'의 소리를 구별하지만 영어에서는 구별하지 못한다.

**4-1** 찰리가 [ㅊ]과 [ㅉ]의 발음을 구별하지 못하여 '짜다'를 '차다'라고 말했기 때문에 의사소통이 원활하게 이루어지지 않았다.

**01** ①   **02** ①   **03** ⑤   **04** • ⓐ: 입술소리 • ⓑ와 ⓒ 사이: 여린입천장소리   **05** ④   **06** (1) 입안의 어떤 위치에서 공기의 흐름을 막았다가 그 막은 자리를 일시에 터뜨리면서 내는 (2) 유음   **07** ③   **08** ⑤   **09** ②   **10** ⓐ 입술소리 ⓑ 목청소리 ⓒ 파찰음 ⓓ 유음   **11** ②   **12** ④   **13** ②   **14** ③   **15** 자음이 예사소리, 된소리, 거센소리로 나뉜다.(자음이 예사소리, 된소리, 거센소리의 삼중 체계를 이룬다.)   **16** ③   **17** ④

**01** 모음은 혼자 소리 낼 수 있지만 자음은 모음과 결합해야 소리를 낼 수 있다.

**02** 〈보기〉에서는 '발'에 사용된 음운 중 한 개만 바꾸어도 의미가 다른 단어가 됨을 보여 주고 있다. ② '박'은 자음 'ㄹ'을 'ㄱ'으로, ③ '벌'은 모음 'ㅏ'를 'ㅓ'로, ④ '살'과 ⑤ '알'은 자음 'ㅂ'을 각각 'ㅅ'과 'ㅇ'으로 바꾼 것이다. ① '금'은 세 개의 음운을 모두 바꾼 것이다.

**03** 〈보기〉의 'ㅅ, ㅆ, ㅎ'은 마찰음으로, 입안이나 목청 사이의 통로를 좁히고 그 틈 사이로 공기를 내보내어 마찰을 일으키면서 내는 소리이다.
오답 풀이 ①은 여린입천장소리, ②는 비음, ④는 파열음에 대한 설명이고, ③은 된소리에 대한 설명이다.

**04** ⓐ는 입술로, 두 입술 사이에서 나는 소리를 입술소리라고 한다. ⓑ는 혀 뒷부분이고 ⓒ는 여린입천장으로, 혀 뒷부분과 여린입천장 사이에서 나는 소리를 여린입천장소리라고 한다.

**05** 혀끝과 윗잇몸 사이에서 나는 소리는 잇몸소리(ㄷ, ㄸ, ㅌ, ㅅ, ㅆ, ㄴ, ㄹ)이고, 입안의 통로를 막았다가 코로 공기를 내보내면서 내는 소리는 비음(ㄴ, ㅁ, ㅇ)이다. 잇몸소리이면서 비음인 자음은 'ㄴ'으로, ⓓ '은'에 'ㄴ'이 사용되었다.

**06** (1) 파열음은 입안의 어떤 위치에서 공기의 흐름을 막았다가 그 막은 자리를 일시에 터뜨리면서 내는 소리이다.
(2) 혀끝을 잇몸에 가볍게 대었다가 떼거나 혀끝을 윗잇몸에 댄 채 공기를 그 양옆으로 흘려보내면서 내는 소리는 유음이다.

**07** ③ 'ㅉ'은 공기의 흐름을 막았다가 막았던 자리를 조금 열고 좁은 틈 사이로 공기를 내보내어 마찰을 일으키면서

내는 소리인 파찰음이고, 나머지는 입안의 어떤 위치에서 공기의 흐름을 막았다가 그 막은 자리를 일시에 터뜨리면서 내는 소리인 파열음이다.

**08** 유음에는 'ㄹ'이 있고, 비음에는 'ㄴ, ㅁ, ㅇ'이 있다. ① '눈'에는 비음 'ㄴ'이, ② '월'에는 유음 'ㄹ'이, ③ '물'에는 비음 'ㅁ'과 유음 'ㄹ'이 사용되었고, ④ '린'에는 유음 'ㄹ'과 비음 'ㄴ'이 사용되었다. ⑤ '싹'에는 유음이나 비음이 사용되지 않았다.

**09** 〈보기〉는 된소리에 대한 설명으로, 'ㄲ, ㄸ, ㅃ, ㅆ, ㅉ'이 된소리에 해당한다. ①의 'ㄲ', ③의 'ㅉ', ④의 'ㄸ', ⑤의 'ㅃ'은 된소리이고, ②에는 된소리가 사용되지 않았다.

**10** 자음은 소리 나는 위치에 따라 입술소리, 잇몸소리, 센입천장소리, 여린입천장소리, 목청소리로 나눌 수 있고, 소리 내는 방법에 따라 파열음, 마찰음, 파찰음, 비음, 유음으로 나눌 수 있다.

**11** (가)에는 잇몸소리이면서 파열음인 'ㄷ, ㄸ, ㅌ'이, (나)에는 여린입천장소리이면서 파열음인 'ㄱ, ㄲ, ㅋ'이, (다)에는 잇몸소리이면서 마찰음인 'ㅅ, ㅆ'이, (라)에는 여린입천장소리이면서 비음인 'ㅇ'이 들어가야 한다.

**12** ㉠은 파열음, ㉡은 마찰음, ㉢은 파찰음에 대한 설명이다. 파열음에는 'ㄱ, ㄲ, ㅋ, ㄷ, ㄸ, ㅌ, ㅂ, ㅃ, ㅍ'이 있고, 마찰음에는 'ㅅ, ㅆ, ㅎ'이 있고, 파찰음에는 'ㅈ, ㅉ, ㅊ'이 있다. ④의 'ㅂ', 'ㅋ', 'ㄷ'은 모두 파열음이다.

**13** 제시된 문장은 [산꼴짜게 다람쥐 아기 다람쥐], [도토리점:심 가지고 소풍을 간다]로 읽는다. 마찰음에는 'ㅅ, ㅆ, ㅎ'이 있는데, 제시된 문장에는 'ㅅ'만 사용되었다. 'ㅍ'은 마찰음이 아닌 파열음이다.

**14** '경'에 사용된 자음 'ㄱ'과 'ㅇ'은 혀 뒷부분과 여린입천장 사이에서 소리 나는 여린입천장소리이므로, '경'에 사용된 자음은 모두 같은 위치에서 소리 난다.
오답 풀이 ① '세상[세:상]에 사용된 'ㅅ'은 마찰음, 'ㅇ'은 비음이다.
② '아름답게[아름답께]'에 사용된 잇몸소리는 'ㄹ'과 'ㄷ'이다.
④ '착한[차칸]'에는 거센소리 'ㅊ'과 'ㅋ'만 사용되었다.
⑤ '둽시다[둽씨다]'에 사용된 자음 중 파열음에 해당하는 것은 'ㄷ'과 'ㅂ'이다.

**15** 외국인 학생은 '싸다'와 '사다'의 발음을 구별하지 못하는

반면, 한국인 학생은 구별하고 있다. 이는 우리말 자음이 예사소리, 된소리, 거센소리의 삼중 체계를 이루고 있기 때문이다.

**16** 〈보기〉는 우리말 자음이 소리의 세기에 따라 세 가지로 분류되어 삼중 체계를 이루는 특성을 설명한 것이다. ③은 모음의 변화에 따라 소리의 느낌이 달라지는 예이므로 〈보기〉의 설명과 관련이 없다.

**17** 'ㅂ', 'ㅃ', 'ㅍ'은 모두 입안의 어떤 위치에서 공기의 흐름을 막았다가 그 막은 자리를 일시에 터뜨리면서 내는 소리인 파열음이므로, 세 자음을 소리 내는 방법은 같다.

---

### 누구나 합격 전략　　26~29쪽

**01** ②　**02** ②　**03** ③　**04** ③　**05** ④　**06** (1) ㅕ, ㅑ (2) ㅣ (3) ㅗ　**07** (1) 전설 모음 (2) 후설 모음 (3) 발음할 때 혀의 최고점의 위치　**08** ②　**09** 목청소리　**10** ②　**11** ②　**12** ②　**13** ④　**14** (1) 혀 뒷부분과 여린입천장 사이에서 소리 난다. (2) 'ㄱ, ㄲ, ㅋ'은 파열음이고, 'ㅇ'은 '비음'이다.　**15** ⑤　**16** ④　**17** ④

**01** 음운은 단어의 뜻을 구별해 주는 소리의 가장 작은 단위로(ㄴ), 모음과 자음, 소리의 길이 등이 이에 해당한다(ㄱ). 하늘에서 내리는 '눈[눈ː]'과 사람의 신체 기관인 '눈[눈]'은 소리의 길이로 그 뜻을 구별할 수 있다(ㅁ).

오답 풀이 ㄷ '학생'은 'ㅎ+ㅏ+ㄱ+ㅆ+ㅐ+ㅇ', '어머니'는 'ㅓ+ㅁ+ㅓ+ㄴ+ㅣ'로 5개의 음운으로 이루어져 있다.

ㄹ 모음은 발음할 때 혀의 최고점의 위치에 따라 전설 모음과 후설 모음으로 나눌 수 있다. 원순 모음과 평순 모음은 발음할 때 입술 모양에 따른 분류이다.

**02** 'ㅏ'는 혀의 높이가 낮은 저모음, 'ㅓ'는 혀의 높이가 중간 정도인 중모음, 'ㅡ'는 혀의 높이가 높은 고모음이다. 따라서 'ㅏ' → 'ㅓ' → 'ㅡ'의 순서로 발음하면 혀의 높이가 점점 높아진다.

**03** 단모음은 발음할 때 혀의 높낮이에 따라 고모음, 중모음, 저모음으로 나눌 수 있다. ㄱ의 'ㅣ'는 고모음, ㄴ의 'ㅓ', ㄹ의 'ㅗ', ㅁ의 'ㅔ'는 중모음, ㄷ의 'ㅏ'는 저모음이다.

**04** (가)는 입천장의 중간점을 기준으로, 발음할 때 혀의 최고점의 위치가 앞쪽에 있는 전설 모음(ㅣ, ㅔ, ㅐ, ㅟ, ㅚ)이고, (나)는 발음할 때 혀의 최고점의 위치가 뒤쪽에 있는 후설 모음(ㅡ, ㅓ, ㅏ, ㅜ, ㅗ)이다. ③의 'ㅏ'는 후설 모음, 'ㅐ'는 전설 모음이다.

**05** 단모음은 입술을 둥글게 오므려 발음하는 원순 모음과 오므리지 않고 발음하는 평순 모음으로 나눌 수 있다. ④의 'ㅡ'는 평순 모음이고, 나머지 'ㅟ', 'ㅜ', 'ㅚ', 'ㅗ'는 원순 모음이다.

**06** (1)은 이중 모음, (2)는 전설 모음이자 고모음, (3)은 원순 모음이자 중모음에 대한 설명이다. 제시된 시에 사용된 모음은 'ㅕ, ㅡ, ㅗ, ㅐ, ㅏ, ㅜ, ㅓ, ㅑ, ㅣ'이며, 이중 이중 모음인 것은 'ㅕ', 'ㅑ', 전설 모음이면서 고모음인 것은 'ㅣ', 원순 모음이면서 중모음인 것은 'ㅗ'이다.

**07** '㆔'와 'ㅟ'는 발음할 때 혀의 최고점의 위치가 앞쪽에 있는 전설 모음이고, 'ㅓ', 'ㅏ', 'ㅜ'는 발음할 때 혀의 최고점의 위치가 뒤쪽에 있는 후설 모음이다.

**08** ㉠에는 'ㅣ', ㉡에는 'ㅡ', ㉢에는 'ㅚ', ㉣에는 'ㅗ', ㉤에는 'ㅐ'가 들어가야 한다. ② '구름'의 '름'에 사용된 모음도 'ㅡ'이므로 ㉡에 들어갈 모음 'ㅡ'와 일치한다.

오답 풀이 ① '냇가'의 '냇'에 사용된 모음은 'ㅐ'이므로 ㉠에 들어갈 모음 'ㅣ'와 일치하지 않는다.

③ '소문'의 '소'에 사용된 모음은 'ㅗ'이므로 ㉢에 들어갈 모음 'ㅚ'와 일치하지 않는다.

④ '개나리'의 '리'에 사용된 모음은 'ㅣ'이므로 ㉣에 들어갈 모음 'ㅗ'와 일치하지 않는다.

⑤ '외삼촌'의 '외'에 사용된 모음은 'ㅚ'이므로 ㉤에 들어갈 모음 'ㅐ'와 일치하지 않는다.

**09** '센입천장'에 사용된 자음은 'ㅅ, ㄴ, ㅂ, ㅊ, ㅈ, ㅇ'이다. 이 중 'ㅅ', 'ㄴ'은 잇몸소리이고, 'ㅂ'은 입술소리, 'ㅈ', 'ㅊ'은 센입천장소리, 'ㅇ'은 여린입천장소리이다. 그러므로 제시된 단어에는 목청소리가 사용되지 않았다.

**10** 〈보기〉는 자음을 소리 나는 위치에 따라 입술소리, 잇몸소리, 센입천장소리, 여린입천장소리, 목청소리로 분류한 것이다.

**11** '초성'은 된소리(ㄲ, ㄸ, ㅃ, ㅆ, ㅉ)에 대한 설명이고, '중성'은 원순 모음이면서 중모음인 모음(ㅚ, ㅗ)에 대한 설명이고, '종성'은 유음(ㄹ)에 대한 설명이다. 그러므로 〈보기〉의 설명에 해당하는 단어는 ② '꼴'이다.

**12** '강물이[강무리]'에 사용된 모음은 'ㅏ', 'ㅜ', 'ㅣ'로, 'ㅏ', 'ㅜ'는 후설 모음이지만 'ㅣ'는 전설 모음이므로 모두 후설 모음이라는 ②의 설명은 적절하지 않다.

**13** 자음은 소리의 세기에 따라 예사소리, 된소리, 거센소리로 나눌 수 있다. ④의 'ㅃ'과 'ㅉ'은 모두 된소리이다.

오답 풀이 ①은 예사소리와 된소리, ②는 예사소리와 거센소리, ③은 된소리와 거센소리, ⑤는 예사소리와 거센소리가 묶여 있다.

**14** 제시된 자음들은 소리 나는 위치에 따라 분류했을 때 여린입천장소리이다. 소리 내는 방법에 따라 분류하면 'ㄱ, ㄲ, ㅋ'은 파열음이고, 'ㅇ'은 비음에 해당한다.

**15** ㉠에 사용된 'ㄱ', 'ㄷ', 'ㅈ'은 부드러운 느낌을 주는 예사소리, ㉡에 사용된 'ㄲ', 'ㄸ', 'ㅉ'은 강하고 단단한 느낌을 주는 된소리, ㉢에 사용된 'ㅋ', 'ㅌ', 'ㅊ'은 크고 거친 느낌을 주는 거센소리이다.

**16** 〈보기〉의 '눈'은 '대기 중의 수증기가 찬 기운을 만나 얼어서 땅 위로 떨어지는 얼음의 결정체'를 의미하므로 길게 발음한다. '사람이나 동물의 다리 맨 끝부분'을 의미하는 ④ '발'은 짧게 발음한다.

오답 풀이 ① '사람의 생각이나 느낌 따위를 표현하고 전달하는 데 쓰는 음성 기호'를 의미하는 '말'은 길게 발음한다.

② '벌목의 곤충 가운데 개미류를 제외한 곤충을 통틀어 이르는 말'을 의미하는 '벌'은 길게 발음한다.

③ '밤나무의 열매'를 의미하는 '밤'은 길게 발음한다.

⑤ '생물체의 전신이나 일부분에 이상이 생겨 정상적 활동이 이루어지지 않아 괴로움을 느끼게 되는 현상'을 의미하는 '병'은 길게 발음한다.

> 📝 자료실
>
> **양성 모음과 음성 모음**
>
> 모음을 어감에 따라서도 구분할 수도 있다. 어감이 밝고 산뜻한 모음을 '양성 모음', 어감이 어둡고 큰 모음을 '음성 모음'이라고 한다.
> • 양성 모음: ㅏ, ㅗ, ㅑ, ㅛ, ㅘ, ㅚ, ㅐ
> • 음성 모음: ㅓ, ㅜ, ㅕ, ㅠ, ㅔ, ㅝ, ㅟ, ㅖ

**17** '캄캄했다'와 '깜깜했다'의 느낌을 차이나게 하는 음운은 거센소리 'ㅋ'과 된소리 'ㄲ'이다. 따라서 '캄캄했다'를 '깜깜했다'로 바꾸면 강하고 단단한 느낌을 줄 수 있다. 부드러운 느낌을 주는 것은 예사소리이다.

---

**창의·융합·코딩 전략 1** `30～31쪽`

01 ⑤   02 ③   03 ⑤   04 ③   05 입이 점차 벌어지면서 혀의 높이가 낮아진다.(혀는 점점 낮아지고 입은 점점 벌어진다.)

06 외국인이 예사소리, 된소리, 거센소리를 구별하지 않고 'ㄷ', 'ㄸ', 'ㅌ'을 하나의 음운으로 인식하기 때문이다.(외국인이 예사소리, 된소리, 거센소리인 'ㄷ', 'ㄸ', 'ㅌ'을 서로 다른 소리로 구별하지 않기 때문이다.)

01 (가)에서 말과의 포유류를 의미하는 '말'은 짧게 발음하고, 사람의 생각이나 느낌 따위를 표현하고 전달하는 데 쓰는 음성 기호를 의미하는 '말'은 길게 발음하여 소리의 길이로 단어의 뜻이 구별된다. (나)에서 '볼'과 '불'은 모음 'ㅗ'와 'ㅜ'의 차이로 단어의 뜻이 구별된다.

02 ㉣에는 원순 모음이자 고모음인 'ㅟ'나 'ㅜ'가 들어가야 한다. ㉠에는 이중 모음, ㉡에는 평순 모음, ㉢에는 원순 모음이면서 중모음인 모음이 들어가야 한다.

03 〈보기〉의 'ㄱ', 'ㄷ', 'ㅂ'은 모두 파열음으로 소리 내는 방법은 동일하지만, 'ㄱ'은 여린입천장소리, 'ㄷ'은 잇몸소리, 'ㅂ'은 입술소리로 소리 나는 위치에 따라 구분할 수 있다.

04 'ㅈ, ㅉ, ㅊ'은 혓바닥과 센입천장 사이에서 소리 나는 센입천장소리이다.

05 'ㅡ'는 고모음, 'ㅓ'는 중모음, 'ㅏ'는 저모음이므로 'ㅡ, ㅓ, ㅏ'를 차례대로 발음해 보면 입이 벌어질수록 혀의 높이는 점점 낮아짐을 알 수 있다.

06 대화 상황에서 외국인은 예사소리인 'ㄷ', 된소리인 'ㄸ', 거센소리인 'ㅌ'을 구별하지 않고 하나의 소리([ㅌ])로 인식하여, '달', '딸', '탈'을 모두 [탈]로 발음하고 있다.

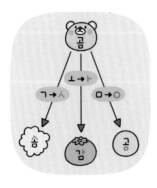

---

**창의·융합·코딩 전략 2** `32～33쪽`

07 (1) 모음이나 자음을 바꾸면 (2) 소리의 길이가 다르면

08 (1) ㅅ + ㅜ + ㅎ + ㅏ + ㄱ (2) ㅡ + ㅁ + ㅏ + ㄱ   09 ⑤

10 ②   11 ④

07 탐구 과정에서 초성, 중성, 종성 중 한 개만 다른 자모음으로 바꾸어도 단어의 뜻이 달라지는 것과, 소리의 길이가 다르면 단어의 뜻이 달라지는 것을 확인하여 우리말 음운에는 모음, 자음, 소리의 길이 등이 있음을 알 수 있다.

08 (1) '수학'은 'ㅅ, ㅜ, ㅎ, ㅏ, ㄱ' 총 5개의 음운으로 이루어져 있다.
    (2) '음악'은 'ㅡ, ㅁ, ㅏ, ㄱ' 총 4개의 음운으로 이루어져 있다. 초성의 'ㅇ'은 소릿값을 가지지 않는다.

09 혀의 최고점의 위치가 〈보기〉와 같은 것은 후설 모음이다. 후설 모음에는 'ㅡ, ㅓ, ㅏ, ㅜ, ㅗ'가 있으며, '나무늘보'에 사용된 모음 'ㅏ, ㅜ, ㅡ, ㅗ'는 모두 후설 모음이다.
    오답 풀이 ① '소개'에 사용된 모음은 'ㅗ'와 'ㅐ'로, 'ㅗ'는 후설 모음, 'ㅐ'는 전설 모음이다.
    ② '이사'에 사용된 모음은 'ㅣ'와 'ㅏ'로, 'ㅣ'는 전설 모음, 'ㅏ'는 후설 모음이다.
    ③ '참외'에 사용된 모음은 'ㅏ'와 'ㅚ'로, 'ㅏ'는 후설 모음, 'ㅚ'는 전설 모음이다.
    ④ '언제나'에 사용된 모음은 'ㅓ', 'ㅔ', 'ㅏ'로, 'ㅓ'와 'ㅏ'는 후설 모음, 'ㅔ'는 전설 모음이다.

10 발음을 기준으로, 제시된 노랫말에 사용된 자음은 'ㅅ, ㄴ, ㄲ, ㄹ, ㅉ, ㄱ, ㄷ, ㅁ, ㅈ, ㅌ, ㅍ, ㅇ'이다. 이 중 파열음에 해당하는 것은 'ㄲ, ㄱ, ㄷ, ㅌ, ㅍ', 비음에 해당하는 것은 'ㄴ, ㅁ, ㅇ', 된소리에 해당하는 것은 'ㄲ, ㅉ'이다.

11 'ㄴ'은 입안의 통로를 막았다가 코로 공기를 내보내면서 내는 소리인 비음이고, 'ㅎ'은 입안이나 목청 사이의 통로를 좁히고 그 틈 사이로 공기를 내보내어 마찰을 일으키면서 내는 소리인 '마찰음'이다.
    오답 풀이 ① 파열음, 마찰음에 대한 설명이다.
    ② 파열음, 파찰음에 대한 설명이다.
    ③ 마찰음, 비음에 대한 설명이다.
    ⑤ 유음, 파열음에 대한 설명이다.

# 2주 문장의 짜임과 양상

**01** 주성분   **02** 주어: 바람이, 서술어: 분다   **03** ㉢   **04** (1) 관형어 (2) 부사어   **05** ㉡   **06** (1) 홑 (2) 겹   **07** 안은문장, 안긴문장   **08** 대등   **09** 종속   **10** (1) 동생이 오기 (2) 지수가 그 일을 해냈음   **11** 관형어 역할   **12** 부사어 역할   **13** ㉠   **14** (1) 홑문장 (2) 겹문장   **15** 호응, 의미

**01** 문장 성분 가운데 문장을 이루는 데 기본적으로 필요한 성분은 주성분이다.

**02** '바람이'는 동작이나 작용, 상태나 성질의 주체가 되는 주어이고, '분다'는 주어의 동작이나 작용, 상태나 성질 등을 풀이하는 서술어이다.

**03** ㉢의 '정말'은 용언 '예쁘다'를 꾸며 주는 부사어로, 부속 성분이다.

**04** (1) '새'는 체언 '가방'을 꾸며 주는 관형어이다.
(2) '무척'은 용언 '느리다'를 꾸며 주는 부사어이다.

**05** 독립 성분은 문장의 어느 성분과도 직접적인 관련이 없기 때문에 생략되어도 문장의 의미가 달라지지 않는다.

**06** (1) '국화가(주어) + 피었다(서술어)'로 주어와 서술어의 관계가 한 번만 나타나는 홑문장이다.
(2) '나는(주어) + 쓰고(서술어)', '동생은(주어) + 불렀다(서술어)'로 주어와 서술어의 관계가 두 번 나타나는 겹문장이다.

**07** 홑문장이 다른 홑문장을 하나의 문장 성분처럼 안고 있는 문장을 안은문장이라고 하고, 안은문장 속에 절의 형태로 들어가 하나의 문장 성분처럼 쓰이는 문장을 안긴문장이라고 한다.

**08** 앞뒤 절이 나열, 대조, 선택 등의 의미 관계로 대등하게 이어지는 문장을 대등하게 이어진 문장이라고 한다.

**09** 앞뒤 절의 의미 관계가 대등하지 못하고 원인, 조건, 목적이나 의도, 양보, 배경 등의 의미 관계로 이어지는 문장을 종속적으로 이어진 문장이라고 한다.

**10** (1) '동생이 오기'가 목적어 역할을 하는 명사절이다.
(2) '지수가 그 일을 해냈음'이 주어 역할을 하는 명사절이

다.

**11** '진호가 이기는'은 체언인 '장면'을 꾸며 주는 관형어의 역할을 하고 있다.

**12** '소리도 없이'가 용언 '내린다'를 꾸며 주는 부사어의 역할을 하고 있다.

**13** ㉠에서 안긴문장 '마음씨가 곱다'가 서술어의 역할을 하고 있으므로, ㉠이 서술절을 가진 안은문장이다. ㉡은 부사절, ㉢은 관형절을 가진 안은문장이다.

**14** (1) 홑문장은 표현이 간결하고 명료하며, 속도감과 긴장감을 느끼게 한다.
(2) 겹문장은 복잡한 내용을 논리적이고 집약적으로 전달할 수 있고, 사건의 연결 관계와 글의 흐름을 파악하기 쉽다.

**15** 의미가 정확하고 자연스러운 문장을 만들려면 필요한 문장 성분을 잘 갖추고 있는지, 문장 성분의 호응이 어색한 부분은 없는지 살펴봐야 한다. 또한 한 문장이 둘 이상의 의미로 해석되지 않도록 의미를 분명하게 해야 한다.

**01** ④   **02** ⑤   **03** ⑤   **04** ①   **05** ③   **06** ③

**01** 문장의 주성분은 주어, 서술어, 목적어, 보어이다. ④의 '빠르게'는 용언 '지나갔다'를 꾸며 주는 부사어이므로, 주성분이 아닌 부속 성분에 해당한다.
오답 풀이 ① '나는'은 주어이므로 주성분에 해당한다.
② '키가 크다'는 서술어이므로 주성분에 해당한다.
③ '꽃다발을'은 목적어이므로 주성분에 해당한다.
⑤ '얼음이'는 보어이므로 주성분에 해당한다.

**02** ⑤는 '파도가 친다.'와 '갈매기가 난다.'라는 두 홑문장이 나란히 이어져서 이루어진 문장이다. 그러므로 주어와 서술어의 관계가 '파도가(주어) + 치고(서술어)', '갈매기가(주어) + 난다(서술어)'로 두 번 나타난다.
오답 풀이 ① 등산객이(주어) + 맸다(서술어)

② 사람이(주어) + 잡았다(서술어)

③ 아이가(주어) + 들었다(서술어)

④ 사람들이(주어) + 모였다(서술어)

**03** 〈보기〉는 명사절 '그가 떠났음'이 목적어 역할을 하는 안은문장이다. ⑤는 두 홑문장 '꽃이 활짝 피었다.'와 '나비가 날아들었다.'가 이어진 문장이다.

오답 풀이 ① 부사절('땀이 나게')을 가진 안은문장이다.

② 부사절('소리도 없이')을 가진 안은문장이다.

③ 명사절('해가 뜨기')을 가진 안은문장이다.

④ 관형절('강아지가 우는')을 가진 안은문장이다.

**04** 〈보기〉는 '민희는 집에 있다.'와 '상아는 학교에 갔다.'라는 두 홑문장이 대등한 의미 관계로 이어진 문장이다. 대등하게 이어진 문장이므로 앞뒤 절의 순서를 바꾸어도 문장의 의미가 달라지지 않으며, 주어와 서술어의 관계가 두 번 나타난다.

**05** 제시된 문장에서 '요즘 내가 읽고 있는'은 뒤에 오는 체언 '책'을 꾸며 주는 관형어의 역할을 하고 있으므로, 이 문장은 관형절을 가진 안은문장이다.

**06** (나)는 홑문장으로 이루어진 (가)를 겹문장으로 고쳐 쓴 글이다. 겹문장을 활용하면 내용을 논리적이고 집중력 있게 전달할 수 있으며, 사건들 간의 연결 관계와 글의 흐름을 쉽게 파악할 수 있다.

**1** ②   **1-1** ④   **2** ①   **2-1** (1) ㉠, ㉡ (2) ㉢, ㉣, ㉤   **3** ⑤
**3-1** ②   **4** ②   **4-1** ①   **4-2** ㉠은 앞뒤 절이 나열의 의미 관계로 대등하게 이어진 문장이고, ㉡은 앞뒤 절이 대조의 의미 관계로 대등하게 이어진 문장이다.

**1** 〈보기〉의 문장에서 주어는 '모자가'이고, 서술어는 '예쁘다'이다. '파란'은 체언 '모자'를 꾸며 주는 관형어이고, '정말'은 용언 '예쁘다'를 꾸며 주는 부사어이다.

**1-1** ④ '무척'은 용언 '예쁘구나'를 꾸며 주는 부사어로 부속 성분이다.

**2** 주어와 서술어의 관계를 찾아보면, ①에서는 '눈이 + 쌓인다', ③에서는 '그가 + 다가왔다', ④에서는 '아이가 + 날렸다', ⑤에서는 '물은 + 된다'로 모두 홑문장임을 확인할 수 있다. ②는 '우리는 + 먹었다', '(밥이) + 맛있다'로 주어와 서술어의 관계가 두 번 나타나는 겹문장이다.

**2-1** ㉠에서는 '사람이 + 걷는다', ㉡에서는 '가을이 + 왔다'로 주어와 서술어의 관계가 각각 한 번만 나타나므로 ㉠, ㉡은 홑문장이다. ㉢에서는 '토끼는 + (어떠하다)'와 '앞발이 + 짧다', ㉣에서는 '승현이가 + 간다'와 '(승현이가) + 한다', ㉤에서는 '지연이는 + 도왔다'와 '아무도 + 모른다'로 주어와 서술어의 관계가 각각 두 번 나타나므로 ㉢, ㉣, ㉤은 겹문장이다.

**3** (가)는 두 홑문장이 나란히 이어져서 이루어진 문장이고, (나)는 한 홑문장이 다른 홑문장을 하나의 문장 성분처럼 안고 있는 문장으로, (가)와 (나)는 문장의 확대 방식에 차이가 있다.

**3-1** ㉠은 '까마귀가 날다.'와 '배 떨어진다.'가 대등하게 이어진 문장, ㉡은 '인생은 짧다'와 '예술은 길다.'가 대등하게 이어진 문장, ㉤은 '사공이 많다.'와 '배가 산으로 간다.'가 종속적으로 이어진 문장이다. ㉢은 관형절 '몸에 좋은'을 안은 문장, ㉣은 관형절 '닭 쫓던'을 안은 문장, ㉥은 관형절 '성공으로 가는'을 안은 문장이다.

**4** 〈보기〉는 '마스크를 쓰다.'와 '얼굴에 땀이 줄줄 흐른다.'라는 두 홑문장이 원인과 결과의 의미 관계로 종속적으로 이어진 문장이다. 이와 같은 짜임과 의미 관계로 이루어진 것은 '시간이 다 되다.'와 '나는 일어났다.'가 원인과 결과의 의미 관계로 종속적으로 이어진 문장인 ②이다.

오답 풀이 ①은 나열, ④는 대조의 의미 관계로 대등하게 이어진 문장이고, ③은 조건, ⑤는 목적·의도의 의미 관계로 종속적으로 이어진 문장이다.

**4-1** ①은 홑문장 '상처가 나다.'와 '나는 약을 발랐다.'가 원인과 결과의 의미 관계로 종속적으로 이어진 문장이고, 나머지는 대등하게 이어진 문장이다.

**4-2** ㉠, ㉡은 '태주는 피자를 먹었다.'와 '호영이는 피자를 먹지 않았다.'라는 두 홑문장이 각각 나열, 대조의 의미 관계로 대등하게 이어진 문장이다.

**2일** **필수 체크 전략2** 44~47쪽

**01** ⑤ **02** ② **03** ① **04** ② **05** ⑤ **06** ④ **07** ④
**08** ③, ④ **09** (1) 준서는 공부를 열심히 해서 시험을 잘 보았다. (2) 종속적으로 이어진 문장 **10** ⑤ **11** ⑤ **12** 두 홑문장이 나란히 이어져 있는지, 한 홑문장이 다른 홑문장을 하나의 문장 성분처럼 안고 있는지에 따라 (가)와 (나)를 구분할 수 있다.(문장의 확대 방식에 따라 (가)와 (나)를 구분할 수 있다.) **13** ④
**14** ① **15** ④ **16** ④ **17** ⑤ **18** 〈보기〉는 '사공이 많다.'와
'배가 산으로 간다.'가 조건의 의미 관계로 이어진 문장이다.

**01** ⓐ에는 목적어, ⓑ에는 주어, ⓒ에는 서술어가 들어가야 한다. 목적어, 주어, 서술어는 모두 문장을 이루는 데 기본적으로 필요한 주성분이기 때문에 이를 생략하면 안 된다.

**02** 부속 성분은 주성분의 내용을 자세하게 꾸며 주는 역할을 하는 성분으로, 관형어와 부사어가 이에 해당한다. 〈보기〉에는 관형어 '낡은'과 부사어 '수수하게'가 사용되었다. '운동화가'는 주어, '보였다'는 서술어이다.

**03** 〈보기〉의 문장은 '관형어 + 주어 + 부사어 + 서술어'로 구성되어 있고, ① 역시 '관형어 + 주어 + 부사어 + 서술어'로 이루어져 있어 문장 성분의 종류와 배열 순서가 일치한다.

오답 풀이 ② '주어 + 관형어 + 목적어 + 서술어'
③ '관형어 + 주어 + 목적어 + 서술어'
④ '관형어 + 주어 + 보어 + 서술어'
⑤ '독립어 + 부사어 + 관형어 + 서술어'

**04** ①의 '주아는', ②의 '내가', ③의 '너의 새 옷이', ④의 '빨간 딸기가', ⑤의 '맛있는 치킨이'가 주어부이고, 나머지 부분은 서술부이다.

오답 풀이 ① 주아는 + 늘 바쁘다
③ 너의 새 옷이 + 무척 예쁘구나
④ 빨간 딸기가 + 먹음직스럽게 생겼다
⑤ 맛있는 치킨이 + 바닥에 툭 떨어졌다

**05** ㉠에서는 현수가 '무엇을' 보았는지가 드러나지 않아 문장의 의미가 명확하지 않으므로, '무엇을'에 해당하는 목적어가 있어야 온전한 문장이 된다.

오답 풀이 ① ㉠은 주어('현수가') + 서술어('보았다')로 이루어져 있다.
② ㉡은 주어('하늘이') + 부사어('매우') + 서술어('맑다')로 이루어진 문장이다. '무엇이 + 어떠하다'의 문장 구조로 서술어가 대상의 상태나 성질을 나타낸다.
④ '의사가'는 보어로 주성분이므로 문장에서 생략할 수 없다.

**06** ㉠, ㉢, ㉺은 주어와 서술어의 관계가 한 번만 나타나는 홑문장이다.

오답 풀이 ㉡은 종속적으로 이어진 문장, ㉣은 명사절을 가진 안은문장, ㉤은 대등하게 이어진 문장으로, 모두 겹문장이다.

**07** 〈보기〉의 빈칸에 들어가기에 알맞은 말은 '겹문장'이다. ④는 주어('친구는')와 서술어('먹었다')의 관계가 한 번만 나타나는 홑문장이다.

오답 풀이 ① 명사절을 가진 안은문장이다.
② 관형절을 가진 안은문장이다.
③ 부사절을 가진 안은문장이다.
⑤ 종속적으로 이어진 문장이다.

**08** ③은 '과연 그는 예술가로구나.'라는 홑문장이 '예술가가 훌륭하다.'라는 홑문장을 관형절로 안고 있는 겹문장이

다. ④는 '수지는 (무엇을) 바랐다.'라는 홑문장이 '은주가 팝송을 부르다.'라는 홑문장을 명사절로 안고 있는 겹문장이다.

**09** '조건 2'에 따라 [문장 1]과 [문장 2]를 결합하여 원인과 결과의 의미 관계로 종속적으로 이어진 문장을 만들 수 있다.

**10** 〈보기〉는 홑문장의 확대 방식에 따라 겹문장을 이어진문장과 안은문장으로 구분하고 있다. ①은 '키가 매우 크다'라는 서술절을 가진 안은문장이고, ②는 '소리도 없이'라는 부사절을 가진 안은문장이다. ③은 '그가 범인이 아님'이라는 명사절을 가진 안은문장이고, ④는 '인간은 존엄하다고'라는 인용절을 가진 안은문장이다. ⑤는 이어진문장으로 나머지와 문장의 종류가 다르다.

**11** 〈보기〉에서는 목적어 역할을 하는 명사절을 가진 안은문장에 대해 설명하고 있으며, ⑤에서 '연주가 잠이 많음'이라는 명사절이 목적어 역할을 하고 있다.
[오답 풀이] ① '해내기'라는 명사절이 주어 역할을 하고 있다.
② '동생이 태어난'이라는 관형절이 관형어 역할을 하고 있다.
③ '선물을 받은'이라는 관형절이 관형어 역할을 하고 있다.
④ '간식을 먹기'라는 명사절이 부사어 역할을, '늦은'이라는 관형절이 관형어 역할을 하고 있다.

**12** (가)는 이어진문장이고, (나)는 안은문장이다. 이어진문장과 안은문장은 문장의 확대 방식을 기준으로 구분할 수 있다.

**13** 〈보기〉는 두 홑문장을 결합하여 대등하게 이어진 문장을 만드는 과정으로, ④는 앞뒤 절이 대조의 의미 관계로 대등하게 이어진 문장이다.
[오답 풀이] ①, ②, ③ 종속적으로 이어진 문장이다.
⑤ '연주가 재주가 많음'이라는 명사절을 가진 안은문장이다.

**14** ①은 두 홑문장 '길이 너무 좁다.'와 '차가 못 지나간다.'가 원인과 결과의 의미 관계로 종속적으로 이어진 문장이며, 부사어 '너무'와 '못'이 사용되었으므로 〈보기〉의 설명에 해당한다. ③도 원인과 결과의 의미 관계로 종속적으로 이어진 문장이지만 부사어가 사용되지 않았다.

[오답 풀이] ② 나열의 의미 관계로 대등하게 이어진 문장이다.
③ 원인과 결과의 의미 관계로 종속적으로 이어진 문장이다.
④ 대조의 의미 관계로 대등하게 이어진 문장이다.
⑤ 나열의 의미 관계로 대등하게 이어진 문장이다.

**15** ①, ③, ⑤는 종속적으로 이어진 문장이고, ②는 대등하게 이어진 문장이다. ④는 '자식이 건강하기'라는 명사절을 가진 안은문장이다.

**16** ㉡은 조건, ㉣은 의도, ㉤은 원인과 결과의 의미 관계로 종속적으로 이어진 문장이다.
[오답 풀이] ㉠은 나열, ㉢은 대조의 의미 관계로 대등하게 이어진 문장이다.

**17** 대등하게 이어진 문장은 앞뒤 절의 순서를 바꾸어도 문장의 의미가 달라지지 않고, 종속적으로 이어진 문장은 앞뒤 절의 순서를 바꾸면 문장의 의미가 달라지거나 어색해진다. ⑤는 앞 절과 뒤 절의 순서를 바꿔도 의미가 달라지지 않으므로 대등하게 이어진 문장이다.

**18** 〈보기〉는 홑문장 '사공이 많다.'와 '배가 산으로 간다.'가 연결 어미 '-(으)면'을 통해 조건의 의미 관계로 이어져 있다.

**1** ③   **1-1** ②   **2** ④   **2-1** ⑤   **3** ④   **3-1** ②   **3-2** 소희는 시골에서 온 현수를 어제 만났다.(소희는 시골에서 어제 온 현수를 만났다.)   **4** ③   **4-1** ①, ③

**1** ③에서 '머리카락이 휘날리게'는 용언 '달렸다'를 꾸며 주는 안긴문장으로, 문장 안에서 부사어 역할을 하는 부사절이다.

**1-1** 명사절은 문장에서 주어, 목적어의 역할 외에 부사어의 역할을 하기도 하는데, 명사절이 부사어 역할을 수행하기 위해서는 부사격 조사와 결합해야 한다. ②에서는 '나는 너를 포기할 수 없단다.'라는 홑문장 안에 '나는 너를 사랑하다.'라는 홑문장이 원인임을 나타내는 부사격 조사 '에'와 결합하여 부사어 역할을 하고 있다.

오답 풀이 ① 안긴문장 '내가 건강하다.'와 명사형 어미 '-기'가 결합하여 목적어 역할을 하고 있다.

③ 안긴문장 '비가 내리다.'와 보조사 '까지'가 결합하여 목적어 역할을 하고 있다.

④ 안긴문장 '그가 옳다.'와 명사형 어미 '-(으)ㅁ'이 결합하여 목적어 역할을 하고 있다.

⑤ 안긴문장 '그 사람이 범인이다.'와 명사형 어미 '-(으)ㅁ'이 결합하여 주어 역할을 하고 있다.

**2** 부사어 '결코'는 부정적인 의미의 서술어와 호응한다. 따라서 ④는 '사람은 결코 어떠한 순간에도 꿈을 버려서는 안 된다.' 등으로 바꾸어야 문장의 호응이 자연스럽다.

**2-1** ⓐ와 ⓑ는 모두 일상생활에서 사용하기에도 부정확한 문장으로, 의미가 제대로 전해지지 않아 의사소통에 불편함을 불러올 수 있다.

**3** ④는 '나'가 강아지를 보았고, 그 강아지의 털이 아름답다는 한 가지 의미로만 해석되는 문장이다.

오답 풀이 ① 사람들이 전원 오지 않았다는 의미와 사람들이 오기는 왔는데 일부만 왔다는 두 가지 의미로 해석할 수 있다.

② 내가 형과 함께 아우를 찾아다녔다는 의미와 나 혼자 형과 아우를 찾아다녔다는 두 가지 의미로 해석된다.

③ '게으른'이 꾸며 주는 대상이 '토끼'인지 '거북이'인지 둘 다인지 명확하지 않다.

⑤ '키가 큰'이 꾸며 주는 대상이 '할머니'인지 '손자'인지

명확하지 않다.

**3-1** ②는 관형어 '착한'이 꾸며 주는 대상이 '동생'인지 '친구'인지 명확하지 않으므로 동생이 착하다는 의미와 동생의 친구가 착하다는 두 가지 의미로 해석할 수 있다.

**3-2** 제시된 문장은 부사어 '어제'가 '만났다'를 꾸며 주는지 '온'을 꾸며 주는지에 따라 두 가지 의미로 해석할 수 있다. 이러한 경우에는 어순을 조정하여 중의성을 해소할 수 있다.

**4** 겹문장은 두 단위 이상의 생각이 한 문장으로 집약되어 이들 사이의 연결 관계를 쉽게 파악할 수 있으므로, 홑문장으로 구성된 (가)가 (나)보다 사건의 흐름을 파악하는 데 효과적이라는 설명은 적절하지 않다.

**4-1** 겹문장으로 표현하면 복잡한 내용을 논리적이고 집중력 있게 전달할 수 있고, 내용 간의 논리적인 관계가 명확하게 드러나서 글의 흐름을 파악하기 쉬워진다.

**01** ①   **02** ⑤   **03** ③   **04** (1) 도현이가 "내가 학교로 갈게."라고 말했다. (2) 도현이가 자기가 학교로 간다(가겠다)고 말했다. **05** ④   **06** (1) 주어 '비(가)'와 서술어 '불었다'가 호응하지 않는다. (2) 어제는 하루 종일 비가 내리고 바람이 불었다.   **07** ③   **08** ⑤   **09** ①   **10** ③   **11** ⑤   **12** ②   **13** (1) 형은 나를 좋아하는 것보다 엄마를 더 좋아한다. (2) 형은 내가 엄마를 좋아하는 것보다 엄마를 더 좋아한다.   **14** ⑤   **15** ②   **16** ⑤

**01** 〈보기〉는 홑문장 '오래전에 우리는 (무엇을) 알았다.' 안에 홑문장 '지예가 천재이다.'가 절의 형태로 들어가 하나의 문장 성분처럼 쓰이는 안은문장이다. 두 홑문장이 결합하는 과정에서 생략된 문장 성분은 없다.

# 정답과 해설

**02** 〈보기〉의 문장에서 안긴문장은 '밤이 깊도록'으로, 문장 안에서 서술어 '그렸다'를 꾸며 주는 부사어 역할을 하고 있다. ⑤에서도 안긴문장 '머리카락이 휘날리게'가 문장 안에서 부사어의 역할을 하고 있다.

오답 풀이 ①에서는 '그가 떠났음', ②에서는 '목소리가 고우시다', ③에서는 '언니가 만든', ④에서는 '엄마가 빨리 오기'가 안긴문장이며, 각각 문장 안에서 목적어, 서술어, 관형어, 목적어 역할을 하고 있다.

**03** ①의 '내가 돕기', ②의 '친구가 건강해지기', ④의 '엄마가 돌아오시기', ⑤의 '내가 이미 상을 받았음'은 명사절로, 모두 문장 안에서 목적어 역할을 하고 있다. ③의 안긴문 장인 '내가 왔다는'은 체언 '사실'을 꾸며 주는 관형절이다.

**04** 직접 인용에서는 인용 부호와 함께 직접 인용격 조사 '라고'를 사용한다. 간접 인용에서는 인용 부호 없이 간접 인용격 조사 '고'를 사용한다. 또한 직접 인용을 간접 인용으로 바꿀 경우, 대명사를 적절하게 바꿔 주어야 한다.

**05** ㉣은 명사절로, 문장 안에서 부사어 역할을 하고 있다.

**06** 둘 이상의 주어나 목적어가 접속 조사 '와/과'로 연결되어 있는 경우, 각각의 주어나 목적어가 서술어와 호응하는지 살펴보아야 한다. 〈보기〉에서 주어 '비(가)'는 서술어 '불었다'와 호응하지 않는다.

**07** ③은 '나는 버스를 기다렸다.'라는 홑문장 안에 '눈이 빠지다.'라는 홑문장이 부사절의 형태로 안겨 있는 안은문장이다. 나머지는 모두 이어진문장이다.

**08** '손뼉(을)'은 '치다'와 호응하고 '환호성을'은 '지르다'와 호응하므로, ㉤의 '손뼉과 환호성을 지르며'는 '손뼉을 치고 환호성을 지르며'로 고치는 것이 적절하다.

**09** ①에서는 서술어 '닮았다'에 대한 부사어 '무엇과'가 생략되어 있으므로 의미가 온전하게 전달되지 않는 문장이다.

**10** ㉠은 '멋진'이 꾸며 주는 대상이 무엇인지에 따라 두 가지 의미로 해석되는 중의적 표현이다. '멋진'이 '오빠'를 꾸며 주는지, '오빠의 친구'를 꾸며 주는지에 따라 문장이 서로 다른 의미로 해석되지만, '멋진'이라는 단어 자체의 의미는 동일하다.

**11** 〈보기〉의 앞 절에는 주어('이이의 호는')와 서술어('율곡이며')가 드러나 있지만, 뒤 절에는 서술어('유학자이다')

만 드러나고 주어는 생략되어 있다.

**12** 〈보기〉의 (가)는 홑문장으로 이루어진 글이고, (나)는 (가)를 겹문장으로 바꾼 글이다. (나)에서는 (가)에서 반복되고 있는 내용을 생략하여 내용의 중복을 피하고 내용을 집중력 있게 표현하고 있다.

**13** 〈보기〉의 문장은 비교 대상이 '나'와 '엄마'인 경우와 '나'와 '형'인 경우에 서로 다른 의미로 해석되는 중의적 표현이다.

**14** ①은 '다'의 수식 범위에 따라 친구들이 일부만 왔다는 의미와 전원이 오지 않았다는 의미로 해석된다. ②는 조사 '의'의 의미에 따라 영희가 찍은 사진이라는 의미와 영희를 찍은 사진이라는 의미, 영희 소유의 사진이라는 의미로 해석된다. ③은 세영이가 승수와 함께 재희를 찾았다는 의미와 세영이 혼자 승수와 재희를 찾았다는 의미로 해석된다. ④는 주어와 목적어의 범위가 명확하지 않아서 철수와 영희가 부부가 되었다는 의미와 철수와 영희가 각자 결혼했다는 의미로 해석된다.

**15** (가)는 5개의 홑문장으로 이루어진 글이고, (나)는 5개의 홑문장을 결합하여 겹문장 하나로 고쳐 쓴 글이다. (나)와 같이 고쳐 씀으로써 사건의 전후 관계나 논리적인 관계가 좀 더 잘 드러나는 효과가 있다. ②는 홑문장을 주로 사용했을 때 얻을 수 있는 표현 효과이다.

**16** 제시된 글은 여러 개의 홑문장이 결합된 겹문장으로 구성된 글이다. 겹문장으로 표현하면 두 단위 이상의 생각이 한 문장으로 집약되어 이들 사이의 연결 관계를 파악하기 쉽다.

01 ② 02 ⑤ 03 ④ 04 (나)는 주성분의 내용을 자세하게 꾸며 주는 부속 성분이고, (다)는 문장을 이루는 데 기본적으로 필요한 주성분이다. 05 ⑤ 06 ⑤ 07 ① 08 ⑤ 09 ③ 10 ⑤ 11 (1) 사과가 정말 빨갛고 참 달콤하다.(사과가 참 달콤하고 정말 빨갛다.) (2) 정말 빨간 사과가 참 달콤하다.(참 달콤한 사과가 정말 빨갛다.) 12 ① 13 ③ 14 ④ 15 (1) 윤경이는 혼자서 혜성이와 영주를 불렀다. (2) 슬기가 보고 싶어 하는 친구가 많다. 16 (1) 서술어 '방지하려면'이 '질서를'과 호응하지 않아 어색한 문장이다. (2) 사고를 방지하고 질서를 지키려면(유지하려면) 우리 모두 복도에서 뛰지 말아야 합니다.

01 '어찌하다'에 해당하는 말은 동사, '어떠하다'에 해당하는 말은 형용사, '무엇이다'에 해당하는 말은 '체언 + 조사'이다. ②의 서술어 '뛰어간다'는 동사이고, 나머지는 모두 형용사이다.

02 ㉠에 사용된 독립어 '와'는 독립 성분이므로 ㉠과 ㉡이 주성분과 부속 성분으로만 이루어졌다는 설명은 적절하지 않다.

오답 풀이 ① ㉠에는 주성분인 주어 '옷이'와 서술어 '예쁘다'가 사용되었다.
② ㉡은 '소리도 없다.'라는 홑문장이 '꽃이 활짝 피었다.'라는 홑문장 안에서 부사어 역할을 하는 안은문장으로, 문장 전체의 주어는 '꽃이', 문장 전체의 서술어는 '피었다'이다.
③ ㉠은 주어와 서술어가 한 번만 나타나는 홑문장이고, ㉡은 부사절을 안고 있는 안은문장이다.
④ ㉠의 '정말'과 ㉡의 '활짝'은 모두 용언을 꾸며 주는 부사어이다.

03 ㉣은 '되었다' 앞에서 문장의 의미를 보충하는 보어이다.
오답 풀이 ① ㉠ 서술어가 나타내는 동작의 대상이 되는 목적어이다.
② ㉡ 관형어 '새하얀'을 꾸며 주는 부사어이다.
③ ㉢ 용언 '터뜨렸다'를 꾸며 주는 접속 부사로, 독립적으로 사용되지 않는다.
⑤ ㉤ 용언 '드셨다'를 꾸며 주는 부사어로 체언과 부사격 조사가 결합한 형태이다.

04 (나)의 '까만'은 체언 '모자'를 꾸며 주는 관형어이고 '정말'은 용언 '멋있다'를 꾸며 주는 부사어로, 부속 성분에 해당한다. (다)의 '모자가'는 주어이고 '멋있다'는 서술어로, 주성분에 해당한다.

05 부사어는 주로 용언(동사, 형용사)을 꾸며 주는 문장 성분이며, 때로는 관형어나 다른 부사어를 꾸며 주기도 하고 문장 전체를 꾸며 주기도 한다. 서술어 '되다/아니다' 앞에서 의미를 보충하는 것은 '보어'의 역할이다.
오답 풀이 ①은 ⓐ와 ⓔ, ②는 ⓒ, ③은 ⓑ와 ⓓ, ④는 ⓔ에 해당하는 설명이다.

06 제시된 문장은 '설이 되다.', '어머니는 가족들의 옷을 준비하다.', '어머니는 음식을 장만하셨다.'라는 3개의 홑문장이 결합한 겹문장이다. ⑤의 문장도 '영재는 야구공이 좋다.', '삼촌이 야구공을 영재에게 주었다.', '영재는 깡충깡충 뛰었다.'라는 3개의 홑문장으로 구성되어 있다.
오답 풀이 ① '나는 소리를 들었다.'와 '비가 오다.'라는 2개의 홑문장으로 구성되어 있다.
② '그는 사실을 몰랐다'와 '우리가 돌아왔다.'라는 2개의 홑문장으로 구성되어 있다.
③ '이번에도 (무엇)을 바란다.'와 '너의 일이 잘되다.'라는 2개의 홑문장으로 구성되어 있다.
④ '선생님께서 말씀하셨다.'와 '다음에 또 보자.'라는 2개의 홑문장으로 구성되어 있다.

07 제시된 문장은 기본 구조가 '무엇이 + 어찌하다'인 홑문장으로, '관형어 + 관형어 + 주어 + 부사어 + 서술어'로 구성되어 있다. 관형어로는 '우리'와 '모두의' 2개가, 부사어로는 '반드시' 1개가 사용되었다. 문장 전체의 주어는 '꿈은'이고, 서술어는 '이루어진다'이다.

08 ⓐ, ⓓ, ⓔ는 각각 원인, 양보, 의도의 의미 관계로 종속적으로 이어진 문장이다. ⓑ와 ⓒ는 두 가지 이상의 움직임이나 사태가 동시에 겸하여 있음을 나타내는 연결 어미 '-며'와 '-면서'를 사용하고 있으므로, 대등하게 이어진 문장이다.

📝 자료실
연결 어미
　용언의 어간에 붙어 다음 말에 연결하는 역할을 하는 어미를 말한다.
① 대등적 연결 어미
　• 나열: -고, -(으)며 등
　• 대조: -지만, -(으)나 등

• 선택: -거나, -든지 등
② 종속적 연결 어미
• 원인: - 아서/어서, - (으)니 등
• 조건: - (으)면, -거든 등
• 목적·의도: - (으)러, - (으)려고 등

**09** ㉡은 '그대는 내게 행복을 주다.'라는 홑문장이 '그대는 사람이다.'라는 홑문장 안에서 관형어 역할을 하는 안은문장이다. 이때 안은문장의 주어는 '그대는'이고 안긴문장의 주어도 '그대는'이므로, 안은문장과 안긴문장의 주어가 같다.

**10** 〈보기〉는 '나는 그녀가 만든 꽃다발을 받았다.'와 '나는 무척 기뻤다.'가 원인과 결과의 의미 관계로 종속적으로 이어진 문장이다. 또한 문장의 앞 절은 '나는 꽃다발을 받았다.'라는 홑문장 속에 '그녀가 꽃다발을 만들었다.'라는 홑문장이 절의 형태로 들어가 관형어 역할을 하는 관형절을 가진 안은문장이다. 여기서 안은문장의 목적어와 안긴문장의 목적어가 모두 '꽃다발을'이기 때문에 안긴문장의 목적어가 생략되었음을 알 수 있다. 문장 전체의 서술어는 '받아서'와 '기뻤다'로 두 개이다.

**11** 〈보기〉의 두 홑문장은 의미 관계가 대등하므로 나열의 의미 관계로 대등하게 이어진 문장을 만들 수 있다. 또한 두 홑문장의 주어가 '사과가'로 동일하므로 한 문장을 관형절로 활용하여 안은문장을 만들 수 있다.

**12** ㉠은 주어와 서술어의 호응이 어색하므로 '찬바람과 눈이 내렸다'를 '찬바람이 불고 눈이 내렸다'로 수정해야 한다. ㉡은 앞뒤 절이 원인과 결과의 의미 관계로 이어지므로 '장마철이지만'을 '장마철이어서'로 수정해야 한다. ㉢은 주어와 서술어의 호응이 어색하므로 '함께 산다'를 '함께 사는 것이다'로 수정해야 한다.

**13** ③은 문장을 이루는 데 기본적으로 필요한 주성분이 갖추어져 있는 온전한 문장이다. 홑문장 '가는 말이 곱다.'와 '오는 말이 곱다.'가 연결된 이어진문장이며, 관형절 '가는'과 '오는'이 관형어 역할을 하는 안은문장이다.

오답 풀이 ① '호랑이도 온다.'와 '(누가) 제 말 하다.'가 이어진 문장이다.
② 홑문장이다.
④ '(누가) 물에 빠지다.'와 '(누가) 지푸라기라도 잡는다.'가 이어진 문장이다.

⑤ 관형절 '겨 묻은'과 '똥 묻은'이 관형어 역할을 하는 안은문장이다.

**14** 제시된 글은 홑문장을 사용하여 긴박감과 속도감을 주고 있다. 내용을 집약적으로 전달하고, 사건들의 전후 관계와 인과 관계가 명확히 드러나는 것은 겹문장의 표현 효과이다.

**15** (1) '혜성이와'가 주어에 속하는지 목적어에 속하는지에 따라 윤경이가 혜성이와 둘이서 영주를 불렀다는 의미와 윤경이가 혼자서 혜성이와 영주 두 사람을 불렀다는 의미로 해석할 수 있다.
(2) '슬기가'가 주어인지 목적어인지에 따라 슬기가 많은 친구를 보고 싶어 한다는 의미와 많은 친구가 슬기를 보고 싶어 한다는 의미로 해석할 수 있다.

**16** '질서를 방지하다'라는 표현은 목적어와 서술어의 호응이 적절하지 않으므로, '질서를'에 호응하는 적절한 서술어를 추가해야 한다.

**01** [A]: 찬미가, 모자를, 썼다, 개미가, 먹이를, 나르네, 범수가, 유리창을, 닦았다 [B]: 새, 부지런히, 모든, 깨끗이 [C]: 어머 **02** ④ **03** (1) ㉠ (2) ㉢, ㉤ (3) ㉡, ㉣ **04** 가현 **05** (1) 겹문장, 안은문장, 서술절을 가진 안은문장 (2) 겹문장, 안은문장, 관형절을 가진 안은문장

**01** [A]는 주성분이고, [B]는 부속 성분, [C]는 독립 성분이다. 주성분에는 주어, 서술어, 목적어, 보어가 해당하고, 부속 성분에는 관형어와 부사어, 독립 성분에는 독립어가 해당한다.

**02** 서술어가 형용사이거나 자동사인 경우에는 주어와 서술어만으로 온전한 문장을 이룰 수 있다. ⓐ의 서술어 '파랗다'는 형용사이고, ⓑ의 서술어 '달린다'는 자동사이므로 ④의 설명은 적절하다.
　오답 풀이　① ⓐ의 주어는 '하늘이', ⓑ의 주어는 '지후가', ⓒ의 주어는 '우리는', ⓓ의 주어는 '하은이는'이다.
② ⓐ의 서술어는 '파랗다', ⓑ의 서술어는 '달린다', ⓒ의 서술어는 '먹는다', ⓓ의 서술어는 '되었다'이다.
③ ⓐ~ⓓ에 사용된 문장 성분은 모두 주성분이다.
⑤ ⓒ에는 목적어 '밥을'이 사용되었고, ⓓ에는 보어 '회장이'가 사용되었다.

**03** ㉠은 홑문장이고, ㉡은 명사절 '금메달을 따기'가 안겨 있는 안은문장, ㉣은 관형절 '삼촌이 여행을 떠난'이 안겨 있는 안은문장이다. ㉢은 종속적으로 이어진 문장이고, ㉤은 대등하게 이어진 문장이다.

**04** ㉠은 서술절 '정말 키가 작다'를 가진 안은문장이고, ㉢은 관형절 '내가 좋아하는'을 가진 안은문장이다. ㉡, ㉣은 이어진문장이고, ㉤은 홑문장이다. ㉤에서 '이어달리기'는 육상 경기의 이름인 명사이므로 명사절로 취급할 수 없다.

**05** (1)과 (2)는 모두 주어와 서술어의 관계가 두 번 나타나는 겹문장이자 안은문장이다. (1)에서는 '가슴이 설렜다.'가 서술어 역할을 하고 있으므로 (1)은 서술절을 가진 안은문장이다. (2)에서는 '원피스가 빨갛다.'가 절의 형태로 안겨서 관형어 역할을 하고 있으므로 (2)는 관형절을 가진 안은문장이다.

**06** ②, ⑤ **07** ㉠과 ㉡은 모두 형용사이지만 ㉠은 관형어이고 ㉡은 서술어이다. **08** ⓑ **09** '예정이며,'를 '예정입니다.'로, '바라며,'를 '바랍니다.'로 수정하여 긴 호흡의 문장을 짧게 고친다. **10** ④ **11** (1) 서술어 '되었다'가 필요로 하는 문장 성분인 보어가 없기 때문이다. (2) 그는 존경받는 인물이(사람이) 되었다. **12** ②

**06** ②는 주어와 서술어의 관계가 한 번 나타나는 홑문장이고, ⑤는 '우리는 소풍을 연기했다.'와 '비가 오다.'가 결합한 이어진문장이다.
　오답 풀이　① '진수는 (어떠하다).'와 '마음씨가 착하다.'가 결합한 안은문장이다.
③은 '낙엽이 흩날리다.'와 '가을이 왔다.'가 결합한 안은문장이다.
④는 '아이가 바람개비를 들다.'와 '아이가 달린다.'가 결합한 안은문장이다.

**07** ㉠과 ㉡의 품사는 형용사로 같지만, ㉠은 '사과'를 꾸며 주는 관형어이고 ㉡은 '사과'의 성질을 풀이해 주는 서술어이다.

**08** ⓑ는 '말이 천 리 간다.'와 '말이 발(이) 없다.'가 결합한 안은문장이다. ⓐ, ⓒ는 홑문장이고, ⓓ는 종속적으로 이어진 문장이다.

**09** 길이가 긴 겹문장은 단번에 의미를 파악하기 어렵고, 문장 성분 사이의 호응이 어색할 수도 있다. 그러므로 적절한 길이의 문장으로 고쳐 쓰면 의미를 명확하게 전달하는 데 도움이 된다.

**10** ㉣에는 서술어 '주셨다'의 주어가 생략되어 있다. 따라서 ㉣은 주어를 추가하여 '할머니께서 나에게 비싼 생일 선물을 주셨다.'와 같이 고쳐 써야 한다.

**11** 서술어 '되다(되었다)'는 주어와 보어가 있어야 온전한 문장을 이룰 수 있다.

**12** 제시된 상품 평은 차례대로 홑문장, 이어진문장, 홑문장으로 이루어져 있으므로 〈조건〉을 지키려면 안은문장이 추가되어야 한다. ②는 '운동화는 하얗다.'라는 홑문장이 문장 안에서 관형어 역할을 하고 있으므로 관형절을 가진 안은문장이다.
　오답 풀이　①, ③은 홑문장이고 ④, ⑤는 이어진문장이다.

# 3주 통일 시대의 국어

## 1일 개념 돌파 전략 1
64~67쪽

**01** ⓒ　**02** 맞춤법, 동질성　**03** 〈한글 맞춤법〉　**04** ⓒ
**05** 사이시옷　**06** 남한, 북한　**07** (1) 남 (2) 북　**08** ⓒ
**09** ㉠　**10** 이념　**11** ⓒ　**12** 고유어, 이념

**01** 남북의 언어는 문장 구조나 단어 사용에 큰 차이가 없고, 소리대로 적는 표기와 어법에 맞게 본래 형태를 밝혀 적는 표기를 사용한다는 공통점이 있어서 의사소통에 큰 문제가 없다.

**02** 남한과 북한의 맞춤법은 〈한글 맞춤법 통일안(1933)〉을 바탕으로 하며, 남북은 단일 언어와 문자를 사용하는 한 민족이기 때문에 남북의 언어는 동질성을 가진다.

**03** 남한의 맞춤법 규정은 〈한글 맞춤법〉이고, 〈조선말 규범집〉은 북한의 맞춤법 규정이다.

**04** 북한에서는 두음 법칙을 인정하지 않지만, 남한에서는 두음 법칙을 인정하여 한자어 첫머리에 'ㄴ', 'ㄹ'이 올 경우 'ㅇ'이나 'ㄴ'으로 쓴다.

**05** 남한에서는 '나룻배', 북한에서는 '나루배'라고 쓰는 것은 단어를 표기할 때 남한에서는 사이시옷을 쓰지만, 북한에서는 사이시옷을 쓰지 않기 때문이다.

**06** 남한에서는 의존 명사를 띄어 쓰지만, 북한에서는 의존 명사를 붙여 쓴다.

**07** (1) '아내, 빛깔, 일꾼, 오뚝이, 숨바꼭질'은 남한의 맞춤법에 따라 표기한 것이다.
(2) '안해, 빛갈, 일군, 오또기, 숨박곡질'은 북한의 맞춤법에 따라 표기한 것이다.

**08** 남북에서 사용하는 어휘 중에는 '우유'와 '소젖', '화장실'과 '위생실'처럼 같은 대상을 가리키지만 형태가 다른 어휘가 있다. 외래어를 많이 사용하는 것은 남한 언어의 특징이며, 남북의 어휘 중에는 형태가 같지만 의미가 다른 것도 있다.

**09** 남한과 북한에서 '일없습니다.'라는 말의 의미가 달라서 오해가 발생한 대화 상황으로, 대화 참여자 모두 상대방이 모르는 단어를 사용하지는 않았다.

**10** 남한과 북한에 서로 다른 정치 체제가 들어서고 서로의 이념과 가치가 달라져서, 원래 같은 의미로 사용했던 단어가 다른 의미로 쓰이는 경우가 생겨났다.

**11** 남북 언어의 차이가 더 심해지면 의사소통에 어려움이 생기고 오해나 갈등이 발생할 수 있으므로, 남북 관계를 개선하고 통일을 준비하기 위해서는 남북 언어의 차이를 극복하고 동질성을 회복하려는 노력이 필요하다.

**12** 남북 언어의 차이를 극복하기 위해서 남한은 외래어나 외국어의 지나친 사용을 자제하며 고유어를 살려 쓰도록 노력해야 하고, 북한은 언어를 지나치게 인위적으로 다듬거나 이념적인 도구로 사용하는 것을 지양해야 한다.

## 1일 개념 돌파 전략 2
68~69쪽

**01** ③　**02** ⑤　**03** ①　**04** ③　**05** ③　**06** ②

**01** 남북 언어는 문장 구조가 동일하고 사용하는 단어에 큰 차이가 없기 때문에 서로 의사소통하는 데 큰 어려움은 없다.

**02** 남북 언어는 소리대로 적는 표기와 어법에 맞게 적는 표기를 모두 사용한다는 공통점이 있지만, 북한에서는 남한과 달리 두음 법칙을 인정하지 않고 사이시옷을 쓰지 않는다는 차이점이 있다. ⑤의 '장맛비'는 사이시옷 표기를 하여 남한의 맞춤법을 따른 표기이므로 고치지 않아도 된다.

> **자료실**
>
> **두음 법칙**
>　두음 법칙이란 어떤 소리가 단어의 첫머리에서 발음되는 것을 꺼려 다른 소리로 바꾸어 발음하는 현상이다.
>　국어에서는 단어의 첫머리에 'ㄹ'이 오는 것을 꺼리는 경향이 있어서 단어 첫머리의 'ㄹ'을 'ㄴ'이나 'ㅇ'으로 바꾸어 쓴다.
> • ㄹ → ㄴ 예 래일 → 내일, 로인 → 노인
> • ㄹ → ㅇ 예 량심 → 양심, 례절 → 예절
>　단어 첫머리에서 'ㄴ'은 'ㅣ'나 'ㅣ'가 포함된 이중 모음 'ㅑ, ㅕ, ㅛ, ㅠ, ㅖ' 등과는 함께 쓰지 않는다. 이때 'ㄴ'은 'ㅇ'으로 바뀐다.
> • ㄴ → ㅇ 예 뇨소 → 요소, 니불 → 이불

**03** 제시된 글은 북한의 동화로 남북 언어의 차이가 크지 않아서 내용을 쉽게 이해할 수 있지만, 두음 법칙을 인정하지 않고 사이시옷을 쓰지 않는다는 점에서 남한 언어와의 차이가 드러난다.

**04** 제시된 글은 북한에서 월드컵 축구 경기를 중계한 자료이다. 남한에서는 외래어를 그대로 사용하여 '골키퍼', '슈팅', '패스'라고 하는 것과 달리 북한에서는 '문지기', '차넣기', '연락' 등으로 다듬어 사용하고 있다.

**05** ③의 '역사'와 '력사'는 '인류 사회의 변천과 흥망의 과정, 또는 그 기록'이라는 동일한 의미를 나타내는 말로, 맞춤법(두음 법칙)의 차이 때문에 표기가 다를 뿐 형태가 다른 단어는 아니다.

**06** 제시된 자료는 남한에서 '오징어'라고 부르는 생물을 북한에서는 '낙지'라고 부르기 때문에 오해가 발생한 상황을 보여 준다. 이러한 언어 차이를 극복하기 위해서는 남북 공동 사전을 만들어 남북이 다르게 사용하는 어휘들을 협의를 통해 통합하는 등 언어의 차이를 좁히려는 노력이 필요하다.

**1** ③　**1-1** ②　**2** ③　**2-1** ⑤　**3** ⑤　**3-1** ④　**3-2** 지호는 소풍을 가다가 돌풍이 불어 놀라 넘어졌다.　**4** ④　**4-1** ④

**1** 북한의 언어 자료인 〈보기〉를 이해하는 데 큰 어려움이 없으므로 남북 언어가 서로 의사소통이 불가능한 수준으로 이질화되지는 않았음을 알 수 있다.

**1-1** 남한의 맞춤법에 따른다면 '씨름구경군'은 '씨름 구경꾼', '바지저고리우에'는 '바지저고리 위에'로 고쳐 써야 하므로, 남북의 맞춤법 규정이 일치한다는 설명은 적절하지 않다.

**2** 〈보기〉는 남한과 북한에서 같은 대상을 가리키는 단어의 형태가 다른 예이므로, 어휘 면에서 드러나는 남북 언어의 이질성을 알 수 있다.

**2-1** 북한에서는 1960년대 중반부터 본격적으로 말다듬기 운동을 전개하여 '끌차(←견인차)', '밥상칼(←나이프)' 등과 같이 한자어나 외래어를 다듬어 사용하고 있다.

**3** 북한 말 '에스키모'에 대응하는 남한 말은 '아이스크림'이다.

**3-1** 북한 말 '원주필'에 대응하는 남한 말은 '볼펜'이다.

**3-2** 북한 말 '들놀이'와 '갑작바람'은 남한 말로 각각 '소풍'과 '돌풍'이다.

**4** 북한에서는 남한과 달리 발음과 표기에서 두음 법칙을 인정하지 않기 때문에 남한에서 '여성', '연애'로 발음하고 표기하는 것을 북한에서는 '녀성', '련애'로 발음하고 표기한다.

**4-1** 북한에서도 남한과 마찬가지로 글자 단위가 아닌 단어 단위로 띄어쓰기를 한다. 다만 남한에서는 의존 명사를 붙여 쓰고 북한에서는 띄어 쓰는 등의 차이가 있다.

01 ⑤  02 ①  03 (1) 겨울량식 (2) 남한에서는 두음 법칙을 인정하므로 '겨울 양식'으로 표기하고, 북한에서는 두음 법칙을 인정하지 않으므로 '겨울량식'으로 표기한다.  04 ③  05 ②  06 ②  07 ③  08 사회주의 이념이나 북한 특유의 사상과 제도가 어휘의 의미에 영향을 주었다.(북한의 사상과 제도를 반영하여 의미가 달라진 어휘가 있다.)  09 ②  10 ⑤  11 의미는 같지만 형태가 다른 단어(같은 의미를 나타내지만 형태가 다른 단어)  12 ⑤

01 남한과 북한의 맞춤법은 모두 분단 이전에 만들어진 〈한글 맞춤법 통일안(1933)〉에 뿌리를 두고 있어서, 소리대로 적는 표기와 어법에 맞게 적는 표기를 모두 인정하고 있다. 제시된 글에서 '씨름', '바지', '저고리' 등은 소리대로 표기한 예이고 '겉옷'이나 '입었다'는 어법에 맞게 표기한 예로, 남북이 동일하게 표기하는 단어들이다.

02 ㉠ '속성음식쎈터'를 남한에서는 '패스트푸드점'이라고 한다. ㉡ '튀기료리'는 두음 법칙 표기와 띄어쓰기가 남한과 다른 경우이다. ㉢ '남새쌀라드'는 어휘 사용과 외래어 표기가 남한과 다른 경우이다. ㉣ '고간'과 ㉤ '메돼지'는 사이시옷 사용이 남한과 다른 경우이다.

03 북한에서는 두음 법칙을 표기에 적용하지 않는데, 한자어 첫머리에 'ㄹ'이 오는 '량식'이 그 예이다.

04 (나)에서 남북은 〈한글 맞춤법 통일안(1933)〉을 뿌리로 하고 있지만 분단 이후 서로 교류 없이 각자 맞춤법을 수정해 왔기 때문에 차이가 생기게 되었다고 설명하고 있다.

05 '나이'의 높임말인 '연세(年歲)'의 경우 남한에서는 두음 법칙을 인정하여 '연세'로 표기하고, 북한에서는 두음 법칙을 인정하지 않기 때문에 '년세'로 표기한다

06 남한에서는 '툇마루'로 표기하고 북한에서는 '퇴마루'로 표기하는 것은 사이시옷 사용에 차이가 있기 때문이므로 ⓑ가 ㉡의 예로 적절하다. ⓐ, ⓒ, ⓓ는 남한과 띄어쓰기가 다른 예이고, ⓔ는 띄어쓰기와 두음 법칙 적용이 다른 예이다.

07 (나)에서는 남한에서 표준어로 인정하지 않거나 쓰지 않는 북한의 지역 방언이 문화어로 인정된 경우가 많음을 설명하고 있지만, 남한과 북한에서 지역 방언이 표준어로 인정된 경우의 많고 적음을 비교한 내용이 드러나지 않으므로 ③은 확인할 수 없는 내용이다.

08 북한에서 '동무'를 '로동계급의 혁명위업을 이룩하기 위하여 혁명대오에서 함께 싸우는 사람을 친하게 이르는 말'로 풀이한 것으로 보아, 사회주의 이념이나 북한 특유의 사상과 제도가 어휘에 영향을 주었음을 알 수 있다.

09 '끌차'의 '차(車)'와 '밥상칼'의 '상(床)'은 한자이므로 ㉡의 말들이 모두 고유어라는 설명은 적절하지 않다.

10 이 글의 마지막 문단에서 남북 언어는 말소리, 단어, 문법 구조가 대부분 같기 때문에 아직까지는 남북 사람들의 의사소통에 큰 지장이 없다고 설명하고 있다.

11 ㉠ 앞에 제시된 '에스키모'와 '아이스크림', '소젖'과 '우유', '닭알'과 '달걀', '사탕가루'와 '설탕', '종이컵'과 '종이고뿌'는 같은 대상을 가리키는 단어이지만 그 형태가 다르다.

12 '우리', '나라', '중요한바이다'는 소리대로 적은 것이고 '력사를', '옳바르게', '아는것이'는 어법에 맞게 적은 것으로, 남한과 마찬가지로 북한에서도 두 가지 표기 방식을 모두 인정하고 있음을 알 수 있다.

1 메돼지, 표말  1-1 ②  2 ⑤  2-1 ③  3 ①  3-1 ⑤  4 ④  4-1 ③

1 〈보기〉의 '나룻배'와 '나루배'는 남북의 맞춤법이 사이시옷 사용에 차이가 있음을 보여 주는 예이다. '메돼지'와 '표말'을 남한에서는 사이시옷을 써서 각각 '멧돼지', '푯말'로 표기한다.

1-1 북한에서는 남한보다 붙여 쓰는 경우를 넓게 잡아 규정하

고 있고, 남한에서는 사이시옷을 쓰며 두음 법칙을 인정하므로 ㉠은 '마라톤 애호가들의', ㉢은 '깃발', ㉣은 '평양시 안의', ㉤은 '노동'으로 표기한다. '마라손'은 '마라톤'의 북한 표기이다. ㉡은 '진행되었다'로 표기한다.

**2** 남과 북이 분단되었다 하더라도 언어의 뿌리는 같기 때문에 지속적으로 교류했다면 서로의 언어 차이를 이해하고 줄여 나갈 수 있었을 것이다. 따라서 오랜 세월 남북이 단절된 것이 남북 언어 차이의 근본적인 원인이라고 할 수 있다.

**2-1** 남한에서는 말의 자율적인 흐름을 규범에 반영하여 외래어를 많이 수용하고 있고, 북한은 인위적으로 말을 규범화하여 이념과 제도를 지나치게 반영하고 있다는 특징이 있다.

**3** 남북 언어가 이질화되는 것과 언어의 다양성 확대는 관련이 없으므로 ①은 ⓐ에 대한 답변으로 적절하지 않다. 남북 언어의 차이가 심해지면 오해와 불신이 생기거나 의사소통이 원활하게 이루어지지 않아 남북한 화합에 걸림돌이 될 수도 있다.

**3-1** 남북 언어의 차이를 극복하는 것은 남북 관계를 개선하고 더 나아가 통일을 준비하는 데 꼭 필요한 일이다. 남북의 언어 차이와 한글을 세계에 널리 알리는 일은 직접적인 관련이 없다.

**4** 남북 언어의 이질성을 극복하기 위해서는 남한과 북한에서 다르게 사용하는 표현에 대해 서로 이해하려고 노력하고 존중하는 태도를 지녀야 한다. 어느 한쪽의 언어를 중심으로 통일하는 것은 적절한 방법이 아니다.

> **자료실**
>
> **《겨레말큰사전》**
>    남북 공동 편찬 사업회에서 편찬하는 우리말 사전이다. 2005년부터 편찬 사업이 시작되었으며, 분단 이후 남북의 국어학자들이 공동으로 집필하고 있는 최초의 사전이다.
>    올림말 선정, 새 어휘 조사 작업, 단일 어문 규범 작업, 뜻풀이 작업 등을 진행하고 있다.

**4-1** 형태와 의미에 차이가 있는 어휘는 남북이 협의를 통해 통일안을 마련하여 사용할 수 있다. 필요한 경우 새로운 단어를 만들 수는 있지만, 차이가 있는 어휘를 무조건 모두 새 단어로 만들어 통일하는 것은 오히려 혼란을 가중할 수 있으므로 적절한 방안이 아니다.

---

**01** ④  **02** 남한은 말의 자율적인 흐름을 규범에 반영했고, 북한은 인위적으로 말을 규범화했기 때문이다.  **03** ④  **04** ③  **05** ㉢, ㉤  **06** ④  **07** ⑤  **08** ④  **09** 우리 모두가 남북 언어의 차이를 극복해야 하는 필요성  **10** ②  **11** ④  **12** 남북 언어의 이질성을 극복하려면 남북 간의 교류를 확대해야 한다.

**01** 뉴스에서 독일은 서독과 동독으로 나뉘었던 시절부터 지금까지도 언어의 이질성을 극복하기 위해 《괴테 문학 용어 사전》을 만들었다고 했으므로, 분단국가였을 때부터 사전을 통해 언어의 차이를 줄여 나가고 있었다는 은솔이의 반응이 적절하다.

**02** 남한의 언어 정책은 자연스러운 말의 변화를 검토하고 정리하여 규범에 반영했고, 북한의 언어 정책은 한자 사용을 폐지하고 한글 전용 정책을 펼치는 등 인위적으로 규범화했다는 특징이 있다.

**03** 남북 언어의 차이는 서로를 이해하려는 노력 없이는 좁히기 어려우며, 통일이 된다고 해도 남북 언어의 차이가 자연스럽게 사라지지는 않는다.

**04** 《겨레말큰사전》 편찬은 남한과 북한의 학자들이 모여 남북의 어휘를 통합하고 집대성하는 데 의의가 있는 작업으로, 북한 이탈 주민을 위한 사업은 아니다.

**05** (다)에서 남북 단일팀과 같은 스포츠 분야의 민간 교류가 이루어져야 함을 이야기하고 있으나, 남북 단일 스포츠팀의 구성 비율 등의 구체적 자료가 제시되어 있지는 않다. 또한 민족 문화 공동체의 폭을 넓혀야 하는 이유도 제시되어 있지 않다.

**06** 제시된 뉴스에는 남북 단일팀 선수들이 언어 차이로 인해 의사소통에 어려움을 겪은 문제 상황이 담겨 있다. 이러한 상황을 해결하기 위해서는 서로의 언어를 이해하려는 태도를 지니는 것이 중요하다.

**07** 남북의 맞춤법은 〈한글 맞춤법 통일안(1933)〉을 뿌리로 하고 있었으나 분단 이후 교류 없이 각자 맞춤법을 수정해 왔기 때문에 남북 언어에 차이가 생겼다. 그러므로 남북의 맞춤법이 〈한글 맞춤법 통일안〉에 뿌리를 두었다는 점은 남북 언어가 달라진 이유로 적절하지 않다.

**08** 남북의 언어는 뿌리가 같기 때문에 의사소통이 안 될 정

도로 심각한 차이가 있는 것은 아니지만, 남북 언어의 이질성이 더 커지면 서로 간에 불필요한 오해나 갈등이 생길 수도 있다. 따라서 남북 언어의 이질성을 극복하는 것은 남북 관계를 개선하고 통일을 준비하는 데 꼭 필요한 일이다.

**09** 남북 언어의 이질성을 극복하는 방안 중 가장 중요한 것은, 남북 언어의 차이를 극복해야 하는 필요성을 인식하는 것이다.

**10** 글쓴이는 방송에서 들은 북한 말은 선동적인 언어로 거리감이 느껴졌으나, 직접 만나 본 북한 승무원들의 일상 언어는 사근사근하고 다정하게 들린다고 했다. 또한 글쓴이는 북한의 언어에서 남한과의 지역 차이만 느끼고 있을 뿐, 일상적인 대화를 나누는 데에는 어려움을 겪지 않았다.

**11** 글쓴이는 북한 방송 장면에서 거칠고 센 억양으로 정치적인 발언을 선동적으로 하는 아나운서의 말이 우리말이 아니라 완전히 다른 나라의 말처럼 들리고, 거칠고 거북하다고 했다.

**12** 글쓴이는 북한 승무원들의 일상 언어를 직접 들은 뒤 북한 언어에 대한 선입견이 사라진 경험을 이야기하고 있다.

---

**누구나 합격 전략** 82~85쪽

**01** ⑤ **02** 남한에서는 두음 법칙을 적용하여 표기하는 반면, 북한에서는 두음 법칙을 적용하지 않고 표기한다. **03** ② **04** ① **05** ④ **06** (다): ㉠, ㉢ (라): ㉡, ㉣ **07** ⓐ 두음 법칙 ⓑ 사이시옷 **08** ③ **09** ⑤ **10** ③ **11** ③ **12** 남한 사람들은 간접적인 표현에 익숙한 반면 북한 사람들은 간접적인 표현에 익숙하지 않다.

**01** (다)에서 남한은 말의 자율적인 흐름을 규범에 반영했고 북한은 인위적으로 말을 규범화해 왔다고 설명하고 있으므로, ⑤는 남한 언어의 특징에 해당한다.

**02** ㉠의 '량식'은 두음 법칙이 적용되지 않은 표기로, 남한에서는 '양식'으로 표기한다.

**03** 북한에서는 사이시옷을 사용하지 않아서 '고간'으로 표기하고, 남한에서는 사이시옷을 사용하여 '곳간'으로 표기한다. ②의 '씻나락'에 사이시옷이 사용되었다.

**04** 분단 초기에는 북한에서도 서울말을 표준어로 인정하다가 1966년 문화어를 제정하고 보급하면서 남북의 언어 차이가 생기게 되었다. 또한 남북이 교류 없이 서로 다른 언어 정책을 추진한 것도 남북의 언어 차이가 심해진 원인이라고 할 수 있다.

오답 풀이 ② 이 글의 (다)에서는 단어의 형태는 같지만 의미가 다른 경우, (라)에서는 같은 대상을 가리키지만 형태가 다른 경우를 설명하고 있다. 그러므로 남북의 어휘는 의미나 형태가 모두 같다는 설명은 적절하지 않다.
③ 북한에서는 말다듬기 운동을 통해 한자어나 외래어를 고유어 위주로 순화하여 사용하고 있다.
④ 남한에서 '동무'를 주로 '늘 친하게 어울리는 사람'이라는 의미로 사용한다.
⑤ '게사니', '가마치', '망돌' 등은 지역 방언이었던 것이 문화어가 된 것이다.

**05** 남과 북이 서로 다른 언어 정책을 펼쳐 왔기 때문에 언어의 이질성이 커지고 있는 것이므로, 남북이 각자의 언어 정책에 따라 어휘를 다듬는 것은 남북의 언어 차이를 극복하고 동질성을 회복하기 위한 노력과는 거리가 멀다.

**06** ㉠과 ㉢은 북한에서 남한과 다른 뜻으로 쓰는 단어이다. 북한에서는 '바쁘다'를 '힘에 부치거나 참기가 어렵다, 매우 딱하다.'라는 뜻으로, '일없다'는 '괜찮다.'라는 뜻으로 주로 쓴다. ㉡과 ㉣은 외래어를 다듬은 문화어이다.

**07** 남한에서는 두음 법칙을 적용하기 때문에 한자어의 첫소리인 'ㄹ'을 'ㅇ'으로 표기하고, 합성어에서 'ㄴ'이 덧나거나 예사소리가 된소리로 바뀌는 경우에는 사이시옷을 사용해 표기한다.

**08** 남북 언어는 문장 구조가 동일하고 사용하는 단어에 큰 차이가 없기 때문에, 우리가 북한의 동화를 읽고 이해하는 데 큰 어려움이 없다.

**09** '게'는 '것'을 구어적으로 이르는 말인 '거' 뒤에 조사 '이'가 붙은 형태로, '것'은 의존 명사이다. 남한에서는 단어 단위로 띄어 쓰고 북한과 달리 의존 명사도 띄어 쓰므로 ⑤가 적절하다.

**10** 접미사 '-질'은 남한에서는 직업이나 직책에 비하하는 의

미를 더해 주지만, 북한에서는 직업 명사 뒤에 습관적으로 붙이는 접미사로 비하의 의미는 담겨 있지 않다.

**11** (가)~(다)는 어휘 사용에서 남북 언어의 이질성이 두드러지는 사례들이다. 이러한 이질성을 줄이기 위해서는 남북이 형태와 의미에서 차이 나는 어휘를 협의를 통해 통일하거나, 남북의 어휘를 정리하여 공동 사전을 편찬하는 등의 노력을 기울여야 한다.

**12** 남한에서 '언제 식사 한번 합시다.'라는 표현은 친근함을 표시하는 인사말인데, 북한 이탈 주민인 은주는 이를 직접적인 식사 약속의 의미로 받아들였다.

---

**01** (1) 시간적 여유가 없다. (2) 형편이 좋지 않다.(주머니 사정이 빠듯하다.)   **02** ①   **03** ④   **04** ②

---

**01** 남한 학생인 지민이는 하늘이가 바빠서 못 온다는 말을 '시간이 없어서 못 온다.'라는 의미로 말했는데, 북한 학생인 수현이는 '하늘이의 주머니 사정이 빠듯해서'라고 이해하고 있다. 그러므로 '바쁘다'라는 말을 남한에서는 '일이 많거나 또는 서둘러서 해야 할 일로 인하여 딴 겨를이 없다.'라는 뜻으로, 북한에서는 '형편이 좋지 않다.'라는 뜻으로 사용함을 알 수 있다.

**02** 남한과 다른 북한의 어휘는 크게 세 가지 유형으로 나뉜다. 첫째는 북한의 지역 방언을 문화어로 삼은 어휘, 둘째는 남한의 어휘와 형태는 같지만 다른 의미로 쓰이는 어휘, 셋째는 분단 이후에 새로 만들어 쓰는 어휘이다. [D]에는 사회주의 이념이나 북한 특유의 사상과 제도를 반영하여 새로 만든 어휘인 '인민배우'가 들어가야 한다.

**03** 남한에서는 '이용'이라고 표기하는 것을 북한에서는 '리용'이라고 표기하는 것으로 보아, 북한에서는 두음 법칙을 발음이나 표기에 적용하지 않음을 알 수 있다.

**04** ㉠에는 남북 언어의 발음과 표기, 어휘, 말하기 방식의 차이로 생길 수 있는 문제점과 남북 언어의 동질성을 회복해야 하는 이유가 제시되어야 한다. 그러므로 남북 간 의사소통에 문제가 생길 수 있다는 ②의 내용이 들어가기에

적절하다. ①은 발음과 표기의 차이, ③, ④는 어휘의 차이, ⑤는 말하기 방식의 차이와 관련된 내용이다.

---

**05** ④   **06** ⑤   **07** (1) 가리키는 말이 다르다. (2) 순화하여(다듬어서) 사용한다.   **08** ⑤

---

**05** 제시된 상황에서 북한 사람은 오해가 생긴 표현의 의미를 설명하여 문제를 해결하고 있다. 이처럼 남북 언어의 차이를 극복하기 위해서는 서로의 차이를 이해하고 존중하는 태도를 지녀야 한다.

**06** ⓒ '겨울량식'을 남한에서는 두음 법칙을 적용해 표기하므로 '량식'을 '양식'이라고 적고, '겨울'과 '양식'이 각각 한 단어이므로 띄어 써서 '겨울 양식'이라고 표기한다.

**07** '오징어'와 '어묵'은 남한과 북한에서 동일한 대상을 가리키는 단어의 형태가 다른 예이고, '손기척'과 '가락지빵'은 북한에서 외래어를 순화하여 사용하는 단어의 예이다.

**08** 북한에서 1949년에 한글 전용 정책을 실시하기 전까지는 남과 북이 모두 1933년의 〈한글 맞춤법 통일안〉을 바탕으로 맞춤법 규범을 정리했기 때문에 남북 언어의 문장 구조나 사용하는 어휘, 표기법 등에서 동질성을 가진다.

## 권말 정리 마무리 전략

**신유형·신경향·서술형 전략** 92~97쪽

**01** 단어의 뜻을 구별해 준다 **02** ④ **03** ② **04** ㄹ, ㅊ, 닻
**05** ① **06** 입을 크게 벌려서 혀의 높이를 낮추어야 해.
**07** ③ **08** 동작이나 작용, 상태나 성질, 정체의 주체가 되는 말
**09** ④ **10** ㉠은 홑문장이고, ㉡은 관형절을 가진 안은문장이
고, ㉢은 대등하게 이어진 문장이다. **11** ② **12** ③, ⑤
**13** ④ **14** ② **15** ⑤ **16** ③ **17** ③ **18** ④ **19** ①
**20** 북한 말과 남한 말의 차이는 지역 방언이 주는 느낌과 크게
다르지 않았다. **21** ① **22** ③ **23** ②

**01** 말의 뜻을 구별해 주는 소리의 최소 단위를 '음운'이라고
한다. 음운은 자음과 모음 등의 분절 음운과 소리의 길이
등의 비분절 음운으로 나눌 수 있으며, 분절 음운과 비분
절 음운 모두 단어의 뜻을 구별해 준다.

**평가 기준**

| 채점 요소 | 확인☑ |
|---|---|
| 음운의 개념이 드러나도록 서술했다. | |
| 자연스러운 문장이 되도록 ㉠에 적절한 내용을 서술했다. | |

**02** 제시된 문장은 [푸른 하늘 은하수]로 발음한다. 입술소리
로는 'ㅍ', 원순 모음으로는 'ㅜ', 거센소리로는 'ㅍ'이 사용
되었고, 된소리와 센입천장소리는 사용되지 않았다.

**03** (가)의 ⓐ와 ⓑ 사이에서 소리 나는 자음은 잇몸소리로
'ㄷ, ㄸ, ㅌ, ㅅ, ㅆ, ㄴ, ㄹ'이 있다. (나)의 방법으로 소리
내는 자음은 마찰음으로 'ㅅ, ㅆ, ㅎ'이 있다. 그러므로
(가)의 ⓐ와 ⓑ 사이에서 (나)의 방법으로 소리 내는 자음
은 'ㅅ'과 'ㅆ'이며, ② '강산'에 'ㅅ'이 사용되었다.

**04** '달'에 사용된 음운은 'ㄷ, ㅏ, ㄹ'이며, 이 중 잇몸소리이
면서 유음인 것은 'ㄹ'이다. 'ㄹ'을 센입천장소리이자 파찰
음, 거센소리인 'ㅊ'으로 바꾸면 '닻'이 된다.

**05** 〈보기〉에서 ㉠과 ㉡의 뜻을 구별해 주는 음운은 '소리의
길이'이다. 제시된 '밤', '말', '공', '병', '굴' 모두 소리의 길
이에 따라 의미가 달라지는 말이다. 그러나 단어의 첫음
절에서만 긴소리가 나타나는 것을 원칙으로 하므로, 긴
소리를 지닌 말이 합성어를 이루어 첫째 음절이 아닌 곳

에 사용될 때에는 짧은소리로 발음한다. ㉠에서 '해가 져
서 어두워진 때부터 다음 날 해가 떠서 밝아지기 전까지
의 동안'을 의미하는 '밤'은 짧게 발음하고 '밤나무의 열
매'를 의미하는 '밤'은 길게 발음해야 한다. 하지만 합성어
'알밤'에서는 '밤[밤ː]'이 첫째 음절이 아닌 곳에 사용되었
으므로 [알밤]으로 짧게 발음한다.

**06** '베'의 'ㅔ'는 중모음이고 '배'의 'ㅐ'는 저모음이므로, 'ㅔ'
를 발음할 때보다 'ㅐ'를 발음할 때는 입을 크게 벌려서
혀의 높이를 낮추어야 한다.

**평가 기준**

| 채점 요소 | 확인☑ |
|---|---|
| '베'와 '배'의 뜻을 구별해 주는 모음과 관련하여 서술했다. | |
| 단모음을 발음할 때 혀의 높이와 입의 크기의 관계가 드러나도록 서술했다. | |

**07** 우리말 음운 체계에서는 자음이 소리의 세기에 따라 예사
소리, 된소리, 거센소리로 나뉜다. 제시된 대화 상황에서
외국인은 이러한 우리말 음운의 삼중 체계를 구분하지 못
하여 '달', '딸', '탈'을 모두 [탈]로 발음하고 있다.

**08** 서술어가 동사일 때 주어는 행동의 주체이고, 서술어가
형용사일 때 주어는 상태나 성질의 주체이고, 서술어가
명사와 서술격 조사 '이다'가 결합한 형태일 때 주어는 정
체의 주체이다.

**평가 기준**

| 채점 요소 | 확인☑ |
|---|---|
| 〈보기〉의 탐구 과정에 제시된 내용을 포함하여 서술했다. | |
| 제시된 글자 수에 맞춰서 서술했다. | |

**09** ④에서는 '유난히'를 생략해도 온전한 문장을 이룬다. 나
머지 밑줄 친 부사어들은 각 문장의 필수 부사어로, 생략
하면 형식상 문장이 온전하지 않고 의미가 어색해진다.

**10** ㉠의 '빨간색'은 '모자'를 꾸며 주는 관형어이고, ㉡의 '빨
간'은 '모자'를 꾸며 주는 관형절이다. ㉢의 '-지만'은 앞
뒤 절을 대조의 의미 관계로 대등하게 이어 주는 연결 어
미이다.

**평가 기준**

| 채점 요소 | 확인☑ |
|---|---|
| 문장의 짜임을 기준으로 ㉠~㉢에 해당하는 문장의 종류를 바르게 제시했다. | |

**11** 제시된 시에서 주어로는 '눈이' 등이 사용되었고, 목적어로는 '눈을' 등이 사용되었다. 관형어로는 '이' 등이 사용되었고, 독립어로는 '누나'가 사용되었다. 그러나 보어는 사용되지 않았다.

**12** ③은 주어('엄마가')와 서술어('불렀다')의 관계가 한 번 나타나는 홑문장이고, ⑤는 두 홑문장 '날씨가 따뜻하다.'와 '우리는 소풍을 갔다.'가 나란히 이어져 있는 이어진문장이다.

오답 풀이 ① '봄이 왔다.'가 '봄에 새싹이 돋는다.'를 안고 있는 안은문장이다.

② '아이가 달린다.'가 '아이가 솜사탕을 들었다.'를 안고 있는 안은문장이다.

④ '길가에 꽃이 피어났다.'가 '꽃이 향기롭다.'를 안고 있는 안은문장이다.

**13** 〈보기〉는 '안중근은 독립투사이다.', '안중근은 말했다.', '하루라도 책을 읽지 않다.', '입안에 가시가 돋친다.', '입이 닳다.'의 총 5개 홑문장이 결합하여 이루어진 문장이다.

**14** 겹문장은 둘 이상의 홑문장이 결합되는 방식에 따라 이어진문장과 안은문장으로 나눌 수 있다. ②는 '그는 천천히 걸었다.'라는 홑문장 안에 '그는 운동화를 신었다.'라는 홑문장이 관형절의 형태로 안겨 있는 안은문장이다.

오답 풀이 ① '봄이 오다.'와 '꽃이 피다.'가 조건의 의미 관계로 결합한 이어진문장이다.

③ '등산객이 배낭을 메다.'와 '(등산객이) 산에 오른다.'가 나열의 의미 관계로 결합한 이어진문장이다.

④ '두 사람이 말다툼을 하다.'와 '(두 사람이) 화해했다.'가 나열의 의미 관계로 결합한 이어진문장이다.

⑤ '나는 개를 좋아한다.'와 '진주는 고양이를 좋아한다.'

가 대조의 의미 관계로 결합한 이어진문장이다.

**15** ㉠과 ㉥은 주어와 서술어가 한 번만 나타나는 홑문장이다. ㉡은 '금메달을 따기'가 목적어 역할을 하는 안은문장이고, ㉣은 '삼촌이 여행을 떠난'이 관형어 역할을 하는 안은문장이다. ㉢은 조건의 의미 관계로 종속적으로 이어진 문장이고, ㉤은 대조의 의미 관계로 대등하게 이어진 문장이다.

**16** ③은 '나는 버스를 기다렸다.'라는 홑문장 안에 '눈이 빠지다.'라는 홑문장이 부사절의 형태로 안겨 있는 안은문장이다. 나머지는 모두 이어진문장이다.

오답 풀이 ① '인생은 짧다.'와 '예술은 길다.'가 나열의 의미 관계로 결합한 이어진문장이다.

② '국민이 없다.'와 '나라도 없다.'가 조건의 의미 관계로 결합한 이어진문장이다.

④ '나는 친구와 싸웠다.'와 '나는 선생님께 혼났다.'가 원인과 결과의 의미 관계로 결합한 이어진문장이다.

⑤ '토끼는 낮잠을 잤다.'와 '거북이는 부지런히 걸었다.'가 대조의 의미 관계로 결합한 이어진문장이다.

**17** ㉢은 '친구'의 말을 간접 인용한 인용절이므로 서술어를 수식하는 부사어 역할을 한다는 설명은 적절하지 않다.

**18** (가)는 여러 개의 홑문장으로 이루어진 글이고, (나)는 하나의 겹문장으로 이루어진 글이다. 겹문장으로 이루어진 글은 사건 간의 연결 관계를 쉽게 파악할 수 있어서, 각 사건이 긴밀하게 연결된 느낌을 주고 내용을 집중력 있게 전달하는 효과가 있다.

**19** 분단 이후 남북이 서로 다른 언어 정책을 실시해 왔기 때문에 남북 언어에 이질성이 발생했다. 이를 해소하기 위해서는 남북이 서로의 언어 차이를 인정하고 동질성을 회복하기 위해 노력해야 한다.

**20** 글쓴이는 북쪽 사람들의 일상 언어가 거칠지도 거북하지도 않다고 하면서, 남북의 지역적 차이만 있을 뿐, 일상에서 사용하는 북한 말은 남한 말과 크게 다르지 않다고 했다.

21 'ㄲ'을 남한에서는 '쌍기역', 북한에서는 '된기윽'이라고 하는 것으로 보아, 'ㅆ'을 남한에서는 '쌍시옷', 북한에서는 '된시웃'이라고 부를 것이라고 짐작할 수 있다.

22 두 개의 형태소 또는 단어가 어울려 합성 명사를 이룰 때 그 사이에 덧생기는 소리인 사잇소리 현상을 나타내는 'ㅅ'을 사이시옷이라고 한다. 북한에서도 '거짓말'이라는 단어를 사용하지만, '거짓'의 'ㅅ'은 사잇소리 현상에 따른 사이시옷이 아니므로 ③의 추론은 적절하지 않다.

23 남북 언어의 이질성을 극복하려면 남북한 사람들이 방송 매체, 인쇄 매체 등에서 자유롭게 서로의 언어를 접하도록 하는 것이 좋다. 그러나 북한의 정치적 이념이 담긴 뉴스를 남한에서 그대로 방송할 경우 남한 사람들이 이질감을 심하게 느낄 수 있으므로 적절하지 않다.

통일 시대를 준비하기 위해서는 남북 언어의 차이로 인해 발생할 수 있는 문제를 알아보고 이를 극복할 수 있는 방안을 고민해야 해.

01 ④  02 ④  03 ③  04 '목적'에 파찰음 'ㅉ'은 사용되었지만 고모음은 사용되지 않았으므로, ㉣의 조건에 맞지 않는 단어이다.  05 (1) 평순 모음이자 전설 모음(발음할 때 입술을 둥글게 오므리지 않고 혀의 최고점의 위치가 앞에 있는 모음) (2) 혀의 높이를 낮게 하여(입을 더 크게 벌리고)  06 ①  07 ④

01 입술 모양, 혀의 높이, 혀의 최고점의 위치를 기준으로 분류할 수 있는 것은 단모음으로, 이중 모음은 발음할 때 입술 모양이나 혀의 위치가 변하므로 이를 기준으로 분류하기는 어렵다.

02 하늘에서 내리는 '눈'은 길게 발음해야 하지만, '봄눈'의 '눈'은 단어의 첫음절이 아니므로 짧게 발음해야 한다. 나머지는 모두 길게 발음한다.

> **자료실**
>
> 긴 소리가 짧아지는 경우
> • 긴소리는 일반적으로 단어의 첫째 음절에서 나타나는데, 특이하게도 본래 길게 발음되던 것도 둘째 음절 이하에 오면 짧은 소리로 발음된다.
> 예 한국+말: → 한국말
> • 동사나 형용사의 경우에도, 형태가 변화할 때 소리가 짧아지는 경우가 있다.
> 예 감다[감따:] → [가므니]

03 (가)에서 '학생 1'은 'ㅔ'와 'ㅐ'의 발음을 구별하지 않고 있다. 이때 'ㅔ'와 'ㅐ'는 모두 단모음이므로 '학생 1'이 단모음과 이중 모음을 정확히 발음해야 한다는 ③의 내용은 적절하지 않다.

04 '목적'은 [목쩍]으로 발음되므로 파찰음 'ㅉ'은 사용되었지만 사용된 모음 'ㅗ', 'ㅓ'가 모두 중모음이므로, ㉣의 조건에 해당하지 않는다.

> **평가 기준**
>
> | 채점 요소 | 확인 ☑ |
> | --- | --- |
> | 조건에 맞지 않는 단어를 바르게 제시했다. | |
> | 어떤 조건에 맞지 않는지 구체적으로 서술했다. | |

05 'ㅐ', 'ㅔ'는 모두 평순 모음과 전설 모음에 해당하지만, 'ㅐ'는 저모음이고 'ㅔ'는 중모음이므로 'ㅐ'를 발음할 때는 'ㅔ'를 발음할 때보다 혀의 높이가 더 낮아지고 입이 더 벌어지게 된다.

**06** 제시된 조건에 따르면 첫 번째 음절의 초성은 'ㅎ', 두 번째 음절의 초성은 'ㄱ', 세 번째 음절의 초성은 'ㄹ'이다. 이를 모두 만족하는 단어는 [한ː글랄]로 발음되는 ① '한글날'이다.

**오답 풀이** ② '하급생'은 [하ː급쌩]으로 발음된다.

③ '핵가족'은 [핵까족]으로 발음된다.

④ '혁명가'는 [형명가]로 발음된다.

⑤ '호박죽'은 [호ː박쭉]으로 발음된다.

**07** ㄷ을 거센소리가 사용된 '촐랑거리며'로 바꾸면 밝고 명랑한 느낌보다는 크고 거친 느낌을 준다.

---

### 고난도 해결 전략 2회    100~101쪽

**01** ②, ③  **02** ㉠은 홑문장이고, ㉡은 부사절을 가진 안은문장이고, ㉢은 관형절을 가진 안은문장이다.  **03** ④  **04** ④  **05** ③  **06** (1) 내가 밥을 좋아하는 것보다 철수가 밥을 더 좋아한다 (2) 철수는 나를 좋아하는 것보다 밥을 더 좋아한다 (3) 비교 대상이 무엇인지에 따라  **07** (1) 엄마가 목도리를 만들어서 철수가 목에 자주 목도리를 두른다. (2) 엄마가 만든 목도리를 철수가 목에 자주 두른다.(엄마가 철수가 목에 자주 두르는 목도리를 만들었다.)  **08** ④

**01** ㄴ은 '앞발이 짧다'라는 서술절을 가진 안은문장이므로 겹문장이다. ㄷ에는 3개의 부사어 '과연', '정말', '조용히'가 사용되었다.

**02** ㉠의 '빨리'는 부사이고 ㉡의 '빠르게'는 형용사 '빠르다'가 부사어로 활용된 형태로, 모두 용언 '뛰어간다'를 수식하고 있다. ㉡은 '철수가 빠르다.'와 '철수가 뛰어간다.'가 결합한 부사절을 가진 안은문장이고, ㉢은 '나는 철수를 보았다.'와 '철수가 빨리 뛰어가다.'가 결합한 관형절을 가진 안은문장이다.

**03** ④에서 '무척'은 모두 부사이면서 부사어이다.

**오답 풀이** ① 첫 번째 '세상에'는 감탄사이자 독립어이고, 두 번째 '세상에'는 명사와 조사가 결합한 형태의 부사어이다.

② '멋진'과 '멋지다'는 모두 형용사이지만, '멋진'은 관형어이고 '멋지다'는 서술어이다.

③ '빨갛게'와 '빨간'은 모두 형용사이지만, '빨갛게'는 부사어이고 '빨간'은 관형어이다.

⑤ 첫째 '이런'은 감탄사이자 독립어이고, 둘째 '이런'은 관형사이자 관형어이다.

**04** ⓑ의 '소풍을'과 ⓒ의 '김밥을'은 문장을 이루는 데 기본적으로 필요한 주성분인 목적어이므로, '소풍을'과 '김밥을'을 생략하면 ⓑ와 ⓒ는 온전한 문장을 이룰 수 없다.

**오답 풀이** ① ⓐ, ⓒ는 대등하게 이어진 문장, ⓑ, ⓓ는 종속적으로 이어진 문장이다.

② 대등하게 이어진 문장의 경우 앞뒤 절의 순서를 바꾸어도 문장의 뜻이 달라지지 않는다.

⑤ 종속적으로 이어진 문장의 경우 앞뒤 절의 순서를 바꾸면 문장의 의미가 달라지거나 문장이 성립하지 않게 된다.

**05** (가)는 서술절을 가진 안은문장, (나)는 관형절을 가진 안은문장, (다)는 부사절을 가진 안은문장으로, 각 문장의 밑줄 친 부분은 모두 안긴문장에 해당한다. (나)의 '서우가 친구와 먹은'은 '서우가 친구와 떡볶이를 먹었다.'라는 홑문장이 절의 형태로 문장 안에 들어가 체언인 '떡볶이'를 꾸며 주는 관형어 역할을 하고 있는 것이며, (다)의 '날이 새도록'은 부사절로 용언 '계속했다'를 꾸며 준다.

**06** 〈보기〉는 '나'를 무엇과 비교하는지에 따라 문장의 의미가 다르게 해석된다. 비교 대상이 '나'와 '철수'인 경우와, '나'와 '밥'인 경우 각각 다른 의미로 해석되는 중의적 표현이다.

07 ㉠이 원인이고 ㉡이 결과가 되려면 ㉠의 '만들었다'를 '만들어서'로 바꾸어 연결하면 된다. 또한 ㉠과 ㉡에 공통된 명사 '목도리'가 있으므로, ㉠을 목도리를 꾸며 주는 안은문장으로 만들거나, ㉡을 목도리를 꾸며 주는 안은문장으로 만들 수 있다.

**평가 기준**

| 채점 요소 | 확인☑ |
| --- | --- |
| ㉠과 ㉡을 결합하여 원인과 결과의 의미 관계로 이어진 문장을 만들었다. | |
| ㉠과 ㉡을 결합하여 안은문장을 만들었다. | |

08 홑문장을 결합하여 겹문장을 만들 때 공통된 부분이나 불필요한 문장 성분을 생략하기도 하지만, (가)와 (나)를 비교했을 때 생략된 문장 성분은 없다.

---

**고난도 해결 전략 3회**      102~103쪽

01 ②    02 (1) 예시로 든 것은 나뭇잎이다. (2) 노인은 콧등이 가려운 걸 참았다.    03 (1) 라면 (2) 도넛 (3) 북한에서는 외래어 (외국어)를 순화하여 사용하려고 노력하고 있다.    04 ⑤
05 ②    06 •남한에서는 두음 법칙을 적용하여 '양식'으로 표기하는 반면, 북한에서는 두음 법칙을 적용하지 않고 '량식'으로 표기한다. •남한에서는 단어 단위로 띄어 써서 '겨울 양식'으로 표기하는 반면, 북한에서는 남한보다 붙여 쓰는 경우가 많아 '겨울량식'으로 표기한다.    07 ③

01 남북 모두 단어 단위로 띄어 쓴다는 원칙은 같다. 그러나 북한에서는 남한에 비해 단어를 붙여 쓰는 경우를 넓게 잡아 규정하고 있어서, 남한에서는 의존 명사를 띄어 쓰지만 북한에서는 의존 명사를 붙여 쓴다.

02 '례시, 로인'는 두음 법칙을 적용하지 않은 표기이고, '나뭇잎, 코등'은 사이시옷을 사용하지 않은 표기이다. '것 (걸)'은 의존 명사이므로 남한의 맞춤법에 따르면 띄어 써야 한다.

03 '라면'과 '도넛'은 외래어인데, 북한에서는 이를 고유어인 '꼬부랑'과 '가락지'를 활용해 순화하여 '꼬부랑국수'와 '가락지빵'이라는 단어를 만들어 사용하고 있다.

**평가 기준**

| 채점 요소 | 확인☑ |
| --- | --- |
| 북한 말 '꼬부랑국수'에 대응하는 남한 말을 올바르게 제시했다. | |
| 북한 말 '가락지빵'에 대응하는 남한 말을 올바르게 제시했다. | |
| 말을 다듬어 사용하는 북한 언어의 특징을 적절하게 서술했다. | |

04 북한에서 온 승희는 선생님께 감사의 뜻을 전하면서 접미사 '-질'을 사용하고 있으므로 북한에서는 '-질'을 비하의 의미 없이 사용함을 알 수 있다. 이러한 남북 언어의 차이로 인해 오해가 발생할 수도 있으므로 이를 극복하려면 서로의 언어문화를 이해하려는 노력이 필요하다.

05 이 글에 사용된 단어 중에 남한에서 사용하지 않는 외래어는 나타나지 않는다.

06 남북의 맞춤법은 두음 법칙의 적용과 사이시옷 사용, 띄어쓰기의 허용 범위 등에 차이가 있다. 북한에서는 두음 법칙을 적용하지 않으며 남한에서보다 단어를 붙여 쓰는 경우가 많기 때문에, 북한에서는 '겨울량식'이라고 쓰고 남한에서는 '겨울 양식'이라고 쓴다.

**평가 기준**

| 채점 요소 | 확인☑ |
| --- | --- |
| 남한의 맞춤법과 북한의 맞춤법을 비교하여 바르게 서술했다. | |
| 남북의 맞춤법이 다른 이유가 드러나도록 서술했다. | |

07 ㉢ '구미가 동했습니다'는 남북 모두 띄어 쓴다. 남한의 맞춤법에 따라 고쳐 쓴다면, ㉠은 '놓은 게'로, ㉡은 '않았을 거야'로, ㉣은 '받자는 게'로, ㉤은 '두 개의'로 띄어 써야 한다.

다양한 추가
자료로 문법 실력을
키워 보자!

# 문법 실력 충전하기

**01** 다음 빈칸에 들어갈 알맞은 말을 쓰시오.

> 말의 뜻을 구별해 주는 (          )의 가장 작은 단위를 음운이라고 한다.

**02** 다음 설명에 해당하는 음운의 종류를 〈보기〉에서 찾아 쓰시오.

┌ 보기 ┐
| 자음 | 모음 | 소리의 길이 |

(1) 공기의 흐름이 장애를 받고 나오는 소리                    (          )

(2) 공기의 흐름이 장애를 받지 않고 순조롭게 나오는 소리       (          )

**03** 〈보기〉의 밑줄 친 설명에 해당하는 단어가 <u>아닌</u> 것은?

┌ 보기 ┐
  '발'이라는 단어의 'ㅂ', 'ㅏ', 'ㄹ' 가운데 하나의 소리를 바꾸면 '달', '볼', '밥'이라는 다른 뜻의 단어가 된다. 또한 '발[발]', '발[발ː]'과 같이 소리의 길이에 따라서도 단어의 뜻이 달라진다. 이처럼 단어의 뜻을 구별해 주는 가장 작은 소리의 단위를 '음운'이라고 한다.

① 강                    ② 날                    ③ 방
④ 벌                    ⑤ 살

**04** 다음 중 음운의 개수를 <u>잘못</u> 분석한 것은?

① 우물 – 4개            ② 나무 – 4개            ③ 수업 – 5개
④ 명절 – 6개            ⑤ 백두산 – 8개

05 ㉠~㉣ 중, 국어의 음운에 대한 설명으로 적절하지 <u>않은</u> 것을 모두 고르시오.

> ㉠ 발음할 때 혀의 높이가 높은 단모음을 고모음이라고 한다.
> ㉡ 'ㅗ, ㅚ, ㅜ, ㅟ'는 입술을 둥글게 오므려 발음하는 원순 모음이다.
> ㉢ 'ㅡ, ㅓ, ㅏ'를 차례대로 발음해 보면, 점차 입이 벌어지면서 혀의 높이가 높아진다.
> ㉣ 'ㅣ'는 발음할 때 혀의 최고점이 뒤에 있는 후설 모음이고, 'ㅡ'는 발음할 때 혀의 최고점이 앞에 있는 전설 모음이다.

06 다음 중 같은 기준으로 분류한 모음이 <u>아닌</u> 것은?
① 단모음 : 이중 모음
② 원순 모음 : 평순 모음
③ 전설 모음 : 후설 모음
④ 원순 모음 : 이중 모음
⑤ 고모음 : 중모음 : 저모음

07 다음 표의 ㉠~㉤에 들어갈 자음으로 알맞은 것은?

| 소리 나는 위치 \ 소리 내는 방법 | 입술소리 | 잇몸소리 | 센입천장소리 | 여린입천장소리 | 목청소리 |
|---|---|---|---|---|---|
| 파열음 | | ㉠ | | | |
| 파찰음 | | | ㉡ | | |
| 마찰음 | | | | | ㉢ |
| 비음 | ㉣ | | | | |
| 유음 | | ㉤ | | | |

① ㉠: ㄷ, ㄸ, ㅌ      ② ㉡: ㅎ
③ ㉢: ㅈ, ㅉ, ㅊ      ④ ㉣: ㄹ
⑤ ㉤: ㄴ

**08** 다음 자음이 소리 나는 위치를 바르게 연결하시오.

(1) ㅂ, ㅃ, ㅍ, ㅁ •        • ㉠ 혓바닥과 센입천장 사이

(2) ㄷ, ㄸ, ㅌ, ㅅ, ㅆ, ㄴ, ㄹ •      • ㉡ 혀 뒷부분과 여린입천장 사이

(3) ㅈ, ㅉ, ㅊ •         • ㉢ 두 입술 사이

(4) ㄱ, ㄲ, ㅋ, ㅇ •       • ㉣ 혀끝과 윗잇몸 사이

(5) ㅎ •           • ㉤ 목청 사이

**09** 다음 ㉠, ㉡에 들어갈 말로 알맞은 것은?

> 자음은 입안이나 코안의 울림 여부에 따라 '울림소리'와 '안울림소리'로 나누기도 한다. 울림소리에는 입안의 통로를 막았다가 코로 공기를 내보내면서 내는 소리인 ( ㉠ )와/과 혀끝을 잇몸에 가볍게 대었다가 떼거나 혀끝을 윗잇몸에 댄 채 공기를 그 양옆으로 흘려보내면서 내는 소리인 ( ㉡ )이/가 있다.

|  | ㉠ | ㉡ |
|---|---|---|
| ① | 비음 | 입술소리 |
| ② | 비음 | 유음 |
| ③ | 유음 | 비음 |
| ④ | 목청소리 | 비음 |
| ⑤ | 목청소리 | 유음 |

**10** 다음 〈조건〉을 모두 만족하는 단어로 알맞은 것은?

┤ 조건 ├

• 초성: 혀끝과 윗잇몸 사이에서 나는 소리

• 중성: 발음할 때 입술 모양이 평평하고, 혀의 높이가 낮으며, 혀의 최고점의 위치가 뒤쪽에 있는 소리

• 종성: 혀 뒷부분과 여린입천장 사이에서 나는 소리

① 달       ② 땅       ③ 봄

④ 솔       ⑤ 콩

**11** 다음 소리 내는 방법에 해당하는 자음의 분류를 〈보기〉에서 찾아 쓰시오.

보기

파열음      파찰음      마찰음      유음      비음

(1) 입안의 통로를 막았다가 코로 공기를 내보내면서 내는 소리      (     )

(2) 입안의 어떤 위치에서 공기의 흐름을 막았다가 그 막은 자리를 일시에 터뜨리면 서 내는 소리      (     )

(3) 입안이나 목청 사이의 통로를 좁히고 그 틈 사이로 공기를 내보내어 마찰을 일으 키면서 내는 소리      (     )

(4) 혀끝을 잇몸에 가볍게 대었다가 떼거나 혀끝을 윗잇몸에 댄 채 공기를 그 양옆으 로 흘려보내면서 내는 소리      (     )

(5) 공기의 흐름을 막았다가 막았던 자리를 조금 열고 좁은 틈 사이로 공기를 내보내 어 마찰을 일으키면서 내는 소리      (     )

**12** 밑줄 친 단어의 소리의 길이가 나머지와 다른 하나는?

① 밤을 구워 먹었다.

② 말을 타고 놀러 갔다.

③ 밤에 별을 보며 놀았다.

④ 날이 추워서 발이 시리다.

⑤ 잠을 못 자서 눈이 아프다.

**13** '단단하다', '딴딴하다', '탄탄하다'에 관한 설명으로 적절하지 않은 것은?

① '단단하다'에는 예사소리가 사용되었다.

② '탄탄하다'는 '단단하다'보다 거친 느낌이다.

③ '단단하다'는 '딴딴하다'보다 단단한 느낌이다.

④ 소리의 세기에 따라 단어가 주는 느낌이 다르다.

⑤ 이러한 자음 체계는 파열음과 파찰음에서만 나타난다.

**01** 문장 성분에 대한 설명으로 적절하지 <u>않은</u> 것은?

① 문장을 이루는 각 요소를 문장 성분이라고 한다.

② 문장 성분에는 주성분, 부속 성분, 독립 성분이 있다.

③ 문장에 기본적으로 필요한 주성분은 주어, 서술어, 목적어, 보어이다.

④ 부속 성분은 동작이나 작용, 상태나 성질 등의 주체가 되는 문장 성분이다.

⑤ 독립 성분은 문장의 어느 성분과도 직접적인 관련 없이 독립적으로 쓰인다.

**02** 다음 설명에 해당하는 문장 성분의 종류를 알맞게 연결하시오.

문장을 이루는 데 기본적으로 필요한

(1) 성분으로, 주어, 서술어, 목적어, 보어 •
가 있다.

• ㉠ 독립 성분

주성분의 내용을 자세하게 꾸며 주는

(2) 역할을 하는 성분으로, 관형어와 부사 •
어가 있다.

• ㉡ 부속 성분

문장의 어느 성분과도 직접적인 관련이

(3) 없이 독립적으로 쓰이는 성분으로, 독 •
립어가 있다.

• ㉢ 주성분

**03** 다음 밑줄 친 부분이 주성분이 <u>아닌</u> 것은?

① 빨리 <u>간식을</u> 먹어라.

② <u>흐르는</u> 물에 과일을 씻어라.

③ 철수는 전교 <u>회장이</u> 되었다.

④ 아이들이 강아지를 <u>좋아한다.</u>

⑤ <u>할머니께서</u> 나와 동생을 부르신다.

**04** 〈보기〉에서 생략할 수 없는 말을 모두 쓰시오.

┌ 보기 ┐

빨간 장미꽃이 참 예쁘다.

## 05 ㉠~㉤ 중, 부속 성분이 <u>아닌</u> 것은?

> 이슬비 내리는 ㉠<u>이른</u> 아침에 우산 셋이 나란히 걸어갑니다. ㉡<u>빨간</u> 우산, 파란 우산, ㉢<u>찢어진</u> 우산. 좁다란 학교 길에 우산 ㉣<u>세</u> 개가 ㉤<u>이마를</u> 마주 대고 걸어갑니다.

① ㉠                    ② ㉡                    ③ ㉢
④ ㉣                    ⑤ ㉤

## 06 다음 중 홑문장에 해당하는 것은?

① 비가 소리도 없이 내렸다.
② 가을이 오면 낙엽이 떨어진다.
③ 그 자동차가 이쪽으로 다가왔다.
④ 철수는 마음이 착한 친구를 두었다.
⑤ 잠자리에서 일어나기에는 시간이 이르다.

## 07 〈보기〉의 문장들을 종류에 맞게 바르게 구분한 것은?

> ┤ 보기 ├
> ㉠ 시냇물이 깨끗하다.
> ㉡ 나는 금메달을 따기를 바란다.
> ㉢ 비가 와서 우리는 소풍을 연기했다.
> ㉣ 나는 삼촌이 여행을 떠난 사실을 알았다.
> ㉤ 너는 배를 좋아하지만 나는 배를 싫어한다.
> ㉥ 아이들이 운동장에서 종이비행기를 날린다.

| | 홑문장 | 이어진문장 | 안은문장 |
|---|---|---|---|
| ① | ㉠ | ㉢, ㉤ | ㉡, ㉣, ㉥ |
| ② | ㉥ | ㉡, ㉤ | ㉠, ㉢, ㉣ |
| ③ | ㉡, ㉥ | ㉢, ㉤ | ㉠, ㉣ |
| ④ | ㉠, ㉢ | ㉡, ㉤ | ㉣, ㉥ |
| ⑤ | ㉠, ㉥ | ㉢, ㉤ | ㉡, ㉣ |

**08** 〈보기〉에 대한 설명으로 알맞은 것은?

┤ 보기 ├

> 민희는 집에 있고 상아는 학교에 갔다.

① 두 홑문장이 나열의 의미 관계로 이어졌다.

② 앞뒤 절의 순서를 바꾸면 의미가 달라진다.

③ 앞뒤 절의 의미 관계가 종속적으로 이어진 문장이다.

④ 주어와 서술어의 관계가 한 번만 나타나는 홑문장이다.

⑤ 홑문장이 다른 홑문장을 하나의 문장 성분처럼 안고 있는 겹문장이다.

**09** 〈보기〉의 문장 짜임에 대한 설명으로 알맞은 것은?

┤ 보기 ├

> ㉠ 경수는 파란색을 좋아합니다.
>
> ㉡ 하지만 경란이는 그렇지 않습니다.

① ㉠은 겹문장이다.

② ㉡은 관형절을 안고 있는 안은문장이다.

③ ㉡은 주어와 서술어의 관계가 한 번 나타난다.

④ ㉡은 반복되는 표현을 생략하여 만든 겹문장이다.

⑤ ㉠과 ㉡을 결합하여 안은문장을 만들 수 있다.

**10** 다음 문장과 종류가 같은 것은?

> 물은 체내의 불순물을 씻어 내는 약입니다.

① 골짜기에는 옥같이 맑은 물이 흐른다.

② 나는 철수가 돌아오기를 매우 기다렸다.

③ 비가 와서 지붕이 매우 크게 파손되었다.

④ 상윤이가 학교에 가려고 자리에서 일어났다.

⑤ 지연이는 내게 소리도 없이 조용히 다가왔다.

**11** 다음 문장의 밑줄 친 부분을 고려하여, 안은문장의 종류를 쓰시오.

(1) 농부는 <u>농사가 잘되기</u>를 바란다.                    (          )을 가진 안은문장

(2) 나는 <u>아기가 우는</u> 소리를 들었다.                    (          )을 가진 안은문장

(3) 그는 <u>아무도 모르게</u> 이웃을 도왔다.                    (          )을 가진 안은문장

(4) 강아지는 <u>털이 매우 탐스럽다</u>.                    (          )을 가진 안은문장

(5) 인영이가 <u>얼른 급식을 먹으러 가자고</u> 말했다.                    (          )을 가진 안은문장

**12** ㉠~㉤ 중, 안은문장을 모두 고르시오.

㉠ 바람이 불고 비가 내렸다.
㉡ 주영이는 휴일에 친구와 영화를 보았다.
㉢ 나는 철수에게 책을 빌려준 기억이 없다.
㉣ 사람들은 동익이가 저지른 잘못을 알아냈다.
㉤ 우리는 바람이 잘 통하게 창문을 활짝 열었다.

**13** 다음 중 문장이 한 가지 의미로만 해석되는 것은?

① 영수는 철수와 창수를 찾아다녔다.
② 이번 시험에서 몇 문제 풀지 못했다.
③ 영희를 보고 싶어 하는 동창생이 많다.
④ 그는 어제 고향에서 온 친구를 만났다.
⑤ 내가 사랑하는 친구의 여동생을 만났다.

**14** 문장의 호응을 고려하여 다음 괄호 안에서 알맞은 말을 고르시오.

(1) 그 일을 ( 결코, 반드시 ) 오늘까지 하겠다.
(2) ( 나는, 나의 꿈은 ) 올림픽에 나가서 금메달을 따기를 바랐다.
(3) ( 과연, 설사 ) 결과가 좋지 않더라도 끝까지 최선을 다해야 한다.

**01** 다음 북한 말에 대응하는 남한 말을 바르게 연결하시오.

북한 말                                    남한 말

(1) 소젖 ·                          · ㉠ 화장실

(2) 단물 ·                          · ㉡ 우유

(3) 위생실 ·                        · ㉢ 종업원

(4) 손기척 ·                        · ㉣ 노크

(5) 접대원 ·                        · ㉤ 주스

**02** 다음 빈칸에 들어갈 알맞은 말을 순서대로 쓰시오.

> 남북 언어는 (          ) 구조가 동일하고 사용하는 (          )에 큰 차이가 없으며, 소리대로 적는 표기와 어법에 맞게 적는 표기를 모두 사용하여 동질성을 지니고 있다.

**03** 〈보기〉의 ㉠~㉢을 통해 알 수 있는 남북 언어의 이질성에 대한 설명으로 적절하지 <u>않은</u> 것은?

> ┤ 보기 ├
>
> 남한: 나룻배를 이용하여 강을 건널 것이다.
> 북한: ㉠나루배를 ㉡리용하여 강을 ㉢건널것이다.

① ㉠은 사이시옷 표기가 남한과 다른 예이다.

② ㉡은 두음 법칙 표기가 남한과 다른 예이다.

③ ㉢은 남한 말과 의미는 같으나 형태가 다른 어휘의 예이다.

④ ㉠과 같은 표기의 예로는 '표말', '고간', ㉡과 같은 표기의 예로는 '로인', '녀자' 등이 있다.

⑤ ㉠~㉢은 남북의 표기 규범에 적지 않은 차이가 있음을 보여 주는 예이다.

**04** 다음 밑줄 친 단어 중 ㉠의 예에 해당하지 <u>않는</u> 것은?

> 남북 언어에는 의미는 같지만 형태가 다른 어휘도 있고, ㉠<u>형태는 같지만 의미가 다른 어휘</u>도 있다.

① 날이 추우니 <u>물고기떡</u>이 먹고 싶습니다.
② 눈이 많이 오니 꼭 <u>수갑</u>을 끼고 외출하세요.
③ 일이 많아서 내일 또 만나기가 <u>바쁘겠습니다</u>.
④ 길에서 주운 지갑의 주인을 찾아주다니 착한 <u>소행</u>입니다.
⑤ 학생들이 <u>극성스럽게</u> 청소를 하니 거리가 훤해지겠습니다.

**05** 다음과 같은 차이가 생긴 이유로 적절한 것은?

┤ 보기 ├
> '동무'
> 남한: 늘 친하게 어울리는 사람
> 북한: 로동계급의 혁명위업을 이룩하기 위하여 혁명대오에서 함께 싸우는 사람을 친하게 이르는 말

① 맞춤법 규정의 차이 ② 이념과 제도의 영향
③ 새로운 문물의 유입 ④ 한자어와 외래어의 순화
⑤ 표준어와 지역 방언의 차이

**06** 〈보기〉에 대한 학생들의 반응으로 적절하지 <u>않은</u> 것은?

┤ 보기 ├
> 남북의 언어 차이는 이러다 조만간 통역이 필요할지 모르겠다는 말이 나올 만큼 벌어지고 있습니다.
> 독일은 서독과 동독으로 나뉘었던 시절부터 지금까지도 《괴테 문학 용어 사전》을 만들고 있습니다. 중국과 대만 역시 《양안 사전》을 만들어 서로 간의 이질감을 줄여 나가고 있습니다.

① 독일, 중국과 대만은 사전을 만들어 언어의 이질성을 줄이려고 했군요.
② 통일을 대비하기 위해서 남북 언어의 차이를 극복하려는 노력이 필요해요.
③ 남북 언어의 차이가 의사소통이 되지 않을 정도로 심각해질 수도 있겠어요.
④ 남북 언어의 차이를 극복하려면 남북이 각자의 언어를 개성 있게 발전시켜야 해요.
⑤ 남북이 서로 간의 이질감을 줄여 나갈 수 있도록 남북 언어의 차이를 극복해야 해요.

# 어휘력 키우기

**소리의 길이에 따라 뜻이 구별되는 말**

## 가정(家庭)[가정]

**명사** 가까운 혈연관계에 있는 사람들의 생활 공동체.

**예** 그의 꿈은 화목한 가정을 꾸리는 것이다.

## 가정(假定)[가ː정]

**명사** 사실이 아니거나 또는 사실인지 아닌지 분명하지 않은 것을 ❶ [ ㅇㅅ ]로 인정함.

**예** 이번 경기에서 이길 것이라는 가정 아래 준비를 해 왔다.

## 공(功)[공]

**명사** 일을 마치거나 목적을 이루는 데 들인 ❷ [ ㄴㄹ ]과 수고. 또는 일을 마치거나 그 목적을 이룬 결과로서의 공적.

**예** 장군은 전쟁을 승리로 이끈 공을 인정받아 큰 상을 받았다.

**명사** 애써서 들이는 정성과 힘.

**예** 공 든 탑이 무너지랴.

## 공[공ː]

**명사** 가죽이나 고무, 플라스틱 따위로 둥글게 만들어 던지거나 치거나 차거나 굴릴 수 있도록 만든 운동 기구. 운동 경기나 놀이에 따라 축구공, 야구공, 탁구공, 럭비공, 골프공, 당구공 따위 여러 가지가 있다.

**예** 언덕 아래로 굴러간 공은 결국 개울에 빠졌다.

## 굴[굴]

**명사** 굴과의 연체동물을 통틀어 이르는 말.

**예** 자연산 굴은 바위에 붙어서 자란다.

## 굴(窟)[굴ː]

**명사** 자연적으로 땅이나 바위가 안으로 깊숙이 패어 들어간 곳.

**예** 원시 시대에는 특정한 주거 형태 없이 굴에서 살았다.

**명사** 산이나 땅 밑을 뚫어 만든 ❸ [ ㄱ ].

**예** 땅 밑으로 굴을 파서 새로운 선로를 놓았다.

**답** ❶ 임시 ❷ 노력 ❸ 길

## 눈[眼][눈]

**명사** 빛의 자극을 받아 물체를 볼 수 있는 감각 기관.

**예** 동화책을 읽는 아이의 눈이 초롱초롱 빛났다.

**명사** 물체의 존재나 형상을 <sup>④</sup> | ㅇㅅ | 하는 눈의 능력.

**예** 눈이 나빠졌으니 안경을 새로 맞춰야겠다.

## 눈[雪][눈ː]

**명사** 대기 중의 수증기가 찬 기운을 만나 얼어서 땅 위로 떨어지는 <sup>⑤</sup> | ㅇㅇ | 의 결정체.

**예** 밤새 내린 눈이 온 세상을 하얗게 뒤덮었다.

## 말[馬][말]

**명사** 말과의 포유류. 성질이 온순하고 잘 달리며 힘이 세어 농경, 운반, 승용, 경마 따위에 사용한다.

**예** 옛날 사람들은 교통수단으로 말을 타고 다녔다.

## 말[語][말ː]

**명사** 사람의 생각이나 느낌 따위를 표현하고 전달하는 데 쓰는 음성 기호. 곧 사람의 생각이나 느낌 따위를 목구멍을 통하여 조직적으로 나타내는 소리를 가리킨다.

**예** 너무 멀리 떨어져 있어서 네 말이 하나도 들리지 않는다.

**명사** 단어, 구, 문장 따위를 통틀어 이르는 말.

**예** 내 사전에 불가능이란 말은 없다.

## 모자(帽子)[모자]

**명사** 머리에 쓰는 물건의 하나. 예의를 차리거나 추위, 더위, 먼지 따위를 막기 위한 것이다.

**예** 아이는 챙이 넓은 모자를 써서 햇볕을 가렸다.

## 모자(母子)[모ː자]

**명사** 어머니와 <sup>⑥</sup> | ㅇㄷ | 을 아울러 이르는 말.

**예** 모자가 정답게 손을 잡고 걷고 있었다.

**답** ④ 인식 ⑤ 얼음 ⑥ 아들

**무력(無力)[무력]**

**명사** 힘이 없음.

**예** 연이은 실패로 그는 자신의 무력을 느꼈다.

**무력(武力)[무ː력]**

**명사** 군사상의 힘.

**예** 두 나라의 무력에는 큰 차이가 있어서 전쟁의 결과는 불 보듯 뻔했다.

**명사** 때리거나 부수는 따위의 **⑦** ㅇㅊ 를 사용하는 힘.

**예** 그는 말로 안되니까 무력을 써서 나를 이기려 했다.

**발[足][발]**

**명사** 사람이나 동물의 **⑧** ㄷㄹ 맨 끝부분.

**예** 발을 간질이는 파도에서 생명력이 느껴졌다.

**명사** 가구 따위의 밑을 받쳐 균형을 잡고 있는, 짧게 도드라진 부분.

**예** 장롱의 발 밑에 종이를 괴어 수평을 맞췄다.

**발[簾][발ː]**

**명사** 가늘고 긴 대를 줄로 엮거나, 줄 따위를 여러 개 나란히 늘어뜨려 만든 물건. 주로 무엇을 가리는 데 쓴다.

**예** 여름이면 문에 발을 걸어 늘어뜨리고 낮잠을 잤다.

**밤[夜][밤]**

**명사** 해가 져서 어두워진 때부터 다음 날 해가 떠서 밝아지기 전까지의 동안.

**예** 달도 구름에 가려 칠흑같이 캄캄한 밤이다.

**밤[栗][밤ː]**

**명사** 밤나무의 **⑨** ㅇㅁ . 가시가 많이 난 송이에 싸여 있고 갈색 겉껍질 안에 얇고 맛이 떫은 속껍질이 있으며, 날것으로 먹거나 굽거나 삶아서 먹는다.

**예** 할머니는 노릇노릇 구운 밤을 한 바구니 가져오셨다.

**답** ❼육체 ❽다리 ❾열매

## 벌(罰)[벌]

**명사** 잘못하거나 <sup>⑩</sup> ☐ ㅈ 를 지은 사람에게 주는 고통.

**예** 오늘 지각한 벌로 교실 청소를 하게 되었다.

## 벌[蜂][벌ː]

**명사** 벌목의 곤충 가운데 개미류를 제외한 곤충을 통틀어 이르는 말.

**예** 벌에 쏘인 자리가 빨갛게 부어올랐다.

## 병(瓶)[병]

**명사** 주로 액체나 가루를 담는 데에 쓰는 목과 아가리가 좁은 그릇.

**예** 뚜껑을 열자 병에서 새콤한 유자 향이 피어올랐다.

**명사** (일부 명사 뒤에 붙어) '<sup>⑪</sup> ☐ ㅇㄱ '를 나타내는 말.

**예** 분리수거를 위해 플라스틱병에 붙은 라벨을 뜯어야 한다.

## 병(病)[병ː]

**명사** 생물체의 전신이나 일부분에 이상이 생겨 정상적 활동이 이루어지지 않아 괴로움을 느끼게 되는 현상.

**예** 동생은 한 달 동안 병을 심하게 앓더니 얼굴이 반쪽이 되었다.

**명사** (일부 명사 뒤에 붙어) '질병'의 뜻을 나타내는 말.

**예** 동생은 어려서부터 심장병을 앓고 있다.

## 부자(父子)[부자]

**명사** 아버지와 아들을 아울러 이르는 말.

**예** 꼭 닮은 부자가 휴일마다 함께 등산을 한다.

## 부자(富者)[부ː자]

**명사** 재물이 많아 <sup>⑫</sup> ☐ ㅅㄹ 이 넉넉한 사람.

**예** 그는 막대한 재산을 가진 부자이지만 검소한 생활을 한다.

**답** ⑩죄 ⑪용기 ⑫살림

### 비[雨][비]

**명사** 대기 중의 수증기가 높은 곳에서 찬 ⑬ ㄱㄱ 를 만나 식어서 엉기어 땅 위로 떨어지는 물방울.

**예** 아이는 비를 맞지 않으려고 두 손을 머리 위에다 얹어 놓았다.

### 비(比)[비ː]

**명사** 「미술」 표현된 물상의 각 부분 상호 간 또는 전체와 부분 간이 양적으로 일정한 관계가 됨. 또는 그런 관계.

**예** 그 조각상은 가로와 세로의 비가 황금 비율을 이루는 완벽한 작품이다.

### 성인(成人)[성인]

**명사** 자라서 ⑭ ㅇㄹ 이 된 사람. 보통 만 19세 이상의 남녀를 이른다.

**예** 이제 성인이 되었으니 자신의 일은 스스로 결정해야 한다.

### 성인(聖人)[성ː인]

**명사** 지혜와 덕이 매우 뛰어나 길이 우러러 본받을 만한 사람.

**예** 어느 시대에나 성인과 군자가 필요하다.

### 솔[松][솔]

**명사** 소나뭇과의 모든 식물을 통틀어 이르는 말.

**예** 사계절 푸르른 솔을 닮은 강직한 사람이 되어라.

### 솔[솔ː]

**명사** 먼지나 때를 쓸어 떨어뜨리거나 풀칠 따위를 하는 데 쓰는 ⑮ ㄷㄱ . 짐승의 털이나 합성수지, 가는 철사 따위를 묶어서 곧추세워 박고 그 끝을 가지런히 잘라서 만든다.

**예** 책장에 쌓인 먼지를 솔로 훌훌 털어 내었다.

**답** ⑬ 공기 ⑭ 어른 ⑮ 도구

## 정원(庭園)[정원]

**명사** 집 안에 있는 뜰이나 꽃밭.

**예** 그 집의 정원에는 잘 가꾸어진 꽃이 가득했다.

## 정원(正員)[정ː원]

**명사** 정당한 자격을 가진 ⑯ ㄱㅅㅇ.

**예** 신청자가 정원에 미달하여 부득이 행사를 취소했다.

## 장기(臟器)[장기]

**명사** 『의학』 내장의 여러 기관.

**예** 생명 나눔을 실천하고자 장기 기증 신청을 했다.

## 장기(將棋/將碁)[장ː기]

**명사** 나무로 만든 32짝의 말을 붉은 글자와 푸른 글자의 두 종류로 나누어 판 위에 벌여 놓고 서로 번갈아 가며 공격과 수비를 교대로 하여 ⑰ ㅅㅂ 를 가리는 놀이. 또는 그런 놀이를 하는 데 쓰는 기구.

**예** 장기는 중국 한나라와 초나라의 전쟁 형식을 본뜬 놀이이다.

## 평(坪)[평]

**명사** 땅 넓이의 단위. 한 평은 여섯 자의 제곱으로 3.3058㎡에 해당한다.

**예** 열 평도 안 되는 작은 텃밭도 각종 채소를 길러 내기에 충분하다.

## 평(評)[평ː]

**명사** 좋고 나쁨, 잘하고 못함, 옳고 그름 따위를 ⑱ ㅍㄱ함. 또는 그런 말.

**예** 그 선수는 재능이 있고 인품도 훌륭하여 사람들에게 좋은 평을 듣고 있다.

**답** ⑯ 구성원 ⑰ 승부 ⑱ 평가

**01** 다음 문장의 괄호 안에서 알맞은 발음을 고르시오.

(1) [ 말, 말: ]은 나면 제주도로 보내고, 사람은 나면 서울로 보내라.

(2) [ 말, 말: ]은 사람과 동물을 구별해 주는 가장 중요한 요소이다.

**02** 다음 단어와 뜻을 바르게 연결하시오.

(1) 자연적으로 땅이나 바위가 안으로 깊숙이 패어 들어간 곳.   •

  • ㉠ 공 (功)

(2) 때리거나 부수는 따위의 육체를 사용하는 힘.   •

  • ㉡ 굴 (窟)

(3) 재물이 많아 살림이 넉넉한 사람.   •

  • ㉢ 무력 (武力)

(4) 일을 마치거나 목적을 이루는 데 들인 노력과 수고. 또는 일을 마치거나 그 목적을 이룬 결과로서의 공적.   •

  • ㉣ 부자 (富者)

**03** 다음 밑줄 친 말 중 길게 발음해야 하는 것은?

① 바람이 차니 모자를 써라.

② 하루종일 서 있었더니 발이 아프다.

③ 꽃이 활짝 피어서 벌이 날아들었다.

④ 눈에 먼지가 들어가서 눈물이 났다.

⑤ 겨울이면 맛있는 굴을 많이 먹을 수 있다.

04 〈보기〉에서 다음 빈칸에 들어갈 알맞은 말을 골라 그 기호를 쓰시오.

┌─ 보기 ─────────────────────────────────────────────┐
│ ㉠ 병(甁)[병]                    ㉡ 병(病)[병 :]        │
│ ㉢ 성인(成人)[성인]              ㉣ 성인(聖人)[성 : 인] │
└──────────────────────────────────────────────────┘

(1) 그 (        )은 반짝이는 조개와 모래알로 채워져 있었다.

(2) 그는 어릴 적부터 (        )이 깊어서 부모님의 걱정을 샀다.

(3) 그는 (        )이 되어서도 어릴 적의 버릇을 고치지 못했다.

(4) 그는 지혜와 덕이 매우 뛰어나서 (        )이라고 일컬을 만하다.

05 〈보기〉에서 다음 설명에 해당하는 단어를 골라 쓰시오.

┌─ 보기 ─────────────────────────────────────────────┐
│              평(評)        비(比)        무력(武力)      │
└──────────────────────────────────────────────────┘

┌──────────────────────────────────────────────────┐
│ 좋고 나쁨, 잘하고 못함, 옳고 그름 따위를 평가함. 또는 그런 말. │
└──────────────────────────────────────────────────┘

06 다음 밑줄 친 말의 의미와 소리의 길이가 바르지 <u>않은</u> 것은?

① <u>밤</u>[밤]에는 일찍 잠을 자거라.

　알맞게 영글은 <u>밤</u>[밤 : ]이 탐스럽구나.

② 그 <u>부자</u>[부 : 자]는 거푸집으로 찍은 듯이 닮았다.

　그 <u>부자</u>[부자]는 전 재산을 사회에 환원하기로 했다.

③ 선생님 댁 <u>정원</u>[정원]에는 사시사철 꽃이 피었다.

　이 모임의 <u>정원</u>[정 : 원]은 대표를 포함하여 10명이다.

④ <u>벌</u>[벌 : ]들이 꽃 주변을 빙글빙글 돌며 춤을 추었다.

　제가 죄를 지었으니 어떤 <u>벌</u>[벌]이라도 달게 받겠습니다.

⑤ <u>비</u>[비]가 오니 말라 가던 풀들이 생생하게 살아났다.

　구도를 잡으려면 가로와 세로의 <u>비</u>[비 : ]를 맞추어야 한다.

## 교과서 예시 모아 보기

**홑문장**

### 누가/무엇이+어찌하다

- 강아지가 달린다.
- 물이 얼음이 되었다.
- 선호가 숙제를 끝냈다.
- 소미가 회장이 되었다.
- 아기가 우유를 먹는다.
- 영수가 꽃다발을 샀다.
- 경미가 과일을 먹는다.
- 철규는 현지를 기다렸다.
- 버스가 종점으로 달린다.
- 누리는 고양이를 키운다.
- 사람들이 운동장에 모였다.
- 나뭇잎이 하나둘씩 떨어진다.
- 토끼가 들판에서 풀을 뜯는다.
- 개미가 먹이를 부지런히 나른다.
- 할머니께서 옛 친구를 만나셨다.
- 범수가 모든 유리창을 깨끗이 닦았다.

### 누가/무엇이+어떠하다

- 달이 밝다.
- 하늘이 맑다.
- 달이 아름답다.
- 하늘이 파랗다.
- 시냇물이 깨끗하다.
- 제비꽃은 정말 예쁘다.

### 누가/무엇이+무엇이다

- 수호는 학생이다.
- 내일이 토요일이다.
- 진우는 막내가 아니다.
- 사촌 언니는 시인이다.
- 저것은 고양이가 아니오.
- 동생은 유치원생이 아니다.

## 대등하게 이어진 문장

- 봄이 가고 여름이 왔다.
- 비가 오고 바람이 분다.
- 인생은 짧고 예술은 길다.
- 파도가 치고 갈매기가 난다.
- 하늘은 파랗고 구름은 하얗다.
- 비가 오지만 날씨가 춥지 않다.
- 윤지는 웃었지만 민서는 울었다.
- 준수가 노래하고 세인이가 춤춘다.
- 나는 빵을 먹고 영주는 밥을 먹었다.
- 정우는 영화를 보고 희수는 책을 읽는다.
- 누나는 피아노를 치고 동생은 노래를 부른다.
- 영환이는 책을 읽고 다빈이는 노래를 듣는다.
- 나는 고양이를 좋아하지만 승원이는 개를 좋아한다.
- 내년에 나는 고등학생이 되고 내 동생은 중학생이 된다.

## 종속적으로 이어진 문장

- 눈이 와서 길이 미끄럽다.
- 하늘이 맑아서 기분이 좋다.
- 산이 높으면 골짜기가 깊다.
- 비가 오면 곡식이 잘 자란다.
- 나는 책을 읽고 독후감을 썼다.
- 가을이 오면 산에 단풍이 든다.
- 비가 와서 우리는 소풍을 연기했다.
- 길이 너무 좁아서 차가 못 지나간다.
- 나는 오늘 늦잠을 자서 지각을 했다.
- 승현이는 공부를 하러 도서관에 갔다.
- 우리는 비를 피하려고 가게로 들어갔다.
- 네가 먹고 싶다면 내가 떡볶이를 만들어 줄게.
- 비가 그치지 않아서 우리는 축구를 하지 못했다.
- 화단에 국화가 활짝 피어서 벌이 많이 날아왔다.
- 내 동생은 아침 운동을 하려고 학교에 일찍 간다.

**겹문장 ② - 안은문장**

## 명사절을 가진 안은문장

- 나는 그가 오기를 기다렸다.
- 윤아는 별이 뜨기를 기다렸다.
- 나는 민수가 오기를 기다렸다.
- 나는 그가 옳았음을 깨달았다.
- 농부는 농사가 잘되기를 바란다.
- 우리는 민서가 돌아오기를 바란다.
- 나는 두 친구가 화해하기를 바란다.
- 선생님은 설아가 모범생임을 아신다.
- 지아는 비가 그치기를 간절히 바랐다.
- 장군은 군대가 함정에 빠졌음을 알아차렸다.

## 관형절을 가진 안은문장

- 그것은 내가 읽은 책이다.
- 그 책은 내가 읽던 책이다.
- 서평 쓰는 숙제가 있었지?
- 이것은 내가 읽은 소설책이다.
- 바람개비를 든 아이가 달린다.
- 나는 어머니가 만든 빵이 좋다.
- 나는 동생이 어지른 방을 치웠다.
- 우리는 잘 익은 복숭아를 먹었다.
- 은재는 형이 준 축구공이 좋았다.
- 내가 어제 본 영화는 재미있었다.
- 내가 어제 재미있는 영화를 보았다.
- 나는 진호가 이기는 장면을 보았다.
- 나는 민호가 나에게 준 책을 읽었다.
- 나는 마음씨가 착한 기훈이를 좋아한다.
- 너 혹시 카레가 들어간 떡볶이를 먹어 봤어?
- 거북이는 그늘에서 잠을 자는 토끼를 지나쳐 갔다.
- 우리는 선생님께서 우리에게 추천하신 책을 읽었다.

## 부사절을 가진 안은문장

- 비가 소리도 없이 내린다.
- 민후는 땀이 나게 뛰었다.
- 석양이 눈이 부시게 빛났다.
- 그는 배꼽이 빠지게 웃었다.
- 그곳은 빛이 나게 아름다웠다.
- 가랑비가 소리도 없이 내린다.
- 빙수는 이가 시리도록 차가웠다.
- 나는 눈이 아프도록 책을 읽었다.
- 현석이는 발에 땀이 나게 뛰었다.
- 우리는 철수를 눈이 빠지게 기다렸다.
- 그녀는 아무도 모르게 이웃을 도왔다.

## 서술절을 가진 안은문장

- 코끼리는 코가 길다.
- 슬기는 마음이 곱다.
- 토끼는 앞발이 짧다.
- 아기는 눈동자가 맑다.
- 진우는 마음씨가 착하다.
- 철수는 동작이 재빠르다.
- 다운이는 마음씨가 예쁘다.

## 인용절을 가진 안은문장

- 민재는 혁수의 말이 옳다고 말했다.
- 민재는 "혁수의 말이 옳다."라고 말했다.
- 민수는 가지 않겠다고 말했을 뿐이다.
- 선호는 "다음에 또 보자."라고 말했다.
- 내가 "저 여기에 있어요."라고 소리를 질렀지.
- 친구가 나에게 "빵을 사러 가자."라고 말했다.
- 진호는 "저도 이제 중학생이에요."라고 말했다.
- 선생님께서 나에게 아주 잘했다고 말씀하셨다.
- 기호는 "제가 그 일을 하겠습니다."라고 말했다.

# 더 알아 두기

## 남한과 북한의 어휘 비교

통일부
〈북한정보포털〉의
북한 용어 사전에서
더 많은 어휘를 확인할
수 있어.

| 남한 말 | 북한 말 | 남한 말 | 북한 말 |
| --- | --- | --- | --- |
| 가발 | 덧머리 | 가사 | 집안거두매 |
| 가시광선 | 보임광선 | 가연성 | 불탈성 |
| 각색 | 옮겨지음 | 각주 | 아래붙임 |
| 개표 | 표찍기 | 검표 | 표보기 |
| 검산 | 셈따지기 | 견인차 | 끌차 |
| 결빙 | 얼음얼이 | 경사면 | 비탈면 |
| 계란, 달걀 | 닭알 | 골절 | 뼈부러지기 |
| 공생 | 함께살이 | 공회전 | 헛돌이 |
| 교각 | 사귐각 | 귀소 본능 | 돌아오기본능 |
| 근사값 | 가까운값 | 기생 | 붙어살이 |
| 나이프 | 밥상칼 | 냉대하다 | 미우다 |
| 냉소 | 찬웃음 | 노크 | 손기척 |
| 뉘앙스 | 뜻빛갈 | 다이빙 | 뛰여들기 |
| 다항식 | 여러마디식 | 단모음 | 홑모음 |
| 단항식 | 홑마디식 | 도넛 | 가락지빵 |
| 도시락 | 곽밥 | 돌풍 | 갑작바람 |
| 동의어 | 뜻같은말 | 둔각 | 무딘각 |
| 드라이크리닝 | 화학빨래 | 등호 | 같기표 |
| 리그전 | 연맹전 | 리본 | 댕기 |
| 마찰 | 쓸림 | 명도 | 밝음도 |
| 명령문 | 시킴문 | 명암 | 검밝기 |
| 모세관 | 실관 | 뮤지컬 | 가무이야기 |
| 미지수 | 모르는수 | 반딧불이 | 불벌레 |
| 반환점 | 돌이점표식 | 방부제 | 썩음막이약 |
| 방수 | 물막이 | 방화벽 | 불막이벽 |
| 버라이어티 쇼 | 노래춤묶음 | 베레모 | 둥글모자 |

| 남한 말 | 북한 말 | 남한 말 | 북한 말 |
|---|---|---|---|
| 볼펜 | 원주필 | 부력 | 뜰힘 |
| 부착력 | 붙을힘 | 분출구 | 뿜이구멍 |
| 빙수 | 단얼음 | 산책로 | 거님길 |
| 살충제 | 벌레잡이약 | 삼투압 | 스밈압력 |
| 상형문자 | 모양글자 | 세탁소 | 빨래집, 화학빨래집 |
| 수력 | 물힘 | 수화 | 손가락말 |
| 슛 | 차넣기 | 습곡 | 땅주름 |
| 시각 신경 | 보는신경 | 시축 | 첫차기 |
| 어묵 | 튀긴고기떡 | 에스컬레이터 | 계단승강기 |
| 에필로그 | 맺음이야기 | 연시조 | 이음시조 |
| 열도 | 줄섬 | 염색 | 물들이기 |
| 엽록체 | 풀색체 | 예각 | 뾰족각 |
| 예방 | 미리막이 | 오전 | 낮전 |
| 오후 | 낮뒤 | 온난 전선 | 더운전선 |
| 와이퍼 | 비물닦개 | 외래어 | 들어온말 |
| 우울증 | 슬픔증 | 우유 | 소젖 |
| 은닉죄 | 숨김죄 | 은유법 | 말바꿈법 |
| 응고 | 엉겨굳기 | 의태어 | 모양본딴말 |
| 이명 | 귀울이 | 이식 수술 | 옮겨붙이기수술 |
| 인용어 | 들임말 | 인칭 대명사 | 사람대명사 |
| 인화점 | 불당김점 | 일조 | 해비침 |
| 일조량 | 해쪼임량 | 입장표 | 나들표 |
| 잼 | 과일단졸임 | 절도범 | 훔침범 |
| 접두사 | 앞붙이 | 제초제 | 풀약 |
| 조울병 | 기쁨슬픔병 | 종결 어미 | 맺음표 |
| 종착역 | 마감역 | 주스 | 과일단물 |
| 주차장 | 차마당 | 지시 대명사 | 가리킴대명사 |
| 지표면 | 땅겉면 | 지하수 | 땅속물 |

| 남한 말 | 북한 말 | 남한 말 | 북한 말 |
|---|---|---|---|
| 지혈제 | 피멎이약 | 지형 | 땅생김 |
| 직접 인용법 | 바로옮김법 | 채혈 | 피뽑기 |
| 출입문 | 나들문 | 충혈 | 피모임 |
| 침엽수림 | 바늘잎나무숲 | 커튼 | 창가림막 |
| 클로즈업 | 큰보임새 | 타임아웃 | 분간휴식 |
| 탄성 | 튐성 | 터널 | 차굴 |
| 통풍 | 바람갈이 | 퇴비 | 풀거름 |
| 파고 | 물결높이 | 파속 | 물결속도 |
| 파일북 | 종이끼우개 | 파장 | 물결길이 |
| 파지 | 헌종이 | 폐수 | 버림물 |
| 표절 | 도적글 | 풀장 | 물공원 |
| 프롤로그 | 머리이야기 | 해열제 | 열내림약 |
| 혐기성 | 산소꺼림성 | 화법 | 말하기법 |
| 환기 | 공기갈이 | 활용형 | 풀이형 |
| 회전의자 | 둥글의자 | 휴화산 | 멎은화산 |

## 표기 방식의 차이가 드러나는 어휘

| 남한 말 | 북한 말 | 남한 말 | 북한 말 |
| --- | --- | --- | --- |
| 거북이 | 거부기 | 규율 | 규률 |
| 깃발 | 기발 | 깨어지다 | 깨여지다 |
| 나뭇밥 | 나무밥 | 나침반 | 라침판 |
| 낙원 | 락원 | 냇물 | 내물 |
| 냉동고 | 랭동고 | 냉랭하다 | 랭랭하다 |
| 냉채 | 랭채 | 노동 | 로동 |
| 노천 | 로천 | 논리 | 론리 |
| 농구 | 롱구 | 뒷산 | 뒤산 |
| 드디어 | 드디여 | 띄어쓰기 | 띄여쓰기 |
| 멧돼지 | 메돼지 | 모질음 | 모지름 |
| 바닷가 | 바다가 | 비바람 | 빗바람 |
| 비열하다 | 비렬하다 | 색깔 | 색갈 |
| 샛바람 | 새바람 | 손뼉 | 손벽 |
| 양면 | 량면 | 양심 | 량심 |
| 양쪽 | 량쪽 | 여학생 | 녀학생 |
| 여행 | 려행 | 연락 | 련락 |
| 연습 | 련습 | 연애 | 련애 |
| 영점 | 령점 | 예절 | 례절 |
| 육교 | 륙교 | 이유 | 리유 |
| 잇돌 | 이돌 | 툇돌 | 퇴돌 |
| 헤엄 | 헤염 | 횃불 | 홰불 |

# 개념 정리 쪽지 시험

## 1주 음운의 체계와 특성

34~37쪽

01 소리 02 (1) 자음 (2) 모음 03 ① 04 ③ 05 ⓒ, ㉣
06 ④ 07 ① 08 (1) ⓒ (2) ㉣ (3) ㉠ (4) ⓒ (5) ㉤ 09 ②
10 ② 11 (1) 비음 (2) 파열음 (3) 마찰음 (4) 유음 (5) 파찰음
12 ① 13 ③

01 '음운'은 말의 뜻을 구별해 주는 소리의 가장 작은 단위이다.

02 음운 중 소리를 낼 때 공기의 흐름이 장애를 받고 나오는 소리를 '자음'이라고 하고, 공기의 흐름이 장애를 받지 않고 순조롭게 나오는 소리를 '모음'이라고 한다.

03 '강'은 '발'의 초성 'ㅂ'을 'ㄱ'으로 바꾸고 종성 'ㄹ'을 'ㅇ'으로 바꾸어 두 개의 소리를 바꾼 단어이므로 밑줄 친 부분의 설명에 해당하지 않는다.

04 '수업'을 구성하는 음운은 'ㅅ, ㅜ, ㅓ, ㅂ'으로 모두 4개이다. 초성의 'ㅇ'은 소릿값을 가지지 않으므로 음운의 개수에 포함하지 않는다.

05 단모음을 발음할 때 입이 벌어질수록 혀의 높이가 낮아진다. 'ㅡ'를 발음할 때 혀의 높이가 가장 높고, 'ㅓ'일 때 중간 높이, 'ㅏ'일 때 혀의 높이가 가장 낮다(ⓒ). 'ㅣ'는 발음할 때 혀의 최고점이 앞에 있는 전설 모음이고, 'ㅡ'는 발음할 때 혀의 최고점이 뒤에 있는 후설 모음이다(㉣).

06 원순 모음은 발음할 때의 입술 모양을 기준으로 분류한 것이고, 이중 모음은 발음할 때 입술 모양이나 혀의 위치가 변하는지에 따라 분류한 것이므로 ④의 분류 기준은 서로 다르다.

07 ㉠에는 파열음이자 잇몸소리인 'ㄷ, ㄸ, ㅌ'이 들어가야 한다.

오답 풀이 ② ⓒ에는 파찰음이자 센입천장소리인 'ㅈ, ㅉ, ㅊ'이 들어가야 한다.
③ ⓒ에는 마찰음이자 목청소리인 'ㅎ'이 들어가야 한다.
④ ㉣에는 비음이자 입술소리인 'ㅁ'이 들어가야 한다.

⑤ ㉤에는 유음이자 잇몸소리인 'ㄹ'이 들어가야 한다.

08 (1) 'ㅂ, ㅃ, ㅍ, ㅁ'은 두 입술 사이에서 나는 소리인 '입술소리'이다.
(2) 'ㄷ, ㄸ, ㅌ, ㅅ, ㅆ, ㄴ, ㄹ'은 혀끝과 윗잇몸 사이에서 나는 소리인 '잇몸소리'이다.
(3) 'ㅈ, ㅉ, ㅊ'은 혓바닥과 센입천장 사이에서 나는 소리인 '센입천장소리'이다.
(4) 'ㄱ, ㄲ, ㅋ, ㅇ'은 혀 뒷부분과 여린입천장 사이에서 나는 소리인 '여린입천장소리'이다.
(5) 'ㅎ'은 목청 사이에서 나는 소리인 '목청소리'이다.

09 발음할 때 입안의 통로를 막았다가 코로 공기를 내보내면서 내는 소리는 '비음'이고, 혀끝을 잇몸에 가볍게 대었다가 떼거나 혀끝을 윗잇몸에 댄 채 공기를 그 양옆으로 흘려보내면서 내는 소리는 '유음'이다.

10 혀끝과 윗잇몸 사이에서 소리 나는 잇몸소리에는 'ㄷ, ㄸ, ㅌ, ㅅ, ㅆ, ㄴ, ㄹ'이 있다. 평순 모음이면서 저모음인 후설 모음은 'ㅏ'이다. 혀 뒷부분과 여린입천장 사이에서 소리 나는 여린입천장소리에는 'ㄱ, ㄲ, ㅋ, ㅇ'이 있다. 그러므로 이 조건에 해당하는 단어는 ② '땅'이다.

11 (1) 입안의 통로를 막았다가 코로 공기를 내보내면서 내는 소리는 '비음'이다.
(2) 입안의 어떤 위치에서 공기의 흐름을 막았다가 그 막은 자리를 일시에 터뜨리면서 내는 소리는 '파열음'이다.
(3) 입안이나 목청 사이의 통로를 좁히고 그 틈 사이로 공기를 내보내어 마찰을 일으키면서 내는 소리는 '마찰음'이다.
(4) 혀끝을 잇몸에 가볍게 대었다가 떼거나 혀끝을 윗잇몸에 댄 채 공기를 그 양옆으로 흘려보내면서 내는 소리는 '유음'이다.
(5) 공기의 흐름을 막았다가 막았던 자리를 조금 열고 좁은 틈 사이로 공기를 내보내어 마찰을 일으키면서 내는 소리는 '파찰음'이다.

12 '밤나무의 열매'를 뜻하는 '밤[栗]'은 길게 발음하고, 나머지는 모두 짧게 발음한다.

13 된소리 'ㄸ'이 쓰인 '딴딴하다'가 예사소리 'ㄷ'이 쓰인 '단단하다'보다 단단한 느낌을 준다.

38~41쪽

01 ④  02 (1) ㉢ (2) ㉡ (3) ㉠  03 ②  04 장미꽃이, 예쁘다
05 ⑤  06 ③  07 ⑤  08 ①  09 ③  10 ①  11 (1) 명사
절 (2) 관형절 (3) 부사절 (4) 서술절 (5) 인용절  12 ㉢, ㉣, ㉤
13 ③  14 (1) 반드시 (2) 나는 (3) 설사

01 부속 성분은 주성분의 내용을 자세하게 꾸며 주는 역할을 하는 성분이다. 동작이나 작용, 상태나 성질 등의 주체가 되는 문장 성분은 주어로, 주성분에 해당한다.

02 (1) 문장을 이루는 데 기본적으로 필요한 성분은 주성분이다.
(2) 주성분의 내용을 자세하게 꾸며 주는 역할을 하는 성분은 부속 성분이다.
(3) 문장의 어느 성분과도 직접적인 관련이 없는 성분은 독립 성분이다.

03 ①의 '간식을'은 목적어, ③의 '회장이'는 보어, ④의 '좋아한다'는 서술어, ⑤의 '할머니께서'는 주어이다. ②의 '흐르는'은 체언 '물'을 꾸며 주는 관형어로 부속 성분에 해당한다.

04 문장 성분 중에서 문장을 이루는 데 기본적으로 필요한 주어, 서술어, 목적어, 보어를 주성분이라고 한다. 〈보기〉에서 '빨간'은 관형어, '장미꽃이'는 주어, '참'은 부사어, '예쁘다'는 서술어이므로, 주성분인 '장미꽃이'와 '예쁘다'를 생략할 수 없다.

05 ㉠~㉣은 모두 뒤에 이어지는 체언을 꾸며 주는 관형어로 부속 성분이다. ㉤ '이마를'은 서술어가 나타내는 동작의 대상이 되는 목적어로 주성분이다.

06 ③은 주어가 '자동차가'이고 서술어가 '다가왔다'로, 주어와 서술어의 관계가 한 번만 나타나는 홑문장이다.
오답 풀이 ① '소리도 없이'가 부사어 역할을 하는 부사절을 가진 안은문장이다.
② '가을이(주어)+오면(서술어)', '낙엽이(주어)+떨어진다(서술어)'로 주어와 서술어의 관계가 두 번 나타나는 이어진문장이다.
④ '마음이 착한'이 '친구'를 꾸며 주는 관형절을 가진 안

은문장이다.
⑤ '잠자리에서 일어나기에는'이 부사어 역할을 하는 부사절을 가진 안은문장이다.

07 ㉠, ㉢은 홑문장이다. ㉡은 명사절 '금메달을 따기'를 가진 안은문장이고, ㉣은 관형절 '삼촌이 여행을 떠난'을 가진 안은문장이다. ㉢은 종속적으로 이어진 문장이고, ㉤은 대등하게 이어진 문장이다.

08 〈보기〉는 '민희는 집에 있다.'와 '상아는 학교에 갔다.'라는 두 홑문장이 나열의 의미 관계로 대등하게 이어진 문장이다.
오답 풀이 ②, ③, ⑤ 〈보기〉는 앞뒤 절이 대등하게 이어진 문장으로, 앞뒤 절의 순서를 바꾸어도 의미가 달라지지 않는다.
④ '민희는(주어)+있고(서술어)', '상아는(주어)+갔다(서술어)'로 주어와 서술어의 관계가 두 번 나타나는 겹문장이다.

09 ㉠과 ㉡은 주어와 서술어의 관계가 한 번만 나타나는 홑문장이다. ㉠과 ㉡의 의미가 대조적이므로 두 홑문장을 결합하여 대조의 의미 관계로 대등하게 이어진 문장을 만들 수 있다.

10 제시된 문장은 '체내의 불순물을 씻어 내는'이 체언 '약'을 꾸며 주는, 관형절을 가진 안은문장이다. ①도 '옥같이 맑은'이 체언 '물'을 꾸며 주는, 관형절을 가진 안은문장이다.
오답 풀이 ②는 명사절을 가진 안은문장, ⑤는 부사절을 가진 안은문장, ③과 ④는 종속적으로 이어진 문장이다.

11 (1) '농사가 잘되기'는 문장 안에서 목적어 역할을 하는 명사절이다.
(2) '아기가 우는'은 체언 '소리'를 꾸며 주는 관형어 역할을 하는 관형절이다.
(3) '아무도 모르게'는 서술어 '도왔다'를 꾸며 주는 부사어 역할을 하는 부사절이다.
(4) '털이 매우 탐스럽다'는 '강아지의 털'의 상태를 서술해 주는 서술절이다.
(5) '얼른 급식을 먹으러 가자고'는 인영이의 말을 간접 인용한 인용절이다.

12 ㉠은 대등하게 이어진 문장이고, ㉡은 홑문장이다. ㉢과 ㉣은 관형절을 가진 안은문장, ㉤은 부사절을 가진 안은

문장이다.

**13** ③은 영희를 보고 싶어 하는 동창생이 많다는 한 가지 의미로만 해석된다.

오답 풀이 ① 주어와 목적어의 범위가 명확하지 않아서 영수 혼자 찾아다닌 것인지 영수가 철수와 함께 찾아다닌 것인지 정확한 의미를 알 수 없다.

② '몇 문제'의 수식 범위가 명확하지 않아서 몇 문제만 푼 것인지 몇 문제를 못 푼 것인지 정확한 의미를 알 수 없다.

④ '어제'가 꾸며 주는 대상이 명확하지 않아서 친구가 어제 온 것인지 친구를 어제 만난 것인지 정확한 의미를 알 수 없다.

⑤ '사랑하는'이 꾸며 주는 대상이 정확하지 않아서 내가 사랑하는 사람이 친구인지 친구의 여동생인지 정확한 의미를 확인할 수 없다.

**14** (1) 부사어 '결코'는 부정의 의미를 나타내는 서술어와 호응하므로, 긍정의 의미를 나타내는 서술어와 호응하는 '반드시'가 알맞다.

(2) 서술어 '바랐다'와 호응하는 주어는 '나는'이다.

(3) '설사'는 주로 부정적인 뜻을 가진 문장에서 사용하는 부사이므로 '결과가 좋지 않더라도'에 호응하는 것은 '설사'이다.

# 3주 통일 시대의 국어

42~43쪽

**01** (1) ㉡ (2) ㉤ (3) ㉠ (4) ㉣ (5) ㉢  **02** 문장, 어휘  **03** ③
**04** ①  **05** ②  **06** ④

**01** (1) 북한 말 '소젖'에 대응하는 남한 말은 '우유'이다.
(2) 북한 말 '단물'에 대응하는 남한 말은 '주스'이다.
(3) 북한 말 '위생실'에 대응하는 남한 말은 '화장실'이다.
(4) 북한 말 '손기척'에 대응하는 남한 말은 '노크'이다.
(5) 북한 말 '접대원'에 대응하는 남한 말은 '종업원'이다.

**02** 남북의 언어는 문장 구조가 동일하고, 사용하는 어휘에 큰 차이가 없고, 소리대로 적는 표기와 어법에 맞는 표기를 모두 사용하기 때문에 의사소통을 하는 데 큰 어려움이 없다.

**03** ㉢의 '것'은 의존 명사이다. 남한에서는 의존 명사를 띄어 쓰기 때문에 '건널 것이다'로 쓰지만 북한에서는 의존 명사를 붙여 쓰기 때문에 '건널것이다'로 쓰는 차이가 있다. 그러므로 ㉢이 남한 말과 의미는 같으나 형태가 다른 예라는 설명은 적절하지 않다.

**04** 북한 말 '물고기떡'에 대응하는 남한 말은 '어묵'으로, 의미는 같지만 형태가 다른 단어이다.

**05** '동무'라는 단어를 남한에서는 늘 친하게 어울리는 사람이라는 뜻으로 사용하지만, 북한에서는 '로동계급', '혁명위업', '혁명대오' 등 북한의 이념이나 제도와 관련된 의미로 사용하고 있다. 북한에서 언어의 주체성이라는 명목 하에 사회주의적 속성을 언어에 반영한 결과이다.

**06** 〈보기〉는 언어의 이질감을 줄여 나가기 위해 사전을 편찬한 독일의 사례, 중국과 대만의 사례를 제시하고 있다. 그러므로 남북 언어의 차이를 극복하려면 남북이 각자의 언어를 개성 있게 발전시켜야 한다는 반응은 적절하지 않다.

**어휘력 테스트** `50~51쪽`

01 (1) 말 (2) 말ː　02 (1) ㄴ (2) ㄷ (3) ㄹ (4) ㄱ　03 ③
04 (1) ㄱ (2) ㄴ (3) ㄷ (4) ㄹ　05 평(評)　06 ②

01 (1) '말과의 포유류'를 의미하는 '말'은 짧게 발음한다.
(2) '사람의 생각이나 느낌 따위를 표현하고 전달하는 데 쓰는 음성 기호'를 의미하는 '말'은 길게 발음한다.

02 (1) '자연적으로 땅이나 바위가 안으로 깊숙이 패어 들어간 곳'을 뜻하는 단어는 '굴(窟)'이다.
(2) '때리거나 부수는 따위의 육체를 사용하는 힘'을 뜻하는 단어는 '무력(武力)'이다.
(3) '재물이 많아 살림이 넉넉한 사람'을 뜻하는 단어는 '부자(富者)'이다.
(4) '일을 마치거나 목적을 이루는 데 들인 노력과 수고. 또는 일을 마치거나 그 목적을 이룬 결과로서의 공적'을 뜻하는 단어는 '공(功)'이다.

03 '벌목의 곤충 가운데 개미류를 제외한 곤충을 통틀어 이르는 말'인 '벌'은 길게 발음한다.

04 (1) '주로 액체나 가루를 담는 데에 쓰는 목과 아가리가 좁은 그릇.'을 뜻하는 ㄱ '병(瓶)[병]'이 들어가는 것이 적절하다.
(2) '생물체의 전신이나 일부분에 이상이 생겨 정상적 활동이 이루어지지 않아 괴로움을 느끼게 되는 현상.'을 뜻하는 ㄴ '병(病)[병ː]'이 들어가는 것이 적절하다.
(3) '자라서 어른이 된 사람.'을 뜻하는 ㄷ '성인(成人)[성인]'이 들어가는 것이 적절하다.
(4) '지혜와 덕이 매우 뛰어나 길이 우러러 본받을 만한 사람.'을 뜻하는 ㄹ '성인(聖人)[성ː인]'이 들어가는 것이 적절하다.

05 '좋고 나쁨, 잘하고 못함, 옳고 그름 따위를 평가함. 또는 그런 말.'을 뜻하는 단어는 '평(評)'이다.

06 '아버지와 아들을 아울러 이르는 말'인 '부자(父子)'의 '부'는 짧게 발음하고, '재물이 많아 살림이 넉넉한 사람'을 뜻하는 '부자(富者)'의 '부'는 길게 발음한다.
오답 풀이 ① '해가 져서 어두워진 때부터 다음 날 해가 떠서 밝아지기 전까지의 동안'을 뜻하는 말인 '밤[夜]'은 짧게 발음하고, '밤나무의 열매'를 뜻하는 말인 '밤[栗]'은 길게 발음한다.
③ '집 안에 있는 뜰이나 꽃밭'을 뜻하는 '정원(庭園)'의 '정'은 짧게 발음하고, '정당한 자격을 가진 구성원'을 뜻하는 '정원(正員)'의 '정'은 길게 발음한다.
④ '벌목의 곤충 가운데 개미류를 제외한 곤충을 통틀어 이르는 말'인 '벌[蜂]'은 길게 발음하고, '잘못하거나 죄를 지은 사람에게 주는 고통'을 뜻하는 '벌(罰)'은 짧게 발음한다.
⑤ '대기 중의 수증기가 높은 곳에서 찬 공기를 만나 식어서 엉기어 땅 위로 떨어지는 물방울'을 뜻하는 '비[雨]'는 짧게 발음하고, '표현된 물상의 각 부분 상호 간 또는 전체와 부분 간이 양적으로 일정한 관계가 됨. 또는 그런 관계'를 뜻하는 '비(比)'는 길게 발음한다.

memo

별처럼
빛날 나의
수능 1교시

교과서에 없는 작품과 비법을 모아
국어 영역 실전 대비하자!

## 고등 국어 시리즈

**문학 종합서 | 해법문학**

17년간 부동의 1위 문학 참고서
교과서 문학작품 875편 최다 수록

**국어 기본서 | 100인의 지혜**

단 한 명의 고등학생에게 바치는
국어 명강사 100인의 노하우 수록

# book.chunjae.co.kr

| | | |
|---|---|---|
| **교재 내용 문의** ·················· | 교재 홈페이지 ▶ 중학 ▶ 교재상담 |
| **교재 내용 외 문의** ················ | 교재 홈페이지 ▶ 고객센터 ▶ 1:1문의 |
| **발간 후 발견되는 오류** ············ | 교재 홈페이지 ▶ 중학 ▶ 학습지원 ▶ 학습자료실 |